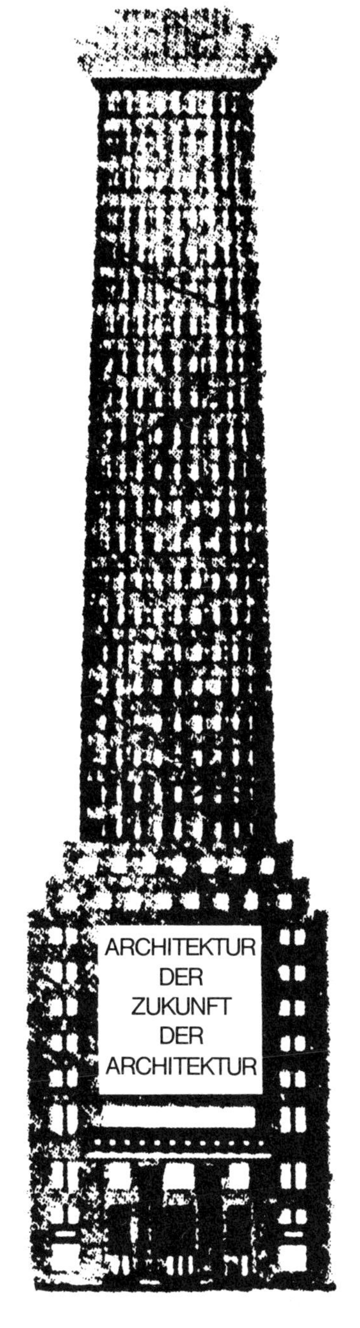

archpaper – edition krämer

Architektur der Zukunft Zukunft der Architektur

Ziele der Moderne
Kritische Bilanz
Ausblick für die Zukunft

Ein Symposium an der Universität Stuttgart
veranstaltet vom
Institut für Grundlagen der modernen Architektur
und Entwerfen

Leitung und Organisation:
Jürgen Joedicke
Egon Schirmbeck

Mit Beiträgen von:

Jakob Berend Bakema, Rotterdam
Max Bill, Zürich
Gottfried Böhm, Köln
Walter Förderer, Thayngen (Schweiz)
Hans Hollein, Wien
Charles Moore, Los Angeles
Gustav Peichl, Wien
Zbigniew Pininski, Warschau
Julius Posener, Berlin
Alfred Roth, Zürich
O. M. Ungers, Köln, Ithaca (USA)
Eberhard Zeidler, Toronto

in Zusammenarbeit mit:

Architektenkammer Baden-Württemberg, Stuttgart

Landeshauptstadt Stuttgart

gefördert von:
Alfred- und Cläre-Pott-Stiftung, Essen
Architektenkammer Baden-Württemberg, Stuttgart
Deutsche Forschungsgemeinschaft (DFG), Bonn
Landeshauptstadt Stuttgart

Architektur der Zukunft

Zukunft der Architektur

Herausgeber:
Jürgen Joedicke
Egon Schirmbeck

In Dankbarkeit
Jakob Berend Bakema
gewidmet

CIP-Kurztitelaufnahme der Deutschen Bibliothek

Architektur der Zukunft, Zukunft der Architektur:
Ziele d. Moderne, krit. Bilanz, Ausblick für d.
Zukunft; e. Symposium an d. Univ. Stuttgart /
veranst. vom Inst. für Grundlagen d. Modernen
Architektur u. Entwerfen. Hrsg.: Jürgen Joedicke;
Egon Schirmbeck. Leitung u. Organisation:
Jürgen Joedicke; Egon Schirmbeck. Mit Beitr. von:
Jakob Bakema ... In Zsarb. mit: Architekten-
kammer Baden-Württemberg, Stuttgart; Landes-
hauptstadt Stuttgart. – Stuttgart: Krämer, 1982. –
(archpaper – edition krämer)
ISBN 3-7828-0460-0

NE: Joedicke, Jürgen [Hrsg.]; Bakema, Jakob
[Mitverf.]; Institut für Grundlagen der Modernen
Architektur und Entwerfen ⟨Stuttgart⟩

Redaktion: Dr.-Ing. Egon Schirmbeck
Umschlagentwurf: Emil Maurer
Gesamtherstellung: Gulde-Druck GmbH, Tübingen

Printed in Germany
ISBN 3-7828-0460-0

Vorwort

Vom 17.–19. 2. 1981 veranstaltete das Institut Grundlagen der modernen Architektur und Entwerfen an der Universität Stuttgart ein Internationales Symposium mit dem Thema „Architektur der Zukunft – Zukunft der Architektur".

An drei Tagen haben Architekten unterschiedlicher Auffassungen über ihre Arbeiten und ihre Architektur berichtet. Die Vorträge und die sich daran anschließenden Diskussionen konzentrierten sich im wesentlichen auf die beiden Grundfragen dieses Symposiums:

- Kritisch Bilanz zu ziehen,
  d. h. in den vergangenen Jahrzehnten aufgestellte und oft unbesehen übernommene Dogmen kritisch zu hinterfragen, ohne dabei alte Dogmen sogleich durch neue zu ersetzen.

- Ansätze einer zukünftigen Architektur darzustellen,
  d. h., Suche nach Ansätzen und Möglichkeiten künftiger Entwicklungen in einer Zeit völlig veränderter Voraussetzungen gegenüber dem Beginn der modernen Bewegung.

Diese hochgesteckten Ziele konnten sicher nur in Ansätzen erreicht werden, wie es auch nicht anders zu erwarten war. Da jedem Referenten die Interpretation der Themenstellung selbst überlassen war, entstand ein vielfältiges Spektrum oft sehr unterschiedlicher Meinungen.

Die Auswahl der Teilnehmer erfolgte unter dem Gesichtspunkt, nicht nur Vertreter der aktuellen Architekturszene einzuladen, sondern auch Architekten, welche die Entwicklung der Architektur in diesem Jahrhundert aus eigener Anschauung kennen.

Um für die Diskussion einen gemeinsamen Bezugspunkt der unterschiedlichen Standpunkte zu finden, wurden die Teilnehmer des Symposiums gebeten, ihre Auffassungen zur Architektur anhand von Ideenskizzen darzulegen. Da das Neue Bauen, in Zustimmung oder Ablehnung, einen zentralen Bezugspunkt heutiger Architekturdiskussion darstellt, und da zum anderen in Stuttgart noch einige Pionierwerke des Neuen Bauens auf dem Weißenhof erhalten sind, wurden die Teilnehmer des Symposiums gebeten, Projektstudien und Skizzen in Zusammenhang mit diesen Bauten zu entwickeln.

Zu Vermeidung möglicher Mißverständnisse sei deutlich darauf hingewiesen, daß es sich hier um eine rein hypothetische Aufgabenstellung handelte.

An den Vorträgen und Diskussionsgesprächen über die Projektstudien haben jeweils rund 1000 Zuhörer teilgenommen. Aufgrund des großen Interesses und einer Vielzahl von Anfragen haben wir uns entschlossen, alle wesentlichen Teile dieses internationalen Symposiums zu dokumentieren.

In der vorliegenden Publikation sind alle Vorträge sowie die Projektstudien zusammengefaßt. Dabei wurde versucht, die Vortragsform – insbesondere die Ausdrucksform der freien Rede – entsprechend den Tonbandmitschnitten zu erhalten. Auch das Bildmaterial wurde so umfassend wie möglich wiedergegeben, um den Zusammenhang mit dem Text deutlich zu machen.

Besonderer Dank gilt allen Referenten für ihre Bereitschaft zur Teilnahme an den Gesprächen. Auch für die Bereitschaft zur Erstellung von Projektstudien sei besonders gedankt, da gerade diese Studien mögliche Gemeinsamkeiten oder auch Gegensätze aus der persönlichen Sicht jedes einzelnen deutlich gemacht haben.

In diesem Zusammenhang sei vor allem auf die letzten Skizzen von Jakob Bakema hingewiesen, der sich seit Monaten auf diese Gespräche gefreut hatte und durch Krankheit an der Teilnahme verhindert wurde. Eine Woche nach Abschluß des Symposiums ist Jakob Bakema plötzlich verstorben. Diese Publikation ist ihm in Dankbarkeit gewidmet.

Hans Hollein konnte wegen einer Erkrankung ebenfalls nicht teilnehmen. Seine umfangreichen Skizzen wurden jedoch ausgestellt und seine Erläuterungen dazu den Teilnehmern vorgetragen.

Die vorliegende Dokumentation ist gleichzeitig als Dank für die großzügige Unterstützung durch folgende Institutionen zu betrachten:

- Deutsche Forschungsgemeinschaft, Bonn
- Alfred- und Cläre-Pott-Stiftung, Essen
- Landeshauptstadt Stuttgart
- Architektenkammer Baden-Württemberg, Stuttgart.

Nur durch ihr Verständnis und Entgegenkommen konnte diese Veranstaltung durchgeführt werden. Wir danken insbesondere auch dem Verleger Karl-Horst Krämer, der diese Publikation ermöglicht hat.

Jürgen Joedicke
Egon Schirmbeck

Stuttgart, im Mai 1981

Inhalt

Einleitung
Manfred Rommel 8
Gerhard Schwab 11
Jürgen Joedicke 13

Weißenhof und danach
Julius Posener 14

Wozu Post-Moderne?
Max Bill 24

Kritische Anmerkungen zur heutigen Situation der Architektur
Alfred Roth 29

Diskussion mit
Julius Posener, Max Bill, Alfred Roth 36

Über die Semiotik der neuen Architektur
Zbigniew Pininski 41

Ort, Erinnerung und Architektur
Charles W. Moore 54

Sensibel – funktionell, ausdrucksstark!
Walter Förderer 71

Diskussion mit
Charles Moore 79

Über meine Architekturauffassung
Gottfried Böhm 82

Post-Modern = Para-Modern
Gustav Peichl 90

Diskussion mit
Gustav Peichl und Gottfried Böhm 96

Architektur für die Architekten oder
Architektur für Menschen!
Eberhard Zeidler 101

Über das Recht der Architektur
auf eine autonome Sprache
O. M. Ungers 114

Diskussion mit
O. M. Ungers 129

Projektstudien
Zur Ausstellung „Konzepte" 133

Max Bill 134
Alfred Roth 136
Jakob B. Bakema 140
Charles Moore 54
Walter Förderer 146
Gustav Peichl 150
Hans Hollein 154
Zbigniew Pininski 41

Abbildungsverzeichnis 159
Teilnehmer 160

Einleitung

Oberbürgermeister der Stadt Stuttgart

Manfred Rommel

Ich begrüße Sie im Namen des Gemeinderats und der Stuttgarter Stadtverwaltung auf das herzlichste. Seien Sie versichert, daß die Stadt Stuttgart stolz darauf ist, zu den Metropolen der Architektur zu gehören, jedenfalls was die Zahl und Qualität der hier wirkenden und wohnenden Architekten anbetrifft, weniger was das Bauen anlangt. Aber es ist auch sehr schwer, hier zu bauen, nicht nur weil es viele Architekten gibt, die jeweils ihre Vorstellung von Architektur für richtig halten, sondern weil die Schwaben Vor- oder Urhegelianer sind, das heißt, ein Schwabe braucht keinen anderen, um sich zu streiten, eine Eigenschaft, die die Dinge kompliziert und Entscheidungen schwierig macht. Das trifft schon auf einen einzigen Schwaben zu. Wie das aber erst ist, wenn mehrere, dazuhin noch viele, beisammen sind und zusammenwirken sollen, das kann man an der Stuttgarter Kommunalpolitik erkennen.

Der Schwabe ist ein Romantiker und gleichzeitig ein Realist. Er hat also so etwas wie eine Architektennatur. Zwischen Romantik und Realismus entwickelt sich ein dialektischer Prozeß, der gelegentlich zu erstaunlichen Synthesen führte, etwa in der Gründerzeit, wo in der Architektur unserer Stadt vorne Rom und Athen und hinten und an den Seiten Heslach oder der Hasenberg ihren Ausdruck fanden. Zum Fenster guckte auf jeden Fall der Schwab heraus, sozusagen im römisch-griechischen Rahmen, nicht der Präsident der Architektenkammer, Gerhard Schwab. Aber der hätte damals auch nicht anders bauen dürfen.

Was kann man schon gegen die Mode unternehmen, außer sich von ihr in kleinen Schritten zu entfernen? Freilich wird die Mode meistens ihrer selbst überdrüssig. Dann bekommt das seit langem zurückgedrängte Neue seine Chance, wird auch zur Mode und schließlich auch seiner selbst überdrüssig.

Als Jurist habe ich immer großen Respekt vor den Architekten gehabt, nicht nur weil viele von ihnen in Fragen der Rechtswissenschaft die Juristen weit übertreffen, sondern weil sie nicht nur die Gesetze anwenden, sondern darüber hinaus sogar etwas bauen und sich dafür auch noch beschimpfen lassen müssen. Aber was mich immer verwundert hat und noch verwundert, ist, in welchem Maße Architekten die Architektur beschimpfen und in welchem Maße sie bereit sind, Verantwortung für etwas zu übernehmen, an dem sie weiß Gott entweder überhaupt nicht oder nur sehr begrenzt schuld sind. Da sind wir Juristen wesentlich klüger. Es ist uns gelungen, der Gesellschaft einzureden, daß wir eigentlich nie etwas richtig falsch gemacht haben, so daß die Gesellschaft in ungewöhnlichem Maße den Vorschriften von Gesetzgebung und Verwaltung und den Rechtssprüchen der Gerichte ihr Vertrauen schenkt.

Der Schwabe ist im allgemeinen auch ein großer Anhänger von Vorschriften und von geordneten Verhältnissen. Deshalb haben revolutionäre Bestrebungen hier keine Aussichten. Als 1918 unser König Wilhelm II. abgesetzt wurde – nach Bekundungen sogenannter schwäbischer Revolutionäre von Nichtschwaben –, verabschiedete er sich mit Handschlag von einem mit einer roten Armbinde ausgestatteten sogenannten Revolutionär. Dieser sagte zum König: „Majestät, dies ist der schönste Tag in meinem Leben."

Dennoch ist hier einiges Revolutionäre auf dem Felde der Architektur geschehen. Ich darf auf den von Bonatz gestalteten Bahnhof hinweisen, der die Relation zwischen der Größe der Bundesbahn und der Größe des Fahrgastes heute mit Mitteln der Architektur auf das gelungenste zum Ausdruck bringt. Bei der Einweihung des Stuttgarter Bahnhofs hat übrigens einer der Gäste, die hohen Hallen durchschreitend, gerufen: „In der Höhe ist's schon recht, aber in der Breite spannt's." Die heutige Politik könnte sich eher einen umgekehrten Vorwurf zuziehen.

Ich darf weiter hinweisen auf die Weißenhofsiedlung, mit der Sie sich besonders intensiv beschäftigen wollen. Die Weißenhofsiedlung schlief lange hinter dem Dornengestrüpp des Kompetenzwirrwarrs einen Dornröschenschlaf. Immerhin hat sich nach heftigem Sträuben nunmehr doch ein Prinz in Gestalt der Bundesrepublik Deutschland dem Dornröschen genähert und in Aussicht gestellt, es wachzuküssen, wozu ihn die Stadt Stuttgart mit einem Beitrag von drei Millionen DM ermutigt hat. Ich bin dem Bundesfinanzministerium sehr dankbar, daß es sich zu einer Wiederherstellung der Weißenhofsiedlung durchgerungen hat, in einer Zeit, in der von Bundesbehörden nichts so schwer zu bekommen ist wie Geld.

Wir sind stolz auf die Weißenhofsiedlung, auf ihren Rang in der Architekturgeschichte der Welt. Aber so, wie damals geplant und gebaut wurde, wird die künftige Architektur sicher nicht planen und bauen können. Das möchte ich gerade angesichts eines so bedeutenden Denkmals anmerken. Die Verehrung von Bedeutendem hat ihre Gefahren. Clausewitz schreibt in seinem Buch vom Kriege unter anderem, daß oft die Verfahren bleiben, aber die Sache sich ändert. Und deshalb hätten die Generale mit der Taktik Friedrichs des Großen die preußische Armee bei Jena und Auerstedt gegen Napoleon ins Verderben geführt.

In den letzten Jahren war viel die Rede von der Krise der Architektur und des Städtebaus. In Wirklichkeit handelte und handelt es sich um eine Krise der Gesellschaft, nämlich um die Wiederentdeckung immaterieller Werte in einer materialistischen Welt. Dies führte auch zu einer Wiederentdeckung des nicht funktionsgebundenen Ästhetischen und zu der Meinung, daß es sich insoweit nicht um Täuschung handle. Der Vorwurf, nicht funktional gerechtfertigte Kunst sei eine Täuschung und deshalb nicht moralisch, ist im übrigen keine Erfindung der Kritiker der Gründerzeit, sondern wurzelt in sehr alten philosophischen Fragestellungen.

Die Architektur ist wohl der am stärksten an die gesellschaftliche Entwicklung gebundene Bereich der Kultur. Max Weber, einer der wenigen großen deutschen Soziologen, unterscheidet die Leidenschaft, die den Politiker erfüllen soll, von steriler Aufgeregtheit. Und erst spätere Zeiten werden zeigen, welche der vielen erregten Äußerungen zum Thema Städtebau und Architektur der Gegenwart unter dem Stichwort Leidenschaft einzuordnen sind.

Vor allem wünsche ich der Architektur den Mut zur Zukunft. Ich wünsche ihr, daß sie sich selbst und uns mit einem neuen Heimatstil verschonen möge. Die Zukunft liegt nur selten in der Vergangenheit: „Mensch, du sollst, mag es dir glücken, vorwärts schauen und nicht rückwärts blicken."

Alte Probleme stellen sich freilich immer wieder neu, zum Beispiel: Wie können billige und gute Wohnungen gebaut werden? Wie können die Baukosten durch industrielle Fertigung vermindert werden? Wie kann auf sinnvolle Weise verdichtet, also raumsparend und nahverkehrsgerecht gebaut werden? Vieles, was Le Corbusier in der Charta von Athen und den Anmerkungen hierzu niederlegte, ist heute so aktuell wie seinerzeit.

Freilich dauert die Realisierung von Projekten immer länger, und der Geschmack wechselt immer rascher. Und oft ist es ähnlich wie beim Fang-den-Hut-Spiel: Wird ein Projekt von einer neuen Idee eingeholt, scheidet es aus.

Ich wünsche Ihnen den Mut zu Neuem, aber auch die Kraft, das Neue durchzuhalten. Und den Städten wünsche ich in bezug auf die Architektur, daß sie, wo immer möglich, den wichtigsten Ratschlag Tucholskys an die, die Künstler beschäftigen, beherzigen: „Laß ihn in Ruhe." In diesem Sinne darf ich das Symposium eröffnen.

Gerhard Schwab

Als mein Freund Jürgen Joedicke mir einen Brief geschrieben hat, ob die Architektenkammer zu einem gemeinsamen Unternehmen bereit sei, habe ich ja gesagt, obwohl ich zuerst gar nicht gefragt habe, was das für ein Unternehmen werden könnte. Selbstverständlich mußte ich dem Vorstand der Architektenkammer sagen, daß da eine Anfrage von Prof. Joedicke vorliegt, die ich impulsiv und spontan positiv beschieden habe; wir haben dann mit genauerer Information im Landesvorstand der Architektenkammer darüber gesprochen, was unser Kollege Joedicke im Sinne hat, und wir waren der Meinung, daß der Landesvorstand der Architektenkammer selbstverständlich mitzieht. Die Begründung ist ganz einfach: Das Institut „Fortbildung Bau" der Architektenkammer bemüht sich auf vielfältige Art und Weise, den Kollegen neuestes Wissen zu vermitteln; so auch in Teilen der Gestaltung und des Entwurfs. Als Joedicke uns mitgeteilt hat, was er mit diesem Symposium im Detail vorhat, waren wir, das möchte ich mit aller Klarheit sagen, begeistert; es war nicht die Aufgabe der Architektenkammer, das Symposium zu organisieren, aber es ist unsere Aufgabe, es zu unterstützen. Und dies haben wir spontan getan.

Ich möchte dazu noch etwas anmerken: Die Veranstaltung, die uns hier zusammenführt, ist, wenn Sie so wollen, eine Art Fortbildungsveranstaltung; ich persönlich, meine Kollegen, sehe das aber weitgespannter. Warum?

Einen solch hehren Kreis von international bekannten Architekten nach Stuttgart zu bekommen, dürfte keine einfache Sache sein: Unserem Kollegen Joedicke ist das gelungen. Was uns wichtig erscheint an dieser Angelegenheit ist folgendes: daß hier etwas geboten wird, daß etwas aufs Tapet kommt, an die Wand durch Dia oder Zeichnung, wie auch immer, was uns einen kleinen oder auch vielleicht einen relativ großen Blick in die Zukunft erlauben kann.

Nicht so ganz, meine ich, sollten wir jetzt alles in der Architektur wieder zulassen – mit riesigen Pendelschlägen nach links und rechts, ohne jede Schulung, ohne jede Disziplin an einem Projekt – oder gar alles, was so gezeichnet oder projektiert wird, für richtig erklären. Das, was stark ist, wird sich stets erweisen; ich bin mir mit einer Vielzahl von Kollegen einig, daß man da sehr genau aussuchen wird.

Ich möchte noch folgendes ergänzen: Sie, liebe Kommilitoninnen und liebe Kommilitonen, die Sie dieses Symposium hier vor Ort erleben, werden bestimmt einem Gedanken noch für eine Sekunde Gehör schenken: Sie werden irgendwann einmal Ihr Studium beendet haben, Sie gehen hinaus in das Berufsleben. Und wenn Sie dieses Berufsleben als Architekt absolvieren wollen, sollten Sie wissen, daß Sie ohne einen Kontakt zur Hochschule nicht leben können. Und es freut mich besonders, daß heute abend hier eine solche Vielzahl von praktizierenden Kollegen im Raum ist, die diese Einladung ernstgenommen haben und somit während dieses Symposiums bestimmt gern gesehene Gäste sein werden.

Jürgen Joedicke

Bei der Vorbereitung dieses Symposiums waren wir uns darin einig, weder einer bestimmten Tendenz Vorschub zu leisten, noch ohne Tendenz zu sein. Es ging uns vor allem darum, Vertreter unterschiedlicher Auffassungen einzuladen und zu einem Gespräch zu bitten. Nicht alle, die wir eingeladen hatten, konnten kommen. Aber die, die gekommen sind, vertreten einige wichtige Aspekte der heutigen Architekturdiskussion.

Wenn wir von einer „Architektur der Zukunft" oder der „Zukunft der Architektur" sprechen, oder bescheidener von den in der Gegenwart enthaltenen Ansätzen künftiger Möglichkeiten, dann können wir nicht auf die Teilnahme jener Kollegen verzichten, die unsere unmittelbare Vergangenheit – also jene heute so oft kritisierten oder beinahe schon vergessenen letzten Jahrzehnte – noch aus eigener Erfahrung kennen und mitgestaltet haben. Ohne sie wären wir nicht, was wir heute sind, oder was wir morgen sein wollen.

Es gehört wohl zu den verwunderlichsten Aspekten der Gegenwart, daß eine Zeit, welche die Vergangenheit wieder für sich zu entdecken glaubt, die eigene, die unmittelbare Vergangenheit zu vergessen scheint. Wir leben heute in einer Zeit ausgreifender architekturtheoretischer Diskussionen und Konfrontationen. Nichts wäre falscher, als vorschnell Unterschiede zu verwischen und nach eingängigen Formeln von Übereinkünften zu suchen. Wir bejahen deshalb jede auf die Sache bezogene Konfrontation, sofern sie auf der Grundlage der Achtung vor der Person des Andersdenkenden beruht.

Zwei hochgespannte und sicher nur in Ansätzen oder Annäherungen zu erreichende Ziele wurden für dieses Symposium gesetzt:
- Kritisch Bilanz zu ziehen, das heißt, in den vergangenen Jahrzehnten aufgestellte und oft unbesehen übernommene Dogmen kritisch zu hinterfragen, ohne – wie ich hoffe – alte Dogmen sogleich durch neue zu ersetzen, und
- nach Ansätzen und Möglichkeiten künftiger Architekturentwicklungen in einer Zeit völlig veränderter Voraussetzungen zu fragen.

Auf der Suche nach einem gemeinsamen Bezugspunkt für die Diskussion sehr unterschiedlicher Standpunkte entstand der Gedanke, die Teilnehmer an diesem Symposium zu bitten, ihre Auffassung von Architektur anhand von Ideenskizzen darzulegen. Und da zum einen das Neue Bauen in Zustimmung oder Ablehnung einen zentralen Bezugspunkt heutiger Architekturdiskussionen darstellt, zum anderen in Stuttgart noch einige der Pionierwerke des Neuen Bauens auf dem Weißenhof erhalten sind, entstand die Idee, die Teilnehmer zu bitten, ihre Skizzen in den Kontext zu jenen noch erhaltenen Bauten des Neuen Bauens auf dem Weißenhof zu stellen.

Um mögliche Mißverständnisse zu vermeiden, sei darauf hingewiesen, daß es sich hier um eine rein hypothetische Aufgabenstellung handelt. Es handelt sich also nicht um konkrete Sanierungsvorschläge für den Weißenhof, sondern es handelt sich nur darum, die Auffassungen der Teilnehmer über Architektur auf einen Ort zu konzentrieren und so zumindest eine Grundlage für das gemeinsame Gespräch zu schaffen.

Weißenhof und danach

Julius Posener

JULIUS POSENER, 1904 geboren. Nach dem Architekturstudium bei Hans Poelzig in Berlin und der Mitarbeit bei Erich Mendelsohn war Julius Posener ein Augenzeuge der Entwicklung der modernen Architektur. Mit einer Vielzahl von Publikationen und Lehrtätigkeiten in Paris, Palästina, London und Berlin hat er sich grundlegend mit den Theorien und Problemen in den Strömungen und Tendenzen der Moderne auseinandergesetzt. Im Rahmen des Technical College baute er in Kuala Lumpur (Malaysia) eine Architekturschule auf. Während seiner Lehrtätigkeit an der Hochschule für Bildende Künste in Berlin hat er wesentliche Beiträge zur Geschichte, Theorie und Kritik der Architektur verfaßt. Jahrzehntelang hat Julius Posener die Diskussion um die Entwicklung des Neuen Bauens verfolgt. Eine kritische Bilanz der Architektur im 20. Jahrhundert mit den joweils vertretenen Ideen und Ansätzen ist von ihm aus erster Hand zu erhalten.

An zwei Gegenständen hat sich die Legende von der Architektur der zwanziger Jahre festgemacht: am Bauhaus in Dessau und an der Weißenhofsiedlung auf dem Killesberg in Stuttgart. Das liegt zum Teil daran, daß beide demonstrativ gemeint waren, daß sie viel von sich reden machten und daß ihre Autoren wollten, daß viel von ihnen geredet wurde; damit hängt es nun wieder zusammen, daß beide von den Gegnern der neuen Architektur besonders heftig angegriffen und dann von den Nazis in eine besonders tiefe Hölle verbannt wurden; vielmehr, nein, nicht verbannt, sondern vorgezeigt als Teufelswerk kat exochen. Dem Bauhaus hat man schließlich ein Satteldach aufgestülpt, vom Weißenhof hat man die berühmte Postkarte gedruckt: der Weißenhof als Araberdorf. Dieser Schimpf und diese Schande haben dann auch wieder dazu beigetragen, daß man nach dem Ende des Dritten Reiches auf diese beiden Gegenstände mehr gesehen hat als auf andere Leistungen jener Zeit: Da die Nazis sie mehr als andere verteufelt hatten, wurden sie nun mehr als andere gefeiert; sie wurden zu Symbolen der fortschrittlichen zwanziger Jahre. Heute dürfen wir beide mit mehr Ruhe betrachten.

Das Bauhaus braucht uns hier nicht anzugehen. Es sei nur eben bemerkt, daß seine wahre Geschichte noch nicht geschrieben wurde, immer noch nicht. Für Hans Maria Wingler bleibt es das entscheidende Ereignis jener Jahre; andere – Carlo Argan zum Beispiel – haben es kritisiert, weil es, wie er sagt, nicht imstande gewesen sei, die höchste Kunst hervorzubringen – er nennt den Namen Picasso; aber das wollte, das sollte das Bauhaus ja gar nicht. Ansätze zu einer Kritik sind bereits in jenem Brief enthalten, den Hannes Meyer nach seiner Entlassung als Direktor an den Bürgermeister von Dessau schrieb; aber diese Ansätze hat man zu einseitig, zu soziologisch – oder auch marxistisch – ausgewertet. Genüge es zu sagen, daß diese Geschichte weniger eindeutig gewesen ist, als die Zeit nach dem Dritten Reich sie sehen wollte; komplexer, wahrscheinlich interessanter, aber weniger gut als Vorbild geeignet. Ich glaube, daß über den Weißenhof ähnliches zu sagen ist.

Hier, so heißt es, haben sich die Architekten zusammengetan, welche am entschiedensten für die neue Architektur eingetreten sind. Hier stocke ich schon; denn man hat da eine seltsame Auswahl getroffen. Erich Mendelsohn war nicht dabei, die Auswählenden hielten ihn wohl für eine Größe von gestern. Adolf Loos war ebenfalls nicht beteiligt. Dietrich Worbs zeigt in der Dissertation über Loos – hier an der Universität Stuttgart – mit peinlicher Genauigkeit, peinlich zu lesen, in der Tat –, wie man Loos, der sich damals auf der Höhe seiner Produktivität befand, zum Vorbereiter abgestempelt hat, dem man viel zu verdanken habe, gewiß, aber . . . Dagegen stammt das größte Gebäude auf dem Weißenhof von Peter Behrens, einem Manne, dessen Bedeutung nun wirklich einer anderen Zeit angehört. Vielleicht war das eine freundliche Geste von Mies, der dem ehemaligen Meister gegenüber kein ganz reines Gewissen hatte. Auch derart persönliche Antriebe kann man nicht ausschließen. Um ehrlich zu sein: der Weißenhof ist am Ende doch das Werk einer Clique. Sie hatte einen weiten Horizont, diese Clique: Sie schloß Peter Behrens ein und merkwürdigerweise auch Hans Scharoun, der der offiziellen Linie der modernen Architektur niemals gefolgt ist; aber sie zog Grenzen, die wahrscheinlich aus den Zeitumständen zu erklären sind, die uns aber nicht einleuchten. Dies am Rande: es ist keines Menschen und gewiß keines Historikers Sache zu fragen, wie der Weißenhof hätte werden können ohne Behrens und mit Loos. Wie er wurde, war er eine bedeutende Manifestation. Er war die erste Werkbundausstellung nach der problematischen Ausstellung in Köln 1914; und während in Köln gerade die Wohnhaus-Architektur romantisch behandelt wurde, im „rheinischen Dorf", ist die Weißenhofsiedlung die erste Versammlung individuell geplanter Wohnhäuser von strikt modernem Charakter. Ehre sei dem Werkbund jener Tage, Ehre auch dem Bürgermeister von Stuttgart dafür, daß ein solches Experiment verwirklicht wurde.

Der Werkbund – dies ist ein anderes bedeutendes Faktum – stand hier für die neue Architektur in Europa; auf jeden Fall in dem Teil von Europa, in dem die neue Architektur Fuß gefaßt hatte. Das waren damals Deutschland, Österreich, Holland. In diesen Ländern gab es das, was man moderne Bewegung nennen kann. In Belgien und in Frankreich gab es einige, die dieser Bewegung angehörten. Sie sind auf dem Weißenhof vertreten. Der Weißenhof war das weithin sichtbare Fanal des Aufbruchs zu neuen Gestaden.

Was in den folgenden Jahren in der Schweiz geschah, in der Tschechoslowakei, in Italien, in Skandinavien, ist sicher nicht ganz unabhängig vom Weißenhof geschehen. Trotzdem ist es wahr, daß die Siedlung auf dem Killesberg weder die konsistenteste noch die bedeutendste Leistung der neuen Architektur um die Mitte der zwanziger Jahre gewesen ist. Die ersten Großsiedlungen am Berliner Stadtrand, die ersten Orte im Niddatal bei Frankfurt scheinen mir diese beiden Epitheta besser zu verdienen, von einzelnen Meisterleistungen der Zeit nicht zu sprechen.

Warum nenne ich die Weißenhofsiedlung nicht konsistent, verglichen etwa mit der Hufeisensiedlung von Bruno Taut? Weil die Hufeisensiedlung einen sozialen Inhalt hatte und eine städtische Gesamtgestalt besaß, was man beides von der Weißenhofsiedlung nicht sagen kann. Um zunächst von der Gestalt zu sprechen: Mies hatte sich bemüht, den Hügel Killesberg im Sinne mediterraner Städtchen mit einer gestaffelten Baugruppe zu krönen. Dem aber stand die Einladung an so viele individuelle Architekten entgegen. Mies mußte auf die einhellige Gestalt verzichten und versuchte nun zu retten, was noch zu retten war. Eine gewisse Ordnung ist wahrzunehmen, dadurch besonders, daß das große Wohngebäude, welches er selbst beigetragen hat, die höchste Stelle des Hügels markiert. Trotzdem wurde der Weißenhof eine Art Architektenzoo, und der Ausstellungscharakter ist nie ganz von ihm gewichen.

Schwieriger ist die Frage nach dem sozialen Inhalt des Weißenhofes zu beantworten. Der Weißenhof enthält *eine kurze Zeile* von Arbeiterhäusern: die Reihenhäuser von Oud. Die kurze Zeile des anderen Holländers, Mart Stam, kann man, meine ich, nicht als Arbeiterhäuser bezeichnen. Die Mehrzahl der übrigen Häuser, die auf dem Killesberg zusammenstehen, sind kleine Villen. Selbst in dem kleinen Hause von Scharoun befindet sich ein Mädchenzimmer; und es macht die Sache nicht besser, daß es eine winzige Mädchen*kammer* ist. Das Einfamilienhaus von Le Corbusier ist räumlich anspruchsvoll, das gleiche kann man von dem Hause von Lauterbach sagen. Ich könnte andere nennen. Der soziale Inhalt der Siedlung ist, nennen wir es: unbestimmt. In dieser Hinsicht war das „rheinische Dorf" von 1914 bestimmter: Die Häuser waren als Arbeiterhäuser gedacht. Ausgangspunkt auf dem Weißenhof war das Heim für die Familie, ein wenig größer, ein wenig kleiner als gehoben-kleinbürgerlich. Nun wohl: das Ziel war nicht das Arbeiterhaus, sondern eine neue Art des *Wohnens;* und wenn das in der Kleinvilla besser zu demonstrieren war als im Arbeiterhaus – und das mag wohl so sein –, dann darf man das anerkennen. Die Frage ist nur: wurde eine neue Art des Wohnens demonstriert?

Als Herr Joedicke mich mit dem Thema des gegenwärtigen Kolloquiums vertraut machte, legte er seinem Brief einiges Material über den Weißenhof bei. Ich nahm das als eine Aufforderung, mich erneut mit den damals gebauten Häusern zu beschäftigen. Frei Otto hat mich kürzlich darauf aufmerksam gemacht, daß einige der veröffentlichten Grundrisse nicht die echten Grundrisse sind: Diese seien in jedem Fall besser gewesen. Ich finde das bedenkenswert, und ich hätte mich daraufhin auf den Weg machen und mir von Frei Otto jeden Grundriß genau erklären lassen sollen. Leider war mir das nicht möglich. Meine Kritik bezieht sich also auf veröffentlichte Grundrisse. Da es sich um eine pauschale Kritik handelt, ist diese grobe Grundlage am Ende akzeptabel. Es handelt sich ja wohl nicht um *grundsätzliche* Unterschiede. Ich kam zu einem Ergebnis, welches mich selbst überraschte: Weitaus die meisten der Häuser sind geplant, wie man eben Kleinvillen damals geplant hat. Jeder Raum ist ein Kästchen für sich. Von Scharouns Haus kann man das nicht sagen, von Radings Haus auch nicht und gewiß nicht von dem von Le Corbusier. Genaugenommen aber kann man nur in Le Corbusiers Haus den Ansatz zu einer neuen Art des Wohnens sehen. Darum wurde auch dieses Haus so entschieden von der feindlichen Kritik abgelehnt. Man soll übrigens vorsichtig sein und den geschichtlichen Augenblick nicht aus dem Auge verlieren. Eine zeitgenössische Kritik, mit der wir uns beschäftigen werden, wirft den Häusern allesamt vor, daß man sich in ihnen nicht zurückziehen könne, daß man immer aufeinanderhocken müsse. Wenn man das damals so empfand – und der Kritiker war ein kompetenter Architekt –, so ist mein Vorwurf, daß es sich auf dem Weißenhof nicht eigentlich um neue Formen des Wohnens handelt, auf jeden Fall zu überprüfen. Für mich, im Rückblick, bleibt als ein Ansatz zu einer wirklich neuen Form des Wohnens Le Corbusiers Haus übrig, mit dem durch beide Geschosse reichenden Wohnraum, an den sich die übrigen Gelasse anschließen. Daneben bleibt bemerkenswert die Zeile der im Gegensatz dazu sehr kleinteilig geplanten Arbeiterhäuser von Oud, *weil* es Arbeiterhäuser sind: zwei Arten zu wohnen. Die übrigen Häuser besitzen als Anleitung zum neuen Wohnen keine vergleichbare Qualität. Ich wenigstens habe sie nicht erkennen können, was durchaus an mir liegen mag. Man hat einige der Einfamilienhäuser mit neuen Bauweisen gebaut. Das war ein experimentelles Vorgehen, also berechtigt. Nichts aber veraltet schneller als neue Techniken. Wir dürfen uns ein kritisches Eingehen auf jene Versuche sparen.

Auf dem Weißenhof stehen zwei große Mehrfamilienhäuser, das eine von Peter Behrens, das andere von Mies. Wir haben schon unserer Verwunderung darüber Ausdruck gegeben, daß Behrens eingeladen wurde. Immerhin, Poelzig wurde auch eingeladen; und daß Tessenow nicht teilgenommen hat, lag sicher an Tessenow. Wir werden auf seine Haltung im Jahre 1927 zurückkommen. Von dem Gebäude aber, welches Behrens auf dem Weißenhof gebaut hat, kann man leider nur sagen, daß es die Verwunderung darüber rechtfertigt, daß man ihn eingeladen hat. Behrens hat damals mit der modernen Architektur gespielt; einer Sache, die er sich wohl zu eigen machen wollte, die ihn gereizt hat, von der er sich bestimmen ließ; aber er war eben kein moderner Architekt, wenigstens war er es damals noch nicht. Das Haus von Mies dagegen ist zweifellos – zusammen mit denen von Le Corbusier und von Oud – das bemerkenswerteste Gebäude auf dem Weißenhof: Einmal, weil es ein Mietshaus in reinem Stahlskelettbau ist – das war im Jahre 1927 ein großer Schritt nach vorn –, zum anderen, weil es stilistisch das reifste Bauwerk auf dem Weißenhof ist: In ihm ist der neue Stil – ich gebrauche diesen Ausdruck bewußt – gemeistert. Ob der flexible Wohnungsgrundriß eine tragfähige Idee gewesen ist, bleibt zweifelhaft. In den mehr als fünfzig Jahren, seit das Haus steht, ist meines Wissens kein Wohnungsgrundriß verändert worden. Der Gedanke, daß die Stahlskelettkonstruktion leichte Veränderbarkeit gestattet, war ein Programm, keine Erfahrung. Man hat, viele Jahre später, in Berlin ein Gebäude nach dem gleichen Prinzip ausgeführt, Hermkes Architekturfakultät der T. U. Wenn man in diesem Bau irgendwo eine Wand versetzt, macht man das so, daß man die alte Wand abreißt und eine neue aus Gipsdielen oder aus Rabitz aufstellt, wo man sie braucht. Das Stahlskelett abzumontieren und an anderer Stelle wieder aufzubauen, würde viel mehr kosten.

Diese sehr flüchtige Zusammenfassung zeigt, daß in der Weißenhofsiedlung nur wenige Gebäude als wahrhaft bedeutend übrig bleiben: Le Corbusiers Einfamilienhaus, Ouds Reihenhäuser, Mies' Mehrfamilienhaus. Gewiß, Scharouns Kleinvilla ist angenehm, Tauts Einfamilienhaus enthält ein räumliches Versprechen, um es einmal so auszudrücken; aber keines dieser anderen Häuser öffnet neue Horizonte für das Wohnen, wie Le Corbusier das getan hat, keines antwortet so genau auf die Wohnbedürfnisse einfacher Leute wie die Reihenhäuser von Oud, keines besitzt die stilistische Reife des Mehrfamilienhauses von Mies. Allerdings: stilistische Reife, Stil überhaupt, als Ziel dieses Experiments ist etwas, wogegen alle Teilnehmer am Weißenhof sich energisch verwahrt haben. Wir werden in der Folge sehen, mit wie viel – oder wie wenig – Recht.

Wir haben gesagt, daß der Weißenhof zum sozialen Wohnbau wenig beigetragen hat, und auch, daß er als Darstellung neuer Formen des Wohnens weniger eindeutig gewesen ist, als es vielleicht auf den ersten Blick schien, als man damals hoffen – oder fürchten – mochte. Es scheint mir nicht unmöglich, daß die Erbauer der Siedlung weder das eine Ziel noch das andere wirklich erreichen wollten. Von beiden haben sie zwar gesprochen; aber manchem Zeitgenossen, manchem unter uns Zuschauern bei der Geburt einer neuen Architektur ist die Diskrepanz zwischen den Willenserklärungen der modernen Architekten und ihren Werken schon damals aufgefallen. Ich habe wenige Jahre später über die Architektur, die sich „funktionsbestimmt" nannte, gesagt, die Zielsetzungen planerischer, hygienischer, bautechnischer, wirtschaftlicher und sogar sozialer Natur, die man so laut verkündete, seien Vorwände gewesen; das wahre Ziel sei die neue Form gewesen. Ich sprach von einem „Kurzschluß zur Kunst". Und hätte ich damals die kurze Erklärung gelesen, welche Mies, der Gesamtplaner, zur Weißenhofsiedlung abgegeben hatte, ich hätte mir die „Entlarvung" sparen können. Denn Mies hat in dieser Erklärung nicht auf der Wichtigkeit der Funktion bestanden, nahm, im Gegenteil, den Weißenhof zum Anlaß, seine Anschauungen über den geringen Wert der Funktion auszusprechen. Es sei falsch, sagte Mies, in substantia zu meinen, was funktioniert sei eo ipso Architektur; es sei irreführend, immer nur von praktischen, technischen, wirtschaftlichen Bedingungen zu sprechen. Diese allein definierten nicht die Baugestalt. Mies hatte 1923 gefordert: „Gestaltet die Form aus dem Wesen der Aufgabe mit den Mitteln unserer Zeit." Das kann man so auffassen, als folge für ihn – wie für seinen Freund und Gegenpol Hugo Häring – die Form aus Funktion und Technik. Auch seine Aussage: „Jede ästhetische Spekulation, jede Doktrin und jeden Formalismus lehnen wir ab", kann man so auffassen. Aber Mies hat auch damals nicht, wie Häring, von der richtigen, der unvermeidlichen Form gesprochen, die man lediglich zu finden habe. Er sprach vom Gestalten. Jetzt, beim Weißenhof, wird er deutlicher und wendet sich gegen die, welche nur von den Bedingungen sprechen und nicht vom Vorgang der Gestaltung. Das wurde sicher gehört.

Eben haben wir eine Reaktion der jüngeren Generation auf die neue Architektur erwähnt, meine eigene: „Vorwand für Form", „Kurzschluß zur Kunst"; dann eine Erklärung von Mies, der Hauptperson bei der Planung der Weißenhofsiedlung. Zur Ergänzung sei nun auch eine Stimme der älteren Generation in Erinnerung gerufen, die Kritik des Weißenhofs durch Hermann Muthesius: „Es wird", schrieb er, „die neuzeitliche Rationalisierung der Wohnung scharf hervorgehoben, wobei allerdings so getan wird, als wäre nach dieser Richtung hin überhaupt noch nichts geschehen." Dieses letzte ist natürlich pro domo gesprochen; aber hatte Muthesius ganz unrecht? Die Art, wie die Vertreter der neuen Architektur auftraten, so als wäre nach dieser Richtung hin überhaupt noch nichts geschehen, hat mich damals verdrossen, wie sie mich auch später verdrossen hat. (Darum habe ich ja ein Buch über das Zeitalter Wilhelms des Zweiten geschrieben.) Muthesius sagte ferner:

„Die tatsächliche Benutzung der Häuser wird darüber Aufklärung bringen, ob die neue Generation, für die man angeblich baut, einen wesentlichen Teil ihres Lebens wie in arabischen Ländern auf dem Dach verbringen wird, ob sie wirklich im Winter vor enormen Glasflächen frieren will, ob sie das Gemeinschaftsleben so weit ausdehnen will, daß kein abgeschlossener Raum im Haus vorhanden ist, in dem man geistig arbeiten kann, ob sie wirklich auf jeden Abstellraum verzichten will."

Diese Kritik hatte ich im Sinn, als ich oben erwähnte, daß die im Weißenhof verwirklichte Form des Wohnens sich den Zeitgenossen als zumindest ungewohnt dargestellt haben mag. In diesen Äußerungen des alten Herrn zeigen sich die unverfälschten Vorurteile seiner Generation; sogar die arabischen Länder fehlen nicht, Vorwegnahme jener bösen Postkarte. Das ist wahr. (Und es stimmt übrigens nicht, daß man in arabischen Ländern einen wesentlichen Teil des Lebens auf dem Dach verbringt.) Trotz alledem kann man selbst über diese Kritik nicht ohne weiteres zur Tagesordnung übergehen. Muthesius sprach von der neuen Generation, für die man „angeblich" baute. Dieses „angeblich" klingt ähnlich wie mein „Vorwand". Es ist nicht zu leugnen, daß die Meister der neuen Architektur in den zwanziger Jahren ihre Bauherren, die wirklichen, die prospektiven, die anonymen, nicht konsultiert haben. Es ist ihnen nicht eingefallen, sie zu konsultieren. In Hellerau, vor dem ersten Weltkrieg, hat man den prospektiven Eigentümern eine Reihe von Fragen gestellt: Wohnküche oder Kochküche, Ofenheizung oder Zentralheizung etc. Sie wurden beantwortet, sogar mit Skizzen, und man hat die Antworten bei der Planung berücksichtigt. Die Architekten der zwanziger Jahre dagegen waren überzeugt, daß die zukünftigen Bewohner, oder Leute aus der gleichen sozialen Schicht wie diese zukünftigen Bewohner, ihnen nichts für die Arbeit Förderliches mitteilen könnten. Sie meinten, daß ein so grundsätzlicher Bruch mit jeder überkommenen Form notwendig sei, daß sie, die Architekten, ihn erst einmal vollziehen müßten. Wenn die Leute dann, meinten sie, in den neuen Häusern eine Zeitlang gelebt hätten, würden sie erkennen, was ihnen bei ihrer bisherigen Unterbringung gefehlt hat. Die Weißenhofsiedlung ist ein Monument dieser Anschauung. (Nicht das einzige, natürlich.) Der Architekt wurde zum Erzieher. Le Corbusier definierte die „wesentlichen Freuden", er nannte sie „Air", „Son", „Lumière". Seit damals frage ich mich, was denn der „Ton" neben „Licht" und „Luft" zu suchen hat, hygienischen Grundbedingungen übrigens, nicht wesentlichen Freuden. Soll er auf Harmonie hinweisen? Zwei hygienische Grundbedingungen, aus der Gegenerfahrung der Slums bezogen, und ein kryptischer Ausdruck: „Son". Ist die Liste lang genug? Stimmt sie überhaupt? Wenn man schon bei den hygienischen Grundforderungen bleiben will, und dem Slum, der sie nicht gewährt: Braucht der Mensch nicht auch ein wenig Raum? Braucht er nicht auch Ausblick, Anregung, den hohen oder den niedrigen Raum, die Wohnung als Rahmen für Tätigkeit wie für Ruhe? Man könnte immer so weiter fragen.

„Air, Son, Lumière", sagt Le Corbusier. „Werft allen Krempel aus euren Zimmern", ruft Bruno Taut. „Umgebt euch auch daheim sichtbar mit den Errungenschaften des technischen Zeitalters", fordert Gropius; und Mies will jedes Stück der Einrichtung vorschreiben und auch, wo es, unverrückbar, stehen muß. Das ist apodiktisches Entwerfen, Entwerfen a priori, welches sich pädagogisch nennt (denn selbst das Pädagogische erweist sich schließlich als Vorwand). „Angeblich" für die neue Generation geplant, sagte Muthesius, und, meine Damen und Herren, das „angeblich" ist richtig. Blicken wir noch ein wenig in diese Kritik hinein: Außer diesen beiden Zielen (also neuen Bauweisen und neuem Wohnen), fährt Muthesius fort, „wird dann noch vereinzelt der neue Formwille als Richtschnur genannt." Und in der Tat, hier liegt nun der Kern der ganzen Bewegung. Wer sich bemüht, der Sache auf den Grund zu gehen, wird heute erkennen, daß das, was die Geister jenes Kreises bewegte, eigentlich die neue Form war. Die neue Form, die sie so mächtig beeinflußte, daß alle anderen Motive in den Hintergrund treten. Hier nun spricht Muthesius das Wort „Stil" aus, wenn auch verklausuliert: „Dabei ist das rasche Ende des mit ebensoviel Enthusiasmus verteidigten Jugendstils noch in frischer Erinnerung." Das ist deutlich genug. Die Weißenhofausstellung und die ganze „sogenannte moderne Architektur" ist, wie er sagt, einem „tyrannischen Formwillen" unterworfen, welcher zu einem neuen Stil hindrängt.

Soweit diese Kritik. Ich habe mich so lange damit aufgehalten, weil sie neben großväterlicher Rechthaberei und Beschränktheit zwei Feststellungen macht, die mir wesentlich erscheinen:

1. Der Weißenhof wurde für niemanden geplant.
2. Der Weißenhof ist eine Demonstration des modernen Stils.

Halten wir hier einen Augenblick inne: Der Weißenhof, meinte Muthesius, ist eine Demonstration des modernen Stils. Wir sagen, er ist eine der entschiedensten, reichsten, interessantesten Demonstrationen des Formwillens der späten zwanziger Jahre. Als solche wurde er damals empfunden, gewürdigt, geliebt, bekämpft; als solche besäßen wir ihn noch, wenn man pfleglich mit ihm umgegangen wäre; als solche, als ein Dokument, wenn Sie wollen, möchten wir ihn gern wieder besitzen. Ich verkenne nicht die Schwierigkeiten, die sich jedesmal ergeben, wenn man sich anschickt, in geschichtlichen Häusern zu wohnen. Aber der Weißenhof wird bewohnt. Klagen über seine schlechte Bewohnbarkeit sind, meines Wissens, nicht bekannt geworden. Der wiederhergestellte Weißenhof wird gut zu bewohnen sein; einige seiner Häuser sehr gut, andere weniger. Ich glaube nicht, daß man einer Familie Gewalt antut, wenn man ihr ein Haus in der

Siedlung Weißenhof anbietet; auch dann nicht, wenn man sie hindert, die Fenster, die sie vorfindet, auf moderne Art zu verschlechtern. Wie Frei Otto plädiere ich für eine getreue Wiederherstellung der Siedlung Weißenhof.

Kehren wir nach diesem Exkurs zu den beiden Feststellungen zurück, mit denen ich meine bisherigen Überlegungen abgeschlossen habe: Der Weißenhof, sagte Muthesius, wurde für niemanden geplant, und der Weißenhof ist eine Manifestation des Formwillens der zwanziger Jahre. Die beiden Feststellungen machen das Verhalten des Publikums der Siedlung Weißenhof gegenüber immerhin verständlich. Die Gegendemonstration ist aber nicht der Kochenhof, der auf einem Hügel dicht beim Weißenhof fünf Jahre später gebaut wurde. Daß man ihn dafür gehalten hat, liegt an der Nähe; ein wenig ist es auch die Schuld Paul Schmitthenners, der ebenso laut für seine Auffassung gestritten hat wie vorher die Weißenhofleute für ihre. Aber als Gegendemonstration ist der Kochenhof einfach nicht bedeutend genug. Die wahre Gegendemonstration folgte auf dem Fuße oder entstand gar gleichzeitig: Das Datum ist ebenfalls 1927, der Ort ist Berlin, und die Siedlung ist die am Fischtalgrund in Zehlendorf. Sie wurde als Gegendemonstration nicht gegen den Weißenhof geplant, sondern gegen die Onkel-Tom-Siedlung von Bruno Taut, Häring und Salvisberg, an welche sie an der Senke Fischtal unmittelbar anschließt. Ich nenne aber sie die echte Gegendemonstration gegen den Weißenhof, weil sie wie der Weißenhof fast ausschließlich aus individuell geplanten Einfamilienhäusern und Reihenhäusern besteht (deshalb ist sie in Wahrheit keine Demonstration gegen die Onkel-Tom-Siedlung, die aus Typenhäusern besteht), und weil die Equipe, die dort gebaut hat, immerhin einige bekannte Namen einschließt. Die Hauptfigur am Fischtal ist Heinrich Tessenow; die Equipe schließt ein Hans Poelzig, der also in beiden Sätteln geritten ist, Paul Schmitthenner, Alexander Klein, Paul Mebes und eine Anzahl weniger bekannter Architekten wie z. B. Schopohl. Für die Häuser am Fischtal war ein 45-Grad-Dach vorgeschrieben; die Fenster sind fast überall stehende Fenster, mit feinen Sprossen unterteilt. Der Beweis sollte angetreten werden, daß man wohnlicher, nicht kostspieliger – ich glaube, man behauptete, billiger –, solider (weil nicht experimentell – und wir wissen, welche Schwierigkeiten das flache Dach gemacht hat), besonders aber menschlicher bauen könne, wenn man die Überlieferung der Methoden *und der Formen* nicht aufgab. Da man hier auch mit dem Grundriß nicht experimentierte, finden wir nicht wenige gut bewohnbare Häuser. Ich denke in erster Linie an die von Tessenow und die von Schmitthenner; aber auch Schopohl, der in den Nazijahren viel in den Berliner Vororten gebaut hat, konnte gute, einfache und räumlich überzeugende Grundrisse machen. Auch die Siedlung am Fischtal – es handelt sich um eine lange Straße mit stellenweise doppelter Aufschließung (Hammergrundstücke) – wurde nach der Fertigstellung zunächst als Ausstellung gezeigt, und ich entsinne mich genau der Stimmung, in der Walter Segal mit mir durch diese lieben und trauten Heime lief. Wir waren als Schüler von Poelzig, der wie gesagt, in beiden Sätteln ritt, nicht zu Vorurteilen geneigt und standen den Arbeiten der modernen Architekten recht skeptisch gegenüber. Wir gingen brav durch ein Haus nach dem anderen und fanden vieles schön, ganz schön, nicht einmal schlecht, nun ja . . ., bis endlich Walter Segal, den Kopf zwischen den Händen, aus einem Schmitthenner-Haus fluchtartig herausstürzte und rief: „Posener, geben Sie mir den härtesten Gropius!"

So ging das also nicht mehr, nachdem der Weißenhof einmal verwirklicht war, und gleich hier nebenan die Onkel-Tom-Siedlung; aber doch, wichtiger, der Weißenhof. Es gibt Schritte in der Kunst, die, einmal getan, die Arbeiten zu Anachronismen erniedrigen, deren Autoren weiter so tun, als sei nichts geschehen. Und doch begegnet einem am Fischtal Qualität: Die beiden Häuser von Poelzig sind räumlich gut und stehen der modernen Architektur am nächsten (auch in den Fensterformen), Alexander Klein demonstriert auch am Fischtal seine Grundrißwissenschaft, und von den Tugenden der Häuser von Schmitthenner und von Schopohl war schon die Rede. Besonders aber ist Tessenow der Mann der Fischtal-Siedlung, so wie Mies der Mann des Weißenhofs gewesen ist. Tessenow war dem Experiment abgeneigt, obwohl er ständig experimentierte. Er hielt jenen radikalen Bruch mit der Überlieferung für unnötig, ja für schädlich; aber er war keiner von denen, die, wie etwa Schultze-Naumburg, einen Stil der Vergangenheit nachahmten. Tessenow hat innerhalb eines Rahmens, der vom Arbeiterhaus (Hellerau) bis zum bürgerlichen Einfamilienhaus reichte, ständig neue Anordnungen ausprobiert; gegründet allerdings auf eine intime Kenntnis dessen, was die kleinen Leute gern haben möchten, jene Kenntnis, die den modernen Architekten in so starkem Maße gefehlt hat. Wollte man jenen Slogan ernst nehmen, der um diese Zeit aufkam und der hieß „Nicht funktional, menschlich!", so durfte man sich auf Tessenow berufen. Nicht ausschließlich auf ihn, aber auf ihn zuerst und am meisten; denn es gab, wie wir gesehen haben, auch andere tüchtige Häuser am Fischtal, ich denke in erster Linie an die von Schopohl. Wir müssen dies zugeben, wir wollen es auch zugeben: daß auch die Häuser von Leuten wie Tessenow und Schopohl keine Pastiches sind, keine Vorspiegelungen von bürgerlichem Barock oder von „um

1800". Sie besitzen eine gewisse Kargheit, Kühle, Wesentlichkeit, welche diesem Jahrhundert angehören. Bei Schmitthenner liegt die Grenze. Seine Häuser und die jenseits dieser Grenze sind penetrant altväterlich. Und man kann diese Häuser überhaupt, die Fischtalhäuser allesamt, heute nicht mehr ansehen, ohne daran zu denken, was aus ihnen, den Zeugen eines noch ehrlichen, eines zum Teil berechtigten Protestes dann geworden ist. Das fühlte Walter Segal damals voraus; und darum wurde ihm die Sache nach anfänglich guten Eindrücken am Ende zum Aus-der-Haut-Fahren.

Dieser Slogan aber „Nicht funktional, menschlich!" beherrschte die Jahre nach 1933, und durchaus nicht nur in Deutschland. Jürgen Joedicke hat vor langer Zeit sein aufschlußreiches Buch über die „menschlichen" Tendenzen der dreißiger Jahre geschrieben. In den skandinavischen Ländern, besonders in Dänemark, wurde um diese Zeit eine Art Ausweichlösung praktiziert. Man baute dort so, als wollte man sagen: „Wir verstehen uns auf die Überlieferung, wir haben unsere eigene, und sie ist brauchbar; wir haben aber vor dem modernen Bauen keine Angst." Die Dänen wirkten wie ein Volk von Tessenows, und natürlich ist die Ostseekultur das Verbindende zwischen den Dänen und Tessenow. Das geht, wenn ein Land im Hausbau eine schöne Überlieferung besitzt, und wenn es ein wenig am Rande liegt wie Dänemark. Das ging auf jeden Fall damals. In Deutschland mußte der Austrag prinzipiell sein: Fischtal gegen Weißenhof, und dann, abermals und noch stärker, gegen den Weißenhof die kleine Nazi-Architektur. Ich meine die Hausbauerei; die öffentliche Architektur im Dritten Reich war etwas anderes. Auf beiden Seiten aber gab man sich eine *Haltung.* Ich will Tessenow nicht ausnehmen: Seine beharrliche Handwerklichkeit, sein Kleinstädtertum in einer Zeit der Industrie ist schließlich auch eine Haltung; vielleicht ist das Fremdwort „Attitüde" deutlicher. Die Weißenhofleute gefielen sich in der Attitüde radikaler Neuerer, die Schmitthennerleute in der von Verteidigern einer kernigen Überlieferung. Und diese Attitüde nahmen bald auch in anderen Ländern einige Architekten an; denn die „Rückbesinnung" griff ebenso über die Grenzen wie vorher die moderne Architektur. Sogar in Palästina fingen einige an, „menschlicher" zu bauen; Erich Mendelsohn baute eine landwirtschaftliche Schule mit einem Ziegeldach, was man ihm dort nun wieder aus „nationalen" Gründen übelnahm. Selbst Gropius baute sich ein „menschlicheres" Haus in Lincoln, Massachusetts. Es war erheblich weniger doktrinär als sein Meisterhaus es gewesen war, es war vergleichsweise gemütlich; um diese Zeit (1938) sagte er, man habe den Funktionalismus zu wörtlich genommen.

An dieser Stelle möchte ich einen Sprung in die Gegenwart tun: Ein Freund machte mich vor einigen Tagen auf einen Bericht über die Bruno-Taut-Ausstellung in der Zeitschrift des AIV aufmerksam. Der Bericht ist von einem gewissen „g" unterzeichnet; ich weiß nicht, wer das ist. Dieser „g" bemerkt, daß Taut bis zur alpinen Architektur ein genialer Architekt gewesen sei; er habe aber von dieser Genialität nichts in den sozialen Wohnungsbau hinüberretten können, dem er sich später verschrieb. Sie sei dort unter der Doktrin und dem Sozialismus verschüttet worden. Der Bericht schließt mit der Hoffnung auf eine Architektur, die „weniger sozial, dafür menschlicher" sein sollte. „Menschlicher" – das kommt uns bekannt vor. Die andere Seite des Gegensatzpaares ist neu: „sozial" anstelle von „funktional". Herr „g" hätte auch den alten Gegensatz aufgreifen können: „menschlich" gegen „funktional". Das wollte er offenbar nicht, weil es der alte Gegensatz ist: Nicht nur ist er fünfzig Jahre alt und mehr, dieser alte Hut ist auch jetzt wieder seit gut anderthalb Jahrzehnten Mode. Seit dem Scheitern der studentischen Bewegung am Ende der sechziger Jahre aber ersetzt man zuweilen das Wort „funktional" durch „sozial", weil die Studenten die soziale Verpflichtung der Architektur in den Vordergrund gerückt haben; eine Nuance immerhin, über die noch einiges zu sagen sein wird. Bleiben wir jedoch einstweilen bei dem Wort des Slogans, das sich seit fünfzig Jahren nicht verändert hat: „menschlich". Ich schlage vor, diesen Ausdruck etwas näher ins Auge zu fassen.

Er impliziert natürlich den Gegensatz „unmenschlich": Die Architektur des Funktionalismus sei unmenschlich gewesen, der soziale Wohnungsbau sei es noch heute. Man würde es sich zu leicht machen, wollte man sagen, der Vorwurf sei aus der Luft gegriffen. Es wurde von dem Fehlen der unmittelbaren menschlichen Beziehung in der modernen Architektur gesprochen. Der Weißenhof, sagten wir, mit Ausnahme immerhin der Häuser von Oud, wurde für niemanden geplant. Man sollte meinen, diejenigen, welche eine menschliche Architektur wollen, möchten zurückgehen hinter die Unterwerfung menschlicher Gewohnheiten und Wünsche unter die Vorstellungen von Architekten, unter deren Anmaßung, die Menschen durch die Architektur zu erziehen, unter ihren Willen zur Form. Im Jahre 1927 haben Architekten gleich zwei – einander entgegengesetzte – Idealbilder verwirklicht: den Weißenhof und das Fischtal, das heißt, moderne Form und Rückbesinnung. Wir haben uns genügend mit dem Fischtal beschäftigt, um sagen zu dürfen, daß auch diese Siedlung bestimmten Lebensbildern, Erziehungsbildern, entspricht, die mit den Gewohnheiten und den Wünschen der Leute damals nicht sehr viel gemein haben: zwingenden Vorstellungen, dem Wunsche, die Leute einem Stil entsprechend zu modeln. Und die weitere Entwicklung dieser Vorstellungen, die Entwicklung zum Dritten Reich, bestätigt das auf erschreckende Weise. Wer also eine menschliche Architektur will, sollte vor allem diesen Zwang vermeiden; er sollte, um mit Luther zu sprechen, den Leuten aufs Maul sehen, will sagen, ihre Gewohnheiten, Wünsche, Ideale endlich ernst nehmen und nicht wieder versuchen, durch die Architektur aus den Leuten etwas zu machen, was sie nicht sind. Er sollte sie nehmen, wie sie sind, und sollte sie so bedienen.

Das klingt einfach, es ist aber nicht einfach. Warum haben denn die Architekten der zwanziger Jahre das, was die Leute vom Wohnen kannten, wußten und wollten, einfach abgeschrieben? Geschah das nur, weil sie darauf versessen waren, ihre Utopien zu verwirklichen, oder konnten diese Architekten mit einem gewissen Recht darauf hinweisen, daß Gründerzeit, Jugendstil und am Ende noch die Vorkriegsüppigkeit die oberen Klassen in diesen Dingen schlichtweg unzurechnungsfähig gemacht hatten, und daß die Arbeiter in ihren Hinterhofwohnungen ohnehin mit allem zufrieden sein mußten, was man ihnen anbot, und nichts Eigenes mehr begehrten? Nun, das war übertrieben. Das Bildungsbürgertum vor dem Kriege hatte Messel akzeptiert, Bruno Paul, Peter Behrens, Muthesius, sogar Tessenow und einige der frühen Arbeiten von Taut und Gropius. Und die Arbeiter hatten damals noch gewisse Wünsche, gewisse Vorstellungen. Sie haben sie bei der Planung von Hellerau deutlich ausgedrückt. Die Behauptung der modernen Architekten, das Publikum wisse nicht, was es wolle, und man müse darum mit Null beginnen, war übertrieben; aber sie enthielt ein Quantum Wahrheit.

Wie aber sieht das heute aus? Wir haben die Phase der Erziehung zu einer neuen Architektur hinter uns und die auf sie folgende Erziehung zu einer alt-neuen Architektur; wir haben rund zweimal fünfundzwanzig Jahre Werkbund hinter uns – und sehen Sie sich die Möbel- und Einrichtungsabteilungen der Warenhäuser an! Wir haben auch die Rückkehr zu der sogenannten Guten Form hinter uns – seit etwa 1950 –; und es ist uns mittlerweile von der Guten Form so elend, daß die Leute eine nicht funktionale, eine nicht soziale, daß sie eine „menschliche" Architektur verlangen. Damals, anno 1927, genügte es nicht, den Leuten „aufs Maul zu schauen". Würde es heute genügen? Die Leute reden doch nicht mehr, wie ihnen der Schnabel gewachsen ist; denn wir haben ja auch einen langen Prozeß der Erniedrigung durch vorgegebene Formen hinter uns – und wir haben das Fernsehen über uns. Das heißt, wir sind, trotz der Bemühungen des Werkbundes, trotz gewisser großer Beispiele, die uns die Augen hätten öffnen können, durch eine Folge von Einflüssen gegangen, welche uns weniger gelassen haben als die Gründerjahre den Großvätern ließen. Ich entsinne mich noch einer Zeit, in der gewisse Kreise im Bürgertum recht gut wußten, wie sie wohnen wollten, recht genaue Vorstellungen davon hatten, wie sie ihre Eßzimmer, Wohnzimmer, Herrenzimmer, Kinderzimmer, Schlafzimmer haben wollten, was sie vom Keller erwarteten und was vom Garten. Das waren, zugegeben, nur gewisse Kreise; aber so klein, wie man zurückblickend meint, waren sie nun auch nicht. So genaue Vorstellungen sind gegenwärtig viel seltener geworden, weil wir zwar ein sehr großes Angebot an Wohnungseinrichtungen, an Möbeln, an Haushaltsmaschinen ständig vor Augen haben, weil aber dessen ungeachtet das Wohnen an Wirklichkeit verloren hat. Es ist wichtiger geworden, mobil zu sein, ein Zweithaus zu haben, in Finnland, in der Toskana, wo man an noch intakten – aber fremden! – Wohnwerten naschen kann; der Begriff des Wohnens, wie nicht ganz wenige ihn vor 1914 noch kannten und kultivierten, ist uns abhanden gekommen und wird durch das Angebot, den Konsum von „Schöner Wohnen" nicht ersetzt. Wenn es also schon die Architekten der zwanziger Jahre abgelehnt haben, den Leuten aufs Maul zu schauen, weil diese bereits mit falschen Zungen geredet haben, so haben die Architekten heute noch mehr Grund dazu, dies abzulehnen, weil in Dingen des Wohnens verschwindend wenig an Wertbewußtsein und Vorstellung und gar nichts mehr an Selbstverständlichkeit übriggeblieben ist.

Trotzdem hat man in den sechziger und den frühen siebziger Jahren von Partizipation gesprochen. Man hat gesagt, daß nur gemeinsam mit denen gearbeitet werden sollte, für die man baut, und man hat auch einiges in dieser Richtung versucht, besonders in England. (Hier begegnet uns noch einmal der Freund Walter Segal.) Ist das nun nur eine blinde Hoffnung gewesen, oder gibt es Gründe – trotz allem, was wir eben bemerkt haben –, den Leuten doch auf das Maul zu schauen oder vielleicht, sie zum Reden zu bringen? (Denn es ist wahr, sie sagen nicht mehr viel.) Seit etwa fünf Jahren aber – es mögen mehr sein – wenden sich viele Architekten von solchen Versuchen entschieden ab. Man spricht davon, daß die Architektur in zweierlei Sinne nicht länger „sozial" sein solle: In dem Sinne nicht, daß man sozialen Wohnungsbau für Leute plant, die man nicht kennt und nicht kennen will und die dem Gebauten dann hilflos gegenüberstehen; aber auch nicht in dem Sinne, daß man sich mit den Leuten zusammensetzt und mit ihnen berät. Man spricht wieder von der künstlerischen Verantwortung des Architekten. Wer „menschlich" bauen will, meint, was menschlich *sei,* wisse nur der Künstler. Es sei schließlich nicht schwierig, sagen diese Architekten, herauszufinden, was die moderne Architektur dem Menschen schuldig geblieben ist; sie sei ihm die Form schuldig geblieben. Man habe zwar in den zwanziger Jahren formalistisch genug gearbeitet (und das ist, wie wir gesehen haben, wahr); man habe sich jedoch geschämt, die Form beim Namen zu nennen. Seitdem habe man selbst die Intention zur Form verloren, man habe sich nicht an die zuweilen gute Form jener Meister gehalten, sondern an ihre schlechten Ansprüche. Man habe den Menschen durch Unform und durch Monotonie verkrüppelt. (Auch das ist wahr.) „Gebt dem Menschen Form", sagen diese Architekten, „laßt ihn eine überschaubare Ordnung erleben, und ihr werdet ihm etwas geben, dessen er dringend bedarf, um Mensch zu bleiben – oder um es wieder zu werden". „Aber um dies zu tun", sagen die Architekten, „brauchen wir die Leute nicht zu fragen, wie sie gern essen, schlafen, fernsehen, basteln, oder kochen wollen. Sie werden ohnehin keine präzisen Antworten geben können, denn sie haben von diesen Dingen keine Vorstellungen mehr. Also müssen wir ihnen etwas vorstellen", sagen diese Architekten. „Machen wir ihnen die Sprache der Architektur verständlich!" Die einen versuchen das durch eine sichtbare Ordnung zu bewirken, andere wollen der Phantasie Nahrung geben, welche die Monotonie der Städte hat verkümmern lassen, wieder andere wollen eine neue Sprache dadurch dem Verständnis öffnen, daß sie gewohnte Elemente in sie einführen, banale, ästhetisch indifferente Elemente, als Leitfossilien sozusagen, in noch unbekannten Schichten des Bewußtseins. Ich glaube, ich brauche keine Namen zu nennen: Man wird mich zweifellos verstehen.

Habe ich diese Argumente einigermaßen plausibel wiedergegeben, so möchte ich schon dadurch andeuten, daß ich mir über sie ebenso wie über die bisherigen Resultate solcher Bemühungen keine Meinung zu äußern erlaube. Sich mit ihnen auseinanderzusetzen, wird Aufgabe dieses Kolloquiums sein. Dies ist ein einführender Vortrag, ein wenig Vorgeschichte. Darum erlaube ich mir hier lediglich, auf das Gemeinsame hinzuweisen, welches zwischen der Haltung dieser Architekten und der der Meister der zwanziger Jahre besteht. Damals wie heute nimmt der Künstler das Recht in Anspruch, der Architektur eine Sprache zu geben, und erwartet, daß man sich an diese Sprache gewöhnen werde. Einen Unterschied allerdings möchte ich betonen: Man ist ehrlich geworden; man spricht von der Kunst, während die Architekten der zwanziger Jahre die Kunst hinter einem Nebel von Begriffen ganz anderer Art verborgen haben. Solche Begriffe haben ihre Wirkung verloren. Darum spricht man unverhohlen von der Kunst. Das finde ich gut; und ich stimme der Meinung zu, daß Form für den Menschen notwendig ist, auf ihre Art nicht weniger notwendig als Licht, Luft, Sonne, von denen man damals so viel gesprochen hat. Ob allerdings eine Form, die wieder einmal den Leuten übergestülpt wird, wirklich zu einer menschlicheren Architektur beitragen kann, das möchte ich, nach früheren Erfahrungen des Jahrhunderts, bezweifeln.

Wir sind jetzt alle Kulturpessimisten; wir sind schnell bereit, darauf hinzuweisen, daß die Leute jeden eigenen Wunsch, jede eigene Vorstellung, jeden Wertbegriff, besonders aber jede Selbstverständlichkeit, ihre Wohnung betreffend, verloren haben; und nicht nur ihre Wohnung betreffend, mehr noch ihr Haus, ihre Straße, ihre Stadt, alles, womit man sie, die passiv bleiben, umgibt. Das kann, sagen wir, unter obwaltenden Bedingungen gar nicht anders sein und, in der Tat, im wesentlichen stimmt das. Und doch werden wir gut daran tun, dieses pauschale Urteil im Lichte der eigenen Erfahrung zu überprüfen. Trifft nicht jeder von uns gelegentlich Leute, die so wohnen, wie sie es verstehen? Ich denke nicht an die kauzigen Wohnungen gewisser Architekten, ich denke an die „Höhlen", welche junge Leute sich in ihren Zimmern schaffen, an Wohnungen, die so wenig „eingerichtet" sind, daß in ihnen nicht ein Stuhl dem anderen gleicht – und doch fühlt man sich sofort in ihnen zu Hause –, an Stätten der Tätigkeit wie Malerateliers, an Laubenpiepergärten; auch an Gespräche darüber, daß man diese Straße erträglich findet, jene andere aber unerträglich, daß man es haßt, in Warenhäusern einzukaufen, so wie Warenhäuser heute sind, oder in Supermärkten; ich könnte anderes nennen. Das sind Kleinigkeiten, vielleicht, aber doch, meine ich, Zeichen, an die ein Architekt sich halten sollte, wenn er eine menschlichere Architektur will: Ja, er sollte sich an solche Zeichen klammern. Er sollte, das ist der langen Rede kurzer Sinn, auf keinen Fall den Kontakt abreißen lassen.

Auch dies, selbst dies, ist schwerer als es klingt. Was bürgt einem dafür, daß man, indem man sich bemüht, die anderen zum Sprechen zu bringen, ihnen nicht eigene Worte in den Mund legt? *Das wird geschehen.* Man wird auch in diese Unterhaltung ein gewisses Maß an Utopie einführen; man wird gar nicht umhin können, das zu tun, denn Architektur enthält immer und überall den Hinweis auf das Bessere, nur daß es sich bei guter Architektur um die Utopie handelt, die einen Schritt nach vorn tut, und bei schlechter Architektur um die Utopie, welche geradewegs ins Millennium führen will. Das ist ein gewaltiger Unterschied. Und doch muß ich die Frage zulassen, wie es denn gegenwärtig eine Utopie überhaupt geben kann, die nur einen Schritt macht. Gerade der eine Schritt setzt Einverständnis voraus, Selbstverständnis. Und daran mangelt es.

In diesen Tagen, Monaten, Jahren wird in Berlin die Internationale Bau-Ausstellung, die IBA, vorbereitet, eine Unternehmung, die von zwei Architekten geleitet wird: der eine ein bewußter Künstler und ein Philosoph, dem die Form wesentlich ist, wesentlich für das Menschsein; der andere einer, der sich seit vielen Jahren – mit wechselndem Erfolg – darum bemüht, den Kontakt zu den Leuten nicht abreißen zu lassen; man könnte auch sagen, daß er ihn wiederherstellen will. Er ist der Meinung, daß Bauen ein Dienst an der Gesellschaft sei, besonders an den am wenigsten Begünstigten in unserer Gesellschaft. Man fragt sich, wie die IBA einheitlich werden kann, da sie von so verschiedenen Geistern inspiriert ist. Vielleicht soll sie nicht einheitlich sein. Ich weise aber zum Schluß dieser Einführung auf die IBA hin, weil in ihr die beiden Tendenzen, von denen ich spreche, unverfälscht erscheinen. Wir werden zwischen ihnen zu wählen haben. Jeder von uns hat gewiß seine Entscheidung schon getroffen. Wo meine liegt, habe ich wohl klargemacht.

Wozu Post-Moderne?

Max Bill

MAX BILL, 1908 geboren, weist ein breites Tätigkeitsbild als Architekt, Maler, Bildhauer und industrieller Formgestalter auf. Er hat von 1927 bis 1929 am Bauhaus studiert. Nach dem Zweiten Weltkrieg war er Rektor der Hochschule für Gestaltung in Ulm, wo er eine Erneuerung des Bauhausgedankens versuchte. Von Max Bill stammen die Publikationen: „Moderne Schweizer Architektur, 1925–1949" und „Robert Maillart, Brücken und Konstruktionen", das Buch über den Schweizer Konstrukteur und Gestalter.

Es ist wohl kein Zufall, daß die Einladungskarte zu diesem Symposium „Architektur der Zukunft – Zukunft der Architektur" ein sehr schöner Satz ziert, der eigentlich erst durch seine Axialität schön wird; daß diese Veranstaltung mit einem symbolträchtigen Architekturbeispiel geschmückt ist, nämlich dem Wettbewerbsentwurf von Adolf Loos für die „Chicago Tribune", entstanden vor einem Menschenalter. Es mag ein Rätsel bleiben, was Adolf Loos wirklich bewogen hat, die Situation der Architektur von heute soweit vorauszuahnen und die Argumente der seither entstandenen Architektursemantik zu beachten, wie die Notwendigkeit des Einsatzes der Werbewirksamkeit, des Ungewöhnlichen, jedoch zeitlose Solidität Vorspiegelnden. Das Tröstliche an der Loos'schen Säule ist, daß sie nicht gebaut wurde und, wenigstens in der Reproduktion, schon beachtliche Risse aufweist.

Über den Weg der Architektur des 20. Jahrhunderts sind wir tatsächlich dort angelangt, wo allen Ernstes Objekte ähnlicher Art in Betracht gezogen, ja gebaut werden. Vielleicht nicht gerade als gigantische Säulen, doch jedenfalls als gläserne Kristalle oder ähnliche Wahrzeichen. Monumente der Geschäftstüchtigkeit, ihrer Funktion nach nicht unähnlich den Fliegenfängern. Und so sitzen wir nun hier, um über „Architektur der Zukunft" oder „Zukunft der Architektur" zu reden. Ich kann das kurz machen: Ich bin kein Hellseher. Immerhin, wenn man beim Planen vor allem an die Zukunft denkt, so sollte man vor allem an den Menschen denken. So sehr die Zukunft durch die Entwicklung der technischen Welt sich verändert, so wenig ändert sich der Mensch, sofern er nicht gezwungen wird, sich den rasanten Entwicklungen anzupassen. Aus diesem Anspruch des Menschen als Maß der Dinge und als Maß der Architektur hat sich dann eine merkwürdige „Menschlichkeit" in der Architektur entwikkelt, ein Begriff, der absolut unsinnig ist.

Architektur und Bauen ist Bauen und Architektur und ist nicht menschlich. Das gibt's nicht, alles, was der Mensch macht, wäre dann menschlich. Also wäre auch eine sogenannte „unmenschliche“ Architektur, weil sie nicht zum Menschen paßt, noch menschlich. Eine menschliche Architektur: einen solchen Begriff überhaupt zu verwenden, würde ich glatt ablehnen. Ich befürworte also eine Zukunft der Architektur zum Wohle des Menschen unter Berücksichtigung der zu seinem Wohlbefinden nötigen Einrichtungen. Doch sind einige unumstößliche Grundforderungen in jedem Fall zu beachten, auch wenn es offensichtlich heute in der Gilde der Architekten Strömungen gibt, die Anleihen nehmen beim Theaterdekorateur, beim Zuckerbäcker oder in der Modeboutique. Es gibt eine Gegenströmung, bei der nichts klassisch genug aussehen kann. Sie behandelt die kleinste Bauaufgabe mit dem Anspruch auf Ewigkeitswert, auch wenn der Gebrauchswert nichts damit zu tun hat, im Gegenteil sogar darunter leidet. Andere äußern sich folgendermaßen – ich zitiere aus einem eben publizierten Manifest: „Wir haben es satt, Palladio und andere historische Masken zu sehen, weil wir in der Architektur nicht alles das ausschließen wollen, was unruhig macht. Wir meinen Architektur, die blutet, die erschöpft, die dreht und meinetwegen bricht, Architektur, die leuchtet, die sticht, die fetzt, die unter Drehung reißt. Architektur muß schluchtig, feurig, glatt, hart, eckig, brutal, rund, zärtlich, farbig, obszön, geil, träumend, vernähend, verfernend, naß, trocken und herzschlagend sein, lebend oder tot; wenn sie kalt ist, dann kalt wie ein Eisblock, wenn sie heiß ist, dann heiß wie ein Flammenhügel. Architektur muß brennen.“

Mit solchen Vorstellungen, die bis zur gebauten Praxis führen, sind wir heute konfrontiert. Die Architektur scheint am Ende angelangt zu sein, wie die Bildende Kunst: beim Happening. Es fehlt dazu nur noch der nackte Architekt auf der Wiese, der vor Eingeladenen durch Hochsprung, Langlauf und winkelweisende Armbewegungen vorzuführen versteht, wie man sich vorstellen könnte, auf dieser Wiese sich wohnlich niederzulassen. Wir sind noch nicht so weit, doch das vorläufig in den Köpfen angerichtete Chaos ist nicht zu übersehen. Dieses Chaos ist eben vorläufig, noch harmlos im Verhältnis zum Gebauten.

Was wir seit langem beklagen: dieses Chaos steht festgebaut über Jahrzehnte, gebaut von Fachleuten, meist unter Mitwirkung von Architekten, also gebautes Architekturchaos, wir kennen es.

Wenn wir nun zusammensitzen, um über die „Architektur der Zukunft“ und die „Zukunft der Architektur“ etwas zu vernehmen, und das von Architekten verschiedenster Richtung, von mir als konservativstem Rationalisten bis zu jenen, für die die Zukunft schon begonnen hat, dann kann wiederum nur ein Beitrag zur Vergrößerung des gebauten Chaos entstehen. Das ist eine Annahme! Und ich hoffe, ich habe damit Unrecht. Das wird sich weisen, wenn man die Projekte vergleicht, die einige der hier anwesenden Architekten vorgelegt haben für die Lösung ein und derselben Aufgabe: nämlich die Ergänzung der teilweise zerstörten Werkbundsiedlung Weißenhof (siehe auch Projektstudie von Max Bill).

Grundlage ist die Weißenhofsiedlung. Nach dem Gesamtplan von Ludwig Mies van der Rohe haben die in den zwanziger Jahren führenden Vertreter des Neuen Bauens ihre Gebäude konzipiert. Es handelt sich um Wohnbauten ganz verschiedenen Charakters. Die noch bestehenden Objekte gelten zu Recht als schützenswert, vor allem jenes von Mies van der Rohe, der für das große Wohngebäude mit Flexibilität in der Grundrißeinteilung eine damals sicher glänzende Lösung gefunden hat. Dieser Wohnblock sieht nicht aus wie „Lake Shore Drive“ oder der „Barcelona Pavillon“, sondern was Mies am Weißenhof realisierte, hat durchaus heute noch Bestand, und zwar nicht nur vom ästhetischen Standpunkt aus, sondern von der Idee der Grundrißorganisation. – Dann das Gebäude von Peter Behrens, das von Posener ausdrücklich verteufelt wurde. Dieses Gebäude ist jedoch geradezu ein Musterbeispiel für das, was vorausgeahnt wurde. Es ist der Beginn einer Terrassenarchitektur. Was Behrens dort gebaut hat, ist in keinem anderen Gebäude mit dieser Konsequenz berücksichtigt (ich muß hier Le Corbusiers Villen ausschließen). Es ist nämlich die Verbindung von Innen und Außen in einem Mehrfamiliengebäude. Was Peter Behrens gemacht hat, ist eine Art Realisation jenes bekannten Projektes, das einmal Loos entwickelte. Er wurde leider nie gebaut, dieser große Komplex aus Terrassenhäusern.

Die Bauten von Le Corbusier sind heute noch genauso gut wie damals, genauso diskutierbar wie damals, wir alle kennen ihre Fehler. Ich erinnere mich genau – als ich damals am Bauhaus studierte und wir diese Bauten vom Weißenhof diskutierten, wie hart wir mit ihnen umgegangen sind; es blieb fast kein Faden mehr dran und kein Stein auf dem anderen. Die Bauten von Gropius haben wir als anfällig und power bezeichnet – und das, was Taut gebaut hatte, mit einem farbigen Dynamismus, der verwirrende Situationen schuf, indem man über bunte Bodenstreifen gehen mußte: Es war eine Pop-Architektur, wie man sie sich heute nur noch in einem Museum vorstellen kann. Dann gibt es die kleine Zeile von Mart Stam, die den Nachteil hat, daß sie das Innere mit dem Äußeren nicht richtig verbindet, denn man muß zum Garten über eine Treppe hinuntersteigen, und zwar eine ziemlich unbequeme.

Vielleicht das Solideste, was auf dem Weißenhof noch steht, ist von Oud gebaut. Das ist kein Zufall. Oud hatte sich schon immer sehr intensiv mit Arbeiterwohnhäusern bechäftigt. Aber er hat auch eine außerordentlich hohe ästhetische Qualität erreicht, die ohne Zutat vollständig aus der Sachlichkeit heraus entwickelt war. Das kommt nicht von ungefähr, denn Oud war Mitglied einer Gruppe, die eine Zeitlang die Zeitschrift „De Stijl" herausgegeben hat, an der Mondrian, Vantongerloo und van Doesburg zusammenwirkten. Wir sehen dort eine holländische Tradition realisiert, die heute noch vorhanden ist; die kleinen Doppelstockhäuser. Diese Wohnzeile gehört, nach über 50 Jahren, immer noch zu den Spitzenleistungen jener Epoche. Acht der ursprünglichen Häuser im Zentrum der Siedlung bestehen nicht mehr. Es waren individuelle Wohnhäuser, teils in konventioneller Bauweise, teils mit neuen Baumethoden errichtet, mit mehr oder weniger konventionellen Grundrissen. Daß alle diese Häuser ein flaches Dach haben, erschien damals als Glaubenssache, ähnlich den heute aufgekommenen verschieden zusammengesetzten Schrägdächern, die jetzt überall Mode geworden sind und bei deren Anblick ich mir den guten alten Tessenow lobe, der ein Dach machen konnte.

Es kann nun, nach heutiger Auffassung, nicht mehr darum gehen, die Form der Streusiedlung wieder zu übernehmen, auf diesem Gelände. Es konnte auch deshalb nicht darum gehen, die Weißenhofsiedlung als ein Museum zu behandeln. Die einzige sinnvolle Lösung scheint mir eine rationelle Nutzung des Geländes unter Wahrung der Eigenständigkeit der bestehenden Bauten zu sein. Doch gleichzeitig sollten alle Benützer, jene der bestehenden und jene der neuen Bauten, unter optimalen Verhältnissen wohnen können. Bestand die Werkbundsiedlung Weißenhof teilweise aus Versuchsbauten für neue Baustoffe und Methoden, so müßte die aktuelle Ergänzung den heutigen Bedingungen unterworfen sein. Beispielsweise rationelle, großräumige Flexibilität der Wohnungen, optimale Technik auch hinsichtlich des ökologisch erwünschten Wärmehaushalts, vermehrte Verbindung von Innen- und Außenraum; also Forderungen, die eine sinngemäße Weiterentwicklung des Neuen Bauens der Pionierjahre sind.

Ich habe versucht, keine sensationelle Lösung anzubieten. Wo bleibt da die Architektur, kann man fragen, wo ist da ein Unterschied zum gewöhnlichen Spekulantenbau? Die Architektur und ihre Gestaltung liegen in jenem engen Freiraum, der dem Architekten für die Realisierung seiner ästhetischen Vorstellung bleibt und den er so zu lösen hat, daß sich sein Verantwortungsgefühl gegenüber den Benützern und der Umwelt deckt mit dem, was man Harmonie und Schönheit nennt. In die Realisation aller Funktionen im Bauwerk sollten sich die Auswirkungen von Ethik und Ästhetik als maßgebende Größen harmonisch einfügen.

Meinen knappen Ausführungen möchte ich nun noch etwas anfügen. Gestern wurde über den Funktionalismus geschimpft und der Funktionalismus auf eine etwas schiefe Bahn geschoben. Ich komme deshalb zurück auf einen Text, den ich hier in Stuttgart schon vor einem Jahr gelesen habe in kleinerem Kreis, anläßlich meiner Ehrenpromotion durch die Universität.

Es gibt Dinge, die kann man nur auf eine Art sagen. Wahrheiten lassen sich nicht beliebig variieren, ohne daß sie eine Repetition sind, und es handelt sich ja auch nicht darum, mit Schaum um die Kerne herum die Probleme gewissermaßen zu vernebeln. Aus diesem Grund lese ich aus dem früheren Text das Wesentlichste vor.

„Es wird seit einigen Jahren wieder eine Bezeichnung verwendet, im abwertenden Sinn. Diese Bezeichnung heißt Funktionalismus. Das damit Bezeichnete gehört dem weiten Feld von Gestaltungen der Umwelt an. Den herstellbaren, sichtbaren, benützbaren Objekten, klein bis groß, und deren Beziehung zueinander.

Woher kommt es nun, daß heute solche Objekte einerseits als dem Funktionalismus zugehörig bezeichnet und andererseits damit charakterisiert werden, und dies im abwertenden Sinn?

Es scheint mir nötig, hier mit einem argen Mißverständnis, ja einer Mißdeutung aufzuräumen. Dies muß damit beginnen, indem festzustellen ist, daß die Bezeichnung „Funktionalismus" aus einer Zeit stammt, in der jede Form von „Ismus" geradezu jeder Avantgardebewegung als Signet diente, um ihre Progressivität zu unterstreichen.

Auf dem breiten Gebiet der Gestaltungen stand der Funktionalismus in ideologischer Konkurrenz zum Konstruktivismus. Einerseits betonte der Funktionalismus die Form, die entwickelt wurde, andererseits betonte der Konstruktivismus die Form als Ergebnis der Konstruktion.

Aus der Distanz von über einem halben Jahrhundert betrachtet, gleichen sich die Ergebnisse jener Zeit und mit verschiedenen Ansprüchen nicht gerade wie ein Ei dem anderen, aber doch wie die Eier ähnlicher Vögel. Und sie wurden dann insbesondere in der Architektur als internationaler Stil betrachtet und je nach ideologischem Standpunkt verschrien, bekämpft oder gelobt und nachgeahmt.

Die Symbiose dieser beiden Standpunkte mit all ihren Zwischenspielarten prägt besonders deutlich das Bild der Städte. Nicht nur der wiederaufgebauten, auch der vom Krieg verschonten, in konstantem Umwandlungsprozeß sich befindenden – bis zu den meisten der neu entstandenen Siedlungen.

Nun hat sich in zunehmendem Maß als Erbe des Funktionalismus eine Tendenz herausgebildet, Neuschöpfungen aus Beton, Glas, Stahl und allerhand Vorfabriziertem als unmenschlich zu bezeichnen und dafür den Funktionalismus anzuklagen, seltener seinen Zwillingsbruder, den Konstruktivismus.

Während die Konstruktion immer perfekter wurde, durch die Entwicklung der technischen Möglichkeiten, verschwand der Konstruktivismus. Richtigerweise wurde er durch die Konstruktion abgelöst. Konstruktivismus war nie Konstruktion gewesen, sondern ein „So-tun-als-obes-Konstruktion-wäre", und in seiner letzten Konsequenz eine Karikatur der Konstruktion.

Ähnlich verhält es sich übrigens bei der parallelen Entwicklung in den sogenannten freien Künsten: Weg vom „So-tun-als-ob", hin vom Konstruktivismus zur konstruktiven Kunst. Es würde zu weit führen, deren Funktion im ästhetischen Entscheidungsbereich heute weiterzuverfolgen.

Der Funktionalismus entstand ursprünglich aus dem Vorwand, Funktionen entweder zum Anlaß oder zur Begründung gestaltender Entscheidungen zu finden. Ein primitives Beispiel: mehr Licht gleich größere Fenster, bis zur Glaswand, worin sich bei perfekter Übereinstimmung Funktionalismus und Konstruktivismus treffen in ihrem gestalterischen Ausdruck und ihrem Anspruch auf Transparenz. Daß diese Abart des Funktionalismus heute als Beweis herangezogen wird für seine Unmenschlichkeit, ist nicht ganz unverständlich. Doch hat der Funktionalismus gleichzeitig Zeugen echter funktioneller Überlegungen hervorgebracht, die noch heute vorbildlich sind.

Was nun aber zu denken gibt, ist folgende Tatsache: Wenn der Funktionalismus für manche heutige Fehlentwicklung herhalten muß, dann sind die Motive nicht jene, die vorgeschützt werden, sondern es ist der Mangel an Urteilskraft gegenüber alten, gewandelten und neuen Problemen.

Man käme wohl heute kaum mehr auf den Gedanken, ein Objekt, das nach funktionellen Gesichtspunkten entwickelt ist, als Funktionalismus zu bezeichnen. Denn im Lauf der Zeit hat man den Unterschied erlebt zwischen einem „So-tun-als-ob"-Funktionalismus und der Komplexität der Funktionen, die jedes gestaltete Objekt bestimmen.

Bemerkenswert und beunruhigend ist jedoch, daß von dieser Erkenntnis wenig Gebrauch gemacht wird. Dies ist mit ein Grund – nicht der einzige allerdings – für die Unsicherheit auf dem breiten Gebiet der Gestaltung.

Diese Unsicherheit hängt vor allem damit zusammen, daß der Begriff der Funktion scheinbar schwer zu fassen ist in bezug auf die Gestaltung der Umwelt.

Wenn ich nun hier meine Überlegungen als Beitrag zur Diskussion expliziere, dann deshalb, weil ich aus meiner Sicht und Erfahrung glaube, dadurch gangbare Wege zu ebnen.

Als Funktion begreifen wir die gegenseitige Beziehung von Faktoren. Auf das Feld der Umwelt übertragen, sind das primär die Beziehungen der Menschen zu ihrer Umwelt und die Beziehungen der Umweltfaktoren unter sich. Daß diese Beziehungen sich in einem sozio-ökonomischen Rahmen abzuspielen haben und welche Faktoren hierbei maßgebend sind, das zu behandeln, würde heute zu weit führen. Doch möchte ich darauf hinweisen, daß kein geringer Teil der Umweltfaktoren und der zwischenmenschlichen Beziehungen abhängig sind vom Rahmen, in dem diese sich bewegen, und daß sie immer und jederzeit die anderen Faktoren beeinflußt haben und beeinflussen. Doch die Beziehungen der Menschen zur Umwelt sind für sich selbst betrachtet schon kompliziert genug.

Wenn man nun annimmt, und ich nehme das an, daß der Mensch ein Bedürfnis nach einer gestalteten Umwelt habe, darin inbegriffen die Künste und die Objekte des täglichen Umgangs, dann muß dieses Bedürfnis ebenso behandelt werden wie alle Komponenten, die eine sinnvolle Gestaltung der Umwelt bewirken. Das bedeutet, daß alle Objekte, vom kleinsten bis zum größten, sich sowohl in ihren Einzelfunktionen wie in deron Zusammenspiel harmonisch ergänzen müßten.

Daß dieses Ziel unerreichbar ist, enthebt uns nicht der Verantwortung, es als Ziel im Auge zu behalten. Denn schon annähernde Lösungen sind schwer zu finden, sofern man alle maßgebenden Funktionen in Betracht zieht. Sehr bald erheben sich dann Fragen der Auswirkungen von irgendwelchen Objektlösungen auf die Umwelt. Wenn ich die Gesamtheit aller Funktionen ernst nehme, dann sind auch jene in Betracht zu ziehen, die Rückwirkungen haben, zum Beispiel solche ökologischer Art, oder in bezug auf die Energieproduktion oder die Gewinnung von Rohstoffen, kurz den gesamten ökologisch-ökonomischen Haushalt, von dem wir mehr und mehr abhängig sind.

In diesen Zusammenhängen ist es nicht gleichgültig, auf welche Art und Weise wir täglich unserer Umwelt welche neuen Produkte zufügen. Daß dies auf ästhetisch verantwortbare Weise geschehen sollte, ist eine bekannte, doch nicht selbstverständlich befolgte Forderung jener Kreise, die sich für hohe Lebensqualität und eine Kultur unseres Zeitalters einsetzen. Diese Forderungen nach einer zeitgemäßen Ästhetik sind heute sehr nahe herangerückt an die Forderung sparsamen Umgangs mit den natürlichen Quellen und Grundlagen unserer Existenz und damit auch an die Forderung nach ethischem Verhalten bei allen Entscheidungen. Desgleichen auch bei der Beurteilung der Gestaltungen nach ihren ethischen und ästhetischen Auswirkungen.

Ethik und Ästhetik in ihrer funktionellen Verbindung sind heute nicht mehr unabhängig voneinander, sie sind beinahe zum Synonym geworden, mit dem jede neue Gestaltung nicht nur nachträglich beurteilt oder verurteilt werden sollte, sondern das am Anfang jeder Gestaltung stehen müßte, als deren Grundlage, zur Kontrolle aller Funktionen.

Vielleicht denken Sie nun, das sei identisch mit dem täglichen Tun eines jeden, ja es sei das tägliche Brot und nur aufgebacken. Ich möchte das gerne annehmen. Doch wenn ich davon überzeugt wäre, hätte ich hierzu geschwiegen."

Kritische Anmerkungen zur heutigen Situation der Architektur

Alfred Roth

Gestatten Sie mir, als Einleitung, nur ganz kurz einige Dinge in Erinnerung zu rufen, die in unmittelbarer Beziehung zur Weißenhofsiedlung stehen: Das war ja die erste Ausstellung dieser Art über die Neue Architektur in Europa, ein Ereignis, das über die europäischen Länder hinaus seine Wellen geworfen hatte. Es entstand die Siedlung „Am Weißenhof". Aber zur Ausstellung gehörte auch eine Architekturausstellung in den „Gewerbehallen" eine Ausstellung über Bauteile, Konstruktionen, Möbel. Es war, insgesamt betrachtet, ein außerordentlich aufschlußreiches Ereignis.

Für mich als jungen Architekten war der Auftrag zur Durchführung der beiden Häuser von Le Corbusier ein außerordentliches Erlebnis. Zuvor hatte ich, in Paris im Atelier, als damals einziger Angestellter von Corbusier, die Ausführungspläne zu zeichnen. Dann wurde Corbusier eines schönen Tages telegrafisch nach Stuttgart beordert: Man könne seine Pläne nicht verstehen, er solle kommen und das erklären. Er kam dann zurück, ziemlich enttäuscht, und klagte, er hätte gedacht, daß die Deutschen doch technisch so fortschrittlich wären, daß sie seine Pläne ausführen könnten; das wäre aber offenbar nicht der Fall. Und da hat er lamentiert und lamentiert, bis ich spontan sagte: „Ja, wie wär's, wenn ich nach Stuttgart ginge, um die Ausführung zu überwachen?" Wir haben also dem Doktor Döcker ein Telegramm geschickt, Corbusier schicke seinen „Chef-Assistenten" Roth zur Überwachung dieser Häuser, und ich bin losgezogen. Es war Ende April, als ich in Stuttgart ankam. Da waren von unseren Häusern gerade die Fundamente zu sehen. Die Ausstellung begann am 23. Juli, es blieben uns gerade drei Monate. Dabei lautete die Weisung von Mies van der Rohe, der ja die architektonische Oberleitung innehatte, und von Doktor Döcker, der der technische Oberbauleiter war: „Die Häuser von Le Corbusier und Pierre Jeanneret müssen zur Eröffnung auf alle Fälle bereitstehen!" Das hieß für unsere Bauhandwerker, für die tatsächlich vieles

ALFRED ROTH, 1903 geboren, hat bei Karl Moser an der ETH Zürich studiert und war als junger Architekt im Büro Le Corbusier tätig. Während dieser Zeit war er Bauleiter der beiden Häuser von Le Corbusier auf dem Weißenhof. Von dieser Tätigkeit berichtet sein Buch „Zwei Wohnhäuser von Le Corbusier und Pierre Jeanneret", das 1927 im Akad. Verlag Dr. Fr. Wedekind & Co., Stuttgart, erschienen ist. Über die Begegnung mit den wichtigsten Künstlern und Architekten der ersten Jahrhunderthälfte berichtet er in seinem Buch „Begegnungen mit Pionieren". Er war Lehrer an der ETH Zürich und ist als Architekt vor allem im Schul-, Wohnungs- und Siedlungsbau tätig.

neu war in unseren Plänen, ein ungeheures Maß des Einsatzes, und auch für mich. Ich mußte dann – nebenbei bemerkt – noch als letzte Aufgabe vor der Eröffnung die Herausgabe dieser kleinen Publikation übernehmen: „Zwei Häuser von Le Corbusier und Pierre Jeanneret“, die mir der Wedekind-Verlag übertragen hatte. Natürlich hatte er bei Corbusier angefragt, der mir sofort diesen Brief geschickt und aufgetragen hat, ich solle das machen; also mußte ich dann auch noch diese Publikation vorbereiten. Ich schrieb diese Texte und machte diese kleinen Zeichnungen in der Waschküche des unteren Corbusier-Hauses, weil die Baubaracken oben bereits abgerissen waren. Nun, das war das eine, was ich bemerken könnte. Das andere ist dies: Mein Aufenthalt in Stuttgart, als junger Architekt, ist für mich insofern schicksalhaft bedeutsam, als es der Beginn meiner engen Beziehungen war, die später immer reichhaltiger und dichter wurden, sozusagen zu allen Wegbereitern der modernen Architektur, der jüngeren, der mittleren und eben auch der älteren Generation. Abgesehen von meiner Freundschaft mit Le Corbusier und vielen Gesprächen und so weiter, traf ich damals, als ich zurückkam nach Paris, den immerzu geistreichen Alfred Loos, der sich damals in Paris aufhielt; und als ich ihn traf, am Tisch im Restaurant, hat er mir gleich die Frage an den Kopf geworfen: „Sagen Sie mir, junger Mann: Aus was macht jetzt Le Corbusier die Türen?“ „Na, aus Sperrholz!“ Da hat Loos gesagt: „Das ist ein Fortschritt im Schaffen von Le Corbusier!“ Er war nämlich überzeugt davon, daß Türen nur aus Metall fabrikmäßig hergestellt werden könnten. Das war typisch Alfred Loos, ich will nicht weitergehen. Sie können in meinem Buch darüber mehr lesen.

Nun, ich erwähne das alles aus dem einfachen Grunde, um Ihnen zu sagen: Auf diesen Fundamenten hat sich auch mein eigenes Denken entwickelt und aufgebaut. Und nicht nur deswegen erwähne ich das – ich komme in meinem Referat darauf zu sprechen –, sondern auch, weil man aus dieser Ehrfurcht vor diesen großen Persönlichkeiten und aus der Erkenntnis der Bedeutung ihrer Mission heute einfach nicht so leichtfertig und oberflächlich über sie hinwegsehen kann.

Nun, ich gehe zu meinem Referat über.

Klarheit über die heutige Architektursituation gewinnen zu wollen, ist aus verschiedenen Gründen kein leichtes Unterfangen. Die äußeren Umstände, die zivilisatorischen, sozialen, kulturellen, wirtschaftlichen und politischen, sind nicht nur außerordentlich komplex, sondern auch sehr unterschiedlich von Land zu Land, von Kontinent zu Kontinent. Ferner haben sich die Aufgabenbereiche der Architektur und des Bauwesens während der letzten Jahrzehnte gewandelt und ebenso die Berufsauffassung des Architekten. Aus dem allgemeinen Bild des Bauens in der Welt geht hervor, das zwar die Prinzipien der modernen Architektur überall anerkannt werden, daß aber ihre Interpretation und praktische Handhabung zu einem erschreckenden Ausmaß an Mißverständnissen und an Mißbräuchen zu rein kommerziellen Zwecken geführt haben. Außerdem verrät die durch rapide Bevölkerungsvermehrung und Wirtschaftskonjunktur geschürte, chaotische Breitenentwicklung ein weitgehendes Versagen städtischer und regionaler Planungen. Ihre Grundlagen waren analog denen der Architektur schon in den zwanziger und dreißiger Jahren erarbeitet und sind seither in vertiefendem Sinne weiterentwickelt worden. Immer noch ungelöst, hauptsächlich in der westlichen Welt, bleiben das Verfügungsrecht über Grund und Boden und die Ausschaltung der Boden- und Bauspekulation als grundwichtige Voraussetzungen der folgerichtigen praktischen Durchführung von Planungen.

Dieses nur kurz geschilderte komplexe Bild der allgemeinen Umstände des Planens und Bauens zwingt mich in meinen nachfolgenden Betrachtungen zu rigoroser Beschränkung. Ich konzentriere mich auf die Feststellung und kritische Kommentierung gewisser Erscheinungen und Tendenzen, welche eine ernsthafte Bedrohung der glücklichen Weiterentwicklung der Architektur bedeuten. Demgegenüber möchte ich mit allem Nachdruck hervorheben, daß überall in der Welt, von den USA über Europa bis Japan, in den letzten zwanzig Jahren eine sehr eindrucksvolle Zahl von in jeder Hinsicht vorzüglichen Bauwerken des gesamten Aufgabenbereiches entstanden ist, und zwar nicht nur bekannter Meister, sondern auch hervorragender Talente der jüngeren Generation. Es ist dies eine höchst erfreuliche, ermutigende und optimistisch stimmende Tatsache.

Kommerzialisierung des Architekturschaffens

Diese Erscheinung ist die unmittelbare Folge der Wirtschaftskonjunktur und der damit verbundenen angespannten Bautätigkeit der letzten Jahrzehnte. Die negativen Auswirkungen der kommerzialisierten Berufsauffassung sind ungenügende Aufgabenerforschung, gröbliche Simplifizierung des Gestaltungsprozesses, Vernachlässigung der elementaren praktischen, psychologischen und sozialen Ansprüche des Menschen und der Gemeinschaft. Aus dem üblichen Architekturatelier mit dem kameradschaftlichen Kontakt von Meister und Mitarbeitern sind computergesteuerte Planfabriken geworden, darunter solche mit Zweigniederlassungen in verschiedenen Städten und Ländern. Daß die gegenwärtige rückläufige Wirtschaftsentwicklung der westlichen Welt die sehr vorangeschrittene Kommerzialisierung des Architekturschaffens einzudämmen vermag, ist kaum zu erwarten. Sie wird ihre Machtstellung gegenüber der verantwortungsbewußten, anspruchsvollen und ethischen Berufsauffassung mit allen Mitteln zu behaupten trachten.

Ein sehr ernstes Problem ist die Verlagerung des kommerzialisierten Planens und Bauens in die Entwicklungsländer, von denen heute viele vor großen Planungs- und Bauaufgaben stehen. Durch Mißachtung der örtlichen, menschlichen, kulturellen und sozialen Lebensgewohnheiten und der klimatischen Gegebenheiten wird diesen Bevölkerungen größtes Unheil zugefügt. Meine diesbezüglichen ernsten Befürchtungen stützen sich auf die Kenntnis der gegenwärtigen Verhältnisse in verschiedenen arabischen Ländern. Der Ansturm von Architekten, Planern und technischen Experten aus aller Welt hat speziell in den ölreichen Ländern ein geradezu beängstigendes Ausmaß angenommen, wobei die erforderliche berufliche Kompetenz in vielen Fällen nicht vorhanden ist. Als ich vor 15 Jahren als Experte für den Schulbau nach Kuwait berufen wurde, schlug ich für diese wüstenähnliche, heiße Zone einen an das orientalische Patio-Haus sich anlehnenden Bautyp vor, mit einem großen Innenhof, nach dem sich alle Unterrichtsräume öffnen, während der Bau nach außen weitgehend geschlossen bleibt. Dieser introvertierte Hoftypus, der zum extravertierten Typus unserer milden Klimazonen in schroffem Gegensatz steht, ist seither zum offiziellen Schulhaustypus von Kuwait geworden.

Das Trachten nach Neuem und Sensationellem

Diese heute sehr verbreitete Tendenz erklärt sich zunächst aus der vorerwähnten Breitenentwicklung des Bauens und der Kommerzialisierung des Architektenberufes. Man will mit egozentrischen Ideen, absonderlichen Formen und herausfordernder Buntheit die Aufmerksamkeit des Publikums und der Tages- und Fachpresse auf sich lenken, um sich dadurch vermehrte Publicity und neue Aufträge zu verschaffen. Der andere und tiefere Ursprung dieser abwegigen Tendenz liegt in den verworrenen Zeitumständen und in der damit zusammenhängenden Verunsicherung des architektonischen Denkens. Es werden wortreich „neue Theorien“ angeboten, mit denen man die Grundlagen der Architektur unseres Zeitalters auf höchst leichtfertige Weise als erschöpft und nicht mehr brauchbar deklarieren will. Was den Begriff „das Neue“ anbelangt, verweise ich auf den von Henry van de Velde bereits 1929 in Deutschland gehaltenen, in seinen Schriften veröffentlichten, heute noch lesenswerten Vortrag „Das Neue – Warum immer Neues?“ Die Essenz der Ausführungen liegt im Nachweis, daß echtes, gültiges Neues in der Architektur und auch im Gebrauchsgerät sich seit jeher in der Erfüllung realer neuer oder stark veränderter praktischer, emotionaler und geistiger Nutzfunktionen offenbart, nie aber in ungebundenen äußeren Formen (Formalismus). Den tief im Humanen und Geistigen verwurzelten Interpretationen der Begriffe „Funktion“ und „Funktionalismus“ aller großen Meister unseres Jahrhunderts steht heute eine äußerst oberflächliche Deutung mit der völlig falschen Beschränkung auf ausschließlich praktisch-materielle Komponenten gegenüber. Daß neue Formenprobleme sich auch aus neuen Baustoffen und neuen Konstruktionsweisen ergeben, sei nur beiläufig erwähnt. Die unbestritten rigoroseste Interpretation des Begriffes „das Neue“ findet sich im Maschinen- und Apparatebau, diesen immer noch höchst ehrenwerten und wichtigen Schaffensgebieten unseres vielgeschmähten technischen Zeitalters. Hier wird das Funktionsbild – abgesehen von Erfindung und Forschung – fast ausschließlich durch errechenbare materielle und ökonomische Faktoren bestimmt, unberührt von der irrationalen Problematik des Emotionalen, Humanen. Als Le Corbusier in seinem 1925 erschienenen, berühmten Buch „Vers une Architecture“ den ihm später aus Mißverständnis immer wieder zum Vorwurf gemachten Ausspruch tat „La maison est une machine à habiter“, meinte er damit einzig und allein, daß das Haus so vollkommen funktionieren soll wie eine Maschine, nicht aber wie eine Maschine aussehen muß.

Das Trachten nach immer Neuem, Sensationellem ist heute eine nicht nur auf die Architektur beschränkte Erscheinung, sondern ist auch in anderen Schaffensgebieten und auch in gewissen Lebensbereichen festzustellen. Dies trifft beispielsweise zu für die freien Künste, deren Sinn und Wesen mit dem praktischen Zweckdenken wenig zu tun haben und die demzufolge für egozentrische Absonderlichkeiten besonders anfällig sind. Was die vom Trachten nach Neuem und Sensationellem betroffenen Lebensbereiche anbetrifft, so denke ich in erster Linie an die heutige Jugend mit ihrer bisweilen sehr ablehnenden, revoltierenden Einstellung zu den kulturellen, geistigen und gesellschaftlichen Ordnungsprinzipien, verbunden mit dem Drang, dem Denken und Verhalten durch allerhand Auffälligkeiten (u. a. Kleidung) vermehrte Geltung zu verschaffen. Ich beschließe diesen Abschnitt mit dem in diesem Zusammenhang besonders tiefsinnigen

Ausspruch von L. Mies van der Rohe, der lautet: „Ich will nicht interessant sein – ich will nur gut sein!"

Der „International Style" und die internationale Gleichmacherei

Der Begriff „Internationale Architektur" kam schon in den zwanziger Jahren vor. Man vertrat die Auffassung, daß die neuen Grundlagen der Architektur, darunter die Erforschung der allseitigen menschlichen Bedürfnisse, die funktionelle Raum- und Formgestaltung und die Anwendung aller verfügbaren technischen Mittel dank ihrer Objektivität internationale Geltung haben. Etwas völlig anderes ist der in den USA beheimatete „International Style". Es handelt sich um ein in jeder Hinsicht simplifizierendes, ausgesprochen profitgieriges Bauen mit ungegliederten, geschlossenen Glaskuben, die beziehungslos in ihre Umgebung hineingestellt werden. Wir finden sie hauptsächlich in Form von Geschäftshäusern in den Städten der ganzen Welt. Es darf nicht verschwiegen werden, daß solches Bauen auf das in den USA entstandene Werk von L. Mies van der Rohe zurückzuführen ist. Was nun aber der große Meister in seinen Bauten an straffer Ordnung, ausgewogenen Proportionen und fesselnder Schönheit geschaffen hat, kann begreiflicherweise von den Mitläufern nicht erwartet werden, auch nicht etwaige Korrekturen der an den Mies'schen Wohn- und Bürobauten tatsächlich zu kritisierenden raumorganisatorischen Schwächen. Die internationale Gleichmacherei des „International Style" ist somit ein weiterer Beweis für den Mißbrauch von elementaren und entwicklungsfähigen Gestaltungsprinzipien zu dominierend kommerziellen Zwecken.

In letzter Zeit mehren sich erfreulicherweise die Stimmen zugunsten einer regional differenzierten Architektur, Bestrebungen, die in den verantwortungsbewußten Fachkreisen durchaus nicht neu sind; darauf hatten auch die „Internationalen Kongresse für Neues Bauen CIAM" (1928–56) vielfach aufmerksam gemacht. Echte, lebensnahe regionale Architektur kann jedoch niemals durch gedankenloses Nachahmen angestammter Bautypen zustande kommen, wie es bekanntlich oft versucht und durch einen falsch verstandenen „Heimatschutz" gefördert wird. Vorzügliche Beispiele echter, lebendiger regionaler Architektur, frei von historisierenden Reminiszenzen, gibt es erfreulicherweise in verschiedenen Zonen der Welt. Die Erfüllung dieser grundwichtigen Anforderung ist meines Erachtens nicht allein von einzelnen Meisterwerken zu erwarten, sondern muß auch von dem breiter gelagerten, vorherrschend anonymen Bauen gefordert werden. Dies war schon in den historischen Stilepochen der Fall, worüber beispielsweise die italienischen Städte, mit dem zentralen Dom eines bekannten Architekten und den benachbarten ansprechenden anonymen Wohnbauten, ein beredtes Zeugnis ablegen. In die Zukunft der Entwicklung unserer Architektur blickend, meine ich, daß ganz allgemein dem anonymen, hochqualifizierten Bauen als Antithese zum egozentrischen, sensationslüsternen Bauen und zur internationalen Gleichmacherei allergrößte Bedeutung beizumessen ist.

Theoretisieren über Architektur

Schon seit einiger Zeit, hauptsächlich jedoch in den letzten Jahren, mehren sich Auseinandersetzungen mit Situations- und Entwicklungsfragen der Architektur-Betrachtungsweisen ausgesprochen intellektualisierter Art. Es werden in wortreichen Artikeln und Büchern – mehrheitlich aus den USA stammend – das Ende der bisherigen modernen Architektur verkündet und neue Theorien für eine „Post-Modern Architecture" propagiert[1]. Diesem bisweilen sehr oberflächlichen, egozentrischen Theoretisieren muß man zunächst den gleichen Vorwurf wie dem Architekturschaffen selbst machen, nämlich hektisches Trachten nach Neuem und Sensationellem, das mit unvoreingenommener, verantwortungsbewußter Auseinandersetzung mit den Grundfragen der Architektur recht wenig zu tun hat. Das soll aber nicht heißen, daß man in diesen Schriften nicht auch Richtiges und Brauchbares findet. Einige besonders fragwürdige Aspekte solcher Betrachtungsweisen seien im folgenden kurz herausgegriffen.

Ich beginne mit der Bagatellisierung oder völligen Verkennung der grundwichtigen geistigen und ethischen Beiträge der Pioniere und der großen Meister der zweiten Generation zur Entwicklung und Theorie unserer Architektur, wie sie in den Werken und Schriften von Louis Sullivan, Frank Lloyd Wright, Adolf Loos bis hin zu Le Corbusier dargelegt sind. Diese Beiträge werden nicht nur bagatellisiert, sondern eigenwilligen Absichten zuliebe oft auch völlig sinnwidrig interpretiert. Zu den ohne Zweifel mißverstandensten Begriffen gehört der Begriff „funktionelle Architektur". Er wird, weil zu eng gefaßt, fälschlicherweise immer wieder in direkten Zusammenhang gebracht mit der, zugegeben überbetonten, praktischen Zweckhaftigkeit in der noch jungen modernen Architektur der zwanziger Jahre hauptsächlich in

[1] Charles Jencks: Modern Movements in Architecture, Anchor Press, New York 1973; The Language of Post-Modern Architecture, Academy Editions, London 1977.

Deutschland. Dabei postulierte Le Corbusier schon damals: „L'Architecture est au-delà des choses utilitaires".

Die Funktionalität der Architektur ist in Wirklichkeit eine außerordentlich komplexe Angelegenheit. Sie umfaßt alle zu berücksichtigenden Gestaltungsfaktoren, nicht nur die praktischen, technischen, ökonomischen, sondern auch die psychischen, emotionalen, ästhetischen und geistigen. Sie bildet ein ständigen Wandlungen unterworfenes Ganzes und behält ihre uneingeschränkte Gültigkeit auch für die Beurteilung der Baukunst und des volkstümlichen Bauens aller Zeiten und Kulturen. Unterschiedlich von Epoche zu Epoche, von Land zu Land, waren die innere Struktur und der Umfang der „Complexity" der Funktionalität sowie die angewandte Interpretation derselben durch Ratio, Gefühl und Geist. Eine analoge, allerdings etwas andersgerichtete Auffassung vertritt auch Robert Venturi in seinem Buch „Complexity and Contradiction in Architecture"[2].

Er konfrontiert darin anhand dieses sehr brauchbaren Begriffspaares die historische und die moderne Architektur, wie es schon S. Giedion auf seine Art in „Space, Time and Architecture"[3] getan hatte.

„Complexity and Contradiction" kann man ganz allgemein als legitime Funktionen nicht nur der Architektur, sondern auch des menschlichen Lebens betrachten.

Die Auseinandersetzung mit dem Sinn und Wesen der Funktionalität heutiger Architektur führt unmittelbar zurück zu Louis Sullivans bekanntem Postulat „Form follows Function" aus der auch an manchen anderen fundamentalen Erkenntnissen reichen Schrift „Kindergarten Chats"[4] aus dem Jahre 1918.

Dieses Postulat wird jedoch heute von den Aposteln der „Post-Modern Architecture" als überholt deklariert und ersetzt, beispielsweise mit „Form follows Fiasco" (P. Blake) oder „Form follows Form" (Ph. Johnson). Mit derartigen absonderlichen Slogans können begreiflicherweise vernünftig denkende Architekten und Theoretiker nichts anfangen. Aus fester Überzeugung meine ich, daß das richtig verstandene Sullivansche Postulat nichts an Wahrheit und Wert eingebüßt hat und daher für die gesunde Weiterentwicklung des Architekturschaffens geradezu von schicksalhafter Bedeutung ist. Zwei diametral entgegengesetzte Möglichkeiten stehen in dieser Hinsicht offen: entweder Absinken in Formalismus und Raumanarchie oder unentwegtes Voranschreiten mit sinnvoller Formaussage und lebensnaher Raumordnung.

Ein weiteres höchst fragwürdiges Postulat der „Post-Modernisten" propagiert die Wiedererwägung des Dekorierens und Ornamentierens der Bauten im Sinne historischer Gepflogenheiten als grundsätzlich neuem Gestaltungsprinzip. Sie verweisen mit vollem Recht auf die über die ganze Welt verbreiteten, seelenlosen nackten Baukisten aller Dimensionen, welche, wie bereits früher festgestellt, das unmittelbare Produkt des kommerziellen Bauens und des beruflichen Dilettantismus sind. Zurückweisen muß man allerdings die Anschuldigung einer direkten Mitverantwortung für diese unheilvolle Entwicklung, gerichtet an die Pioniere der „Architecture vivante" (Paris) und des „Neuen Bauens" (Berlin, Amsterdam, Zürich) der zwanziger Jahre, jener frühen Entwicklungsphase der modernen Architektur, deren radikaler Säuberungsprozeß zur Überwindung des akademischen Eklektizismus notwendig war. Versteht man unter Dekoration und Ornamentation eine aus der inneren Natur der Aufgabe und aus Konstruktion und Materialbehandlung organisch entwickelte, visuelle, ästhetische Belebung zur unsentimentalen, konkreten Vermenschlichung der Architektur, dann gibt es für diese durchaus berechtigte, aber auch keineswegs neue Forderung der überzeugenden Beispiele genug, von Frank Lloyd Wright über Alvar Aalto bis zur modernen japanischen Architektur. Mit Skepsis begegnet man hingegen Vorschlägen wie denen von Roberto Venturi, der, den „decorated shed" postulierend, zur Inspiration auf die Mainstreet von Las Vegas mit ihrem Wirrwarr an Plakaten, Firmentafeln, Lichtreklamen und anderen Geschmacklosigkeiten als effektive Umwelt des heutigen Menschen hinweist. Was innerhalb der pluralistischen „Las-Vegas-Civilization" Amerikas durchaus möglich und akzeptabel sein mag, kann nun aber in unseren europäischen Ländern und auch in Japan auf Grund der jahrhundertealten Kultur des Geistes, der Logik, der Ethik schwerlich zum vorbehaltlosen Vorbild erhoben werden!

Damit komme ich zur ebenso aus den USA stammenden letzten architekturtheoretischen Neuheit. Sie betrifft die Auffassung, daß der Zeitpunkt gekommen sei für ein direktes Zurückgreifen auf die Kompositionsprinzipien und Formen der historischen Stile. Diese Auffassung vertritt Philip Johnson in seiner nach der Entgegennahme der Goldmedaille des „American Institute of Architecture"[5] 1978 gehaltenen Ansprache. Er sieht darin eine

[2] Robert Venturi: Complexity and Contradiction in Architecture, The Museum of Modern Art, New York 1966, 1977.

[3] Sigfried Giedion: Space, Time and Architecture, The Harvard University Press, Cambridge 1941.

[4] Louis Sullivan: Kindergarten Chats, Wittenborn 1918, Schultz, Inc. New York 1947.

[5] AIA Journal des American Institute of Architecture, July 1978, Washington DC.

konkrete Möglichkeit zur endgültigen Überwindung des „International Style“, zu dessen prominentesten Protagonisten er selbst ursprünglich gehörte. Die diesbezügliche Auffassung von Ph. Johnson kommt in seinem jüngsten Projekt für das AT & T Building in New York (1978) klar und deutlich zum Ausdruck.

In diesem Zusammenhang erscheint mir eine kurze Anmerkung zur Beziehung der modernen Architektur zur historischen Baukunst angebracht, hauptsächlich deshalb, weil in den Schriften gewisser Postmodernisten den Vertretern der modernen Architektur der zwanziger und dreißiger Jahre eine ausgesprochen geschichtsfeindliche Einstellung zum Vorwurf gemacht wird. Dies mag für einzelne Namen tatsächlich zutreffen, kann aber nicht leichtfertig verallgemeinert werden. Zur Entgegnung genügt ein Hinweis beispielsweise auf Le Corbusier, den in diesen Schriften am schärfsten angegriffenen Repräsentanten der Moderne. Er hatte schon in seinem 1923 erschienenen Buch „Vers une Architecture“ seine tiefgründige Auseinandersetzung mit der historischen Baukunst klar und deutlich dargelegt. Die daraus gewonnene Erkenntnis und Lehre gehörten seither zum künstlerischen und geistigen Credo seiner gesamten schöpferischen Arbeit. Erinnert sei lediglich an die Kapitel „La Leçon de Rome“ und „Architecture pure création de l'esprit“ (die Akropolis).Zu erwähnen ist einmal mehr das 1941 erschienene Buch „Space, Time and Architecture“ von S. Giedion, einem der prominentesten kunstwissenschaftlichen Repräsentanten der Moderne. Das in vielen Sprachen und Auflagen erschienene, die historische Architektur mit der modernen konfrontierende Buch wird heute von den Aposteln des Postmodernismus oft belächelt oder stillschweigend übergangen. Und was schließlich die Erhaltung und Pflege wertvoller historischer Bauten und Stadtteile sowie noch unberührter Landschaften anbetrifft, so ist darauf hinzuweisen, daß auf diese heute sehr aktuellen, wichtigen Aufgaben der Öffentlichkeit, der Architekten und Urbanisten schon die CIAM bei dem Kongreß in Athen von 1933 mit Nachdruck aufmerksam gemacht hatte[6]. Und damit die Frage: Brauchen wir überhaupt neue Architekturtheorien, die eine grundsätzliche Entwicklungswende propagieren? Zur Begründung meines entschiedenen Nein stütze ich mich auf die Feststellung, daß die Theorie der Architektur unseres Zeitalters, wenn auch noch nicht zusammenfassend niedergeschrieben, in ihren Grundzügen klar und deutlich erkennbar ist. Was Not tut zur Überwindung der gegenwärtigen Unsicherheit bezüglich der Entwicklung ist nicht ein das bisher Erreichte bagatellisierendes, abstraktes Theoretisieren, sondern ein unablässiges, wirklichkeitsnahes Vertiefen und Erweitern der Grundlagen unseres Architekturschaffens mit der Objektivität und Gründlichkeit wissenschaftlichen Vorgehens. Es muß auch vom Architekturtheoretiker und ebenso vom Architekturkritiker die gleiche geistige, ethische und verantwortungsbewußte Bereitschaft wie vom Architekten zum demütigen Dienst an einer den Menschen und die Gemeinschaft beglückenden Umweltgestaltung gefordert werden.

[6] CIAM: Internationale Kongresse für Neues Bauen 1928–1956. Martin Steinmann: CIAM Dokumente 1928–1939, Gta Institut der ETH Zürich, Birkhäuser-Verlag, Basel 1979.

Zur Architektenausbildung

Meine kurzen Anmerkungen zur Architektenausbildung stützen sich auf meine Lehrtätigkeit in den USA (Washington University, St. Louis, und Harvard University, Cambridge, 1949–1953) und in der Schweiz (Eidg. Technische Hochschule, ETH, Zürich, 1957–1971) sowie auf Aufenthalte an vielen anderen Architekturschulen und auf Gespräche mit Studenten und Dozenten.

Die erste Feststellung betrifft die vielerorts zu großen Studentenzahlen. Die naheliegende Erklärung dafür ist die rapide Zunahme der Bautätigkeit nach Kriegsende und die damit verbundene Kommerzialisierung des Architektenberufes. Hinzu kommt als besonderes Attraktionsmoment für junge Leute die Lage der Architektur im Schnittpunkt vielfältiger zeit- und gesellschaftsverbundener Kräfte, was das Architekturstudium gegenüber demjenigen der reinen Wissenschaft oder des Ingenieurwesens einladender macht. Die zu große Zahl der Studierenden, darunter viele ohne spezifische Begabung, beeinträchtigt begreiflicherweise, ja verunmöglicht die Erfüllung der anspruchsvollen Bildungsaufgabe, zu der die wichtige Entwicklung der Begabung und der Persönlichkeit des Studenten gehört. Sie kann seit jeher nur im engen kameradschaftlichen Kontakt zwischen Lehrern und Schülern im Teamwork kleinerer Gruppen gelingen. Hinweisen muß ich in diesem Zusammenhang auf die heute völlig unhaltbaren Verhältnisse an den italienischen Architekturschulen, die Studentenzahlen von mehreren tausend aufweisen, so in Mailand, Florenz, Venedig und Rom.

Die zweite Feststellung bezieht sich auf problematische Veränderungen in der Unterrichtsstruktur, insofern als sekundären Fächern zum Nachteil des zentralen Hauptfaches – selbständigem architektonischem Entwerfen und Gestalten – zu große Bedeutung beigemessen wird, bisweilen auf Drängen der Studierenden selbst (u.a.

sozio-politische Fächer). Dabei ist die aktive konstruktive Partizipation der Studierenden an der Gestaltung des Unterrichts sehr erwünscht und wichtig.

Die dritte Feststellung bezieht sich auf die im allgemeinen ungenügend erkannte Bedeutung einer systematischen Einführung der Studenten in die Grundzüge und die Entwicklungsgeschichte der Architektur unseres eigenen Zeitalters. An der Mehrzahl der Architekturschulen beschränkt sich der architekturgeschichtliche Unterricht, der, wenn er auf unsere Zeit ausgerichtet ist und nicht konventionell akademisch erteilt wird, unentbehrlich ist, noch immer auf die historischen Epochen. Die Auseinandersetzung mit den in den Bauwerken und den Schriften der Pioniere und großen Meister der Architektur unseres Zeitalters enthaltenen grundsätzlichen Erkenntnissen und konkreten Entwicklungsbeiträgen ist gerade heute, in Anbetracht des das bisher erreichte Positive bagatellisierenden Theoretisierens, von doppelter Dringlichkeit. Nur dadurch kann der verbreiteten Verwirrung und Unsicherheit, welche die Studenten zum bloßen Bereden und nicht zum ernsthaften Tun der Dinge ermuntert, wirksam begegnet werden. An einem solchen realitätsfremden Unterricht sind in erster Linie jene Lehrer schuld, die zum praktischen Entwerfen und Bauen kaum oder überhaupt keine Beziehung haben und selbstfabrizierte, abstrakte Theorien anbieten. In diesem Zusammenhang zitiere ich den in den USA gehörten Slogan: „He who can, does; he who cannot, teaches", und ich füge bei: „writes". Diese sehr boshaften Worte formuliere ich aus fester Überzeugung um in: „Wer bauen kann, soll und kann in der Regel auch lehren." Alvar Aalto: „Ich baue."

Die letzte Feststellung betrifft eine sehr positive Entwicklung des Unterrichts an den Architekturschulen, nämlich die erkannte eminente Bedeutung der urbanen und regionalen Raumplanung und deren Einführung in den Lehrplan. Der Studierende wird dadurch in dieses wichtige Aufgabengebiet der heutigen Umweltgestaltung eingeführt, und sein Verständnis für die organische Integration von Bauwerken in das urbane und gesellschaftliche Ganze wird gefestigt und vertieft. Es wird ihm dadurch auch ermöglicht, sich über seine spezifischen Interessen und seine effektive Begabung klar zu werden und dementsprechend wichtige Entscheidungen für die weitere Ausbildung und für die berufliche Zukunft zu treffen, in Richtung Architekt oder Urbanist oder einer Kombination von beiden.

Schlußwort

Ich bin mir völlig im klaren, daß meine kritischen Anmerkungen zur heutigen Architektursituation in vieler Hinsicht lückenhaft sind. Das zu ernsthafter Auseinandersetzung herausfordende Thema ist zu komplex und zu umfassend, als daß es in einem Referat vernünftiger Länge behandelt werden könnte. Trotzdem hoffe ich, zum unvoreingenommenen Erkennen besonders fragwürdiger Aspekte und Tendenzen des heutigen Architekturschaffens und des Architekturgespräches beigetragen zu haben, auch zur Festigung der Überzeugung, daß die Entwicklung unserer Architektur ohne wesentliche innere Veränderung so erfolgreich getrost weitergehen kann.

Diskussion mit Julius Posener, Max Bill, Alfred Roth

Diskussionsleitung: Antonio Hernandez

Hernandez: Der ganze Zündstoff sammelt sich wahrscheinlich um die verschiedene Interpretation derjenigen an, die ich jetzt mal verkürzt „Pioniere" nenne, aufgehängt zum Teil an der Weißenhofsiedlung, wie sie kritisch Julius Posener vorgestellt hat, und zum Teil an der Vorstellung dessen, was die Pioniere unter „Funktionalismus" verstanden haben und was dann von den sogenannten Postmodernisten in sehr verkürzter Form als Funktionalismus bezeichnet oder auch diffamiert wird.
Um einen Aufhänger zu bringen, möchte ich rasch anmerken, daß das Buch von Alberto Sartoris „Di Elimenti del Architettura funzionale" ursprünglich „Di Elimenti del Architettura rationale" hatte heißen sollen, und daß anscheinend auf Drängen von Le Corbusier dieser im deutschen Sprachgebiet etwas ominöse Begriff „Funktionalismus" obsiegt hat. Das Buch von Sartoris, das 1932 erschien, hieß ja dann „Di Elimenti del Architettura funzionale". Das ist schade, und es ist ja so, daß nicht nur die Postmodernisten, sondern auch andere um diesen Begriff ständig streiten. Wir haben von Bill und Roth gehört, wie aus ihrer Sicht dieser Begriff sehr viel weiter gefaßt werden muß, so daß es, glaube ich, auch nicht sinnvoll ist, ihn jetzt wieder in der allzu verengten Form vorzutragen. Trotzdem glaube ich, daß man sich fragen darf, ob die

heutigen Postmodernisten – ich glaube, man darf schon von Postpostmodernen reden –, ob diese Phänomene, die sich in Formalismen, im modischen Verschleiß historischer Bauformen und in Manierismen äußern, vielleicht doch aus der Sicht des Historikers ein bißchen anders interpretiert werden dürfen, wie nur im Sinne des kommerziellen, eitlen, ich-bezogenen Erfindens von neuen Bauformen. Nach jeder Klassik – das ist ein überzeitliches Phänomen, das in jeder Epoche wieder aufs neue, wenn auch unter veränderten Vorzeichen, auftritt – stellen sich ja gewisse Manierismen ein: Manierismus als Spätlese einer bestimmten Entwicklung. Vielleicht ist das ein Aspekt, den man nebenbei auch nicht vergessen sollte.

Joedicke: Möglicherweise sind bestimmte Begriffe, Manierismen, die wir heute verwenden, auch auf eine Zeit um 1900 zutreffend. Ich denke zum Beispiel an Van de Velde, dessen Möbel ja sehr strukturell, konstruktiv gestaltet erschienen, aber in Wirklichkeit nicht eine dargestellte Konstruktion waren. Und es wäre hochinteressant zu sehen, wie möglicherweise diese Möbel auf die damalige Zeit gewirkt haben.

Frei Otto: Ich habe eine Zwischenfrage. Jürgen Joedicke, sagen Sie doch mal, warum die Säule als Symbol dieses Symposiums, und warum gerade diese?

Joedicke: Ich bekenne mich durchaus schuldig. Mit meinen Mitarbeitern haben wir besprochen, welches Symbol wir nehmen könnten. Da hatten wir, wenn ich's mal sagen kann, als erstes den Gedanken, die Figur des Modulors von Corbusier zu nehmen; das schien uns aber dann etwas zu vordergründig zu sein. Nun meine ich, daß die Säule zwei Aspekte beinhaltet, die möglicherweise einen aktuellen Bezug haben: Einmal ist Loos einer der Pioniere unserer heutigen Architektur, der viel vorweggenommen hat, obwohl man ihn in den zwanziger Jahren gar nicht mehr so geschätzt hat. Und zum zweiten tritt für den Wettbewerb der ‚Chicago Tribune' das Symbol der Säule auf, und die Säule spielt nun in der heutigen Postmodernen eine große Rolle. So schien uns also hier ein doppelter Bezug da zu sein, einmal zur Vergangenheit und möglicherweise zur Gegenwart. Aber das war natürlich nur eine mögliche Deutung; vielleicht hat sie uns auch einfach gut gefallen.

Bodo Rasch: Ich möchte zu der ganzen Substanz, die vorgetragen wurde, Stellung nehmen: Was die umfangreiche Substanz betrifft, sowohl die Weißenhofsiedlung als auch die ganze Architekturtheorie aus der damaligen Zeit, und die Weißenhofsiedlung, wie sie heute steht, und was aus ihr werden soll. Aus dieser Substanz müßten ein paar Kleinigkeiten entfernt werden, die schlicht falsch sind. Herr Lauterbacher hat nicht an der Weißenhofsiedlung gebaut; der war gar nicht da. Die Kochenhofsiedlung hat mit dem Werkbund nichts zu tun; der Werkbund ist vor dem Beginn des Baus der Kochenhofsiedlung ausgeschaltet worden vom Dritten Reich. Die ganzen guten Pläne für die Kochenhofsiedlung sind aus dem Verkehr gezogen worden und sind abgeholt worden. Dann wäre noch zu ergänzen: 1927 fanden gleichzeitig drei Ausstellungen statt hier in Stuttgart. Die Weißenhofsiedlung selbst war eine Bauausstellung, eine Demonstration des modernen Wohnens und des modernen Bauens. Parallel dazu gab es unten in der „Gewerbehalle" eine Bauausstellung, eine Baumesse, auf der alle Baustoffirmen Stände hatten und ihre Baustoffe vertrieben, demonstrierten und zeigten. In dieser Ausstellung unten am Gewerbeplatz, in der Gewerbehalle, befand sich ein bemerkenswerter Ausstellungsstand: der Stand der Spiegelglasindustrie. Den hatte Mies van der Rohe gestaltet und dort den Prototyp seines Barcelona-Pavillons hingestellt. Das ist wahrscheinlich nicht bekannt, aber es existieren sehr schöne Fotos, und es sind sehr schöne Grundrisse davon da. Und als dritte Ausstellung daneben bestand in der Pankok-Ausstellungshalle am Interimstheaterplatz eine Plan- und Modellausstellung. Dort sind von internationalen Architekten Pläne und Modelle ausgestellt worden; dabei wurde in Stuttgart sogar erstmalig das Glashochhaus von Mies van der Rohe vorgestellt. Das war eine bedeutende Sache. Diese ganzen Dinge sind durch das Dritte Reich natürlich unterdrückt worden und in Vergessenheit geraten. Das sind die Bemerkungen zu dieser Ausstellung.

Jetzt noch zu der Bebauung oben an der Streusiedlung. Die Streusiedlung in der Weißenhofsiedlung – das ist gewiß eine Streusiedlung gewesen, aber sie ist doch sehr, sehr eng bebaut worden. Die Häuser sind alle zu groß ausgefallen; auch die Arbeiterhäuser, die winzigen kleinen Häuser von Bruno Taut und so weiter sind für unsere heutigen Vorstellungen alle noch viel zu groß, und die Häuser werden wahrscheinlich in Zukunft alle noch sehr viel kleiner werden. Ich glaube nicht, daß man in Zukunft über Häuser von mehr als z. B. 65–70 Quadratmeter Grundfläche hinausgehen wird. Aber in diesen Häusern wird man die Innenwände beweglich lassen oder so gestalten, daß man sie herausnehmen kann, damit diese Häuser einigermaßen großräumig werden, wenn die Familien schrumpfen und sich verkleinern und die Leute sich etwas mehr Platz gönnen können. Deswegen glaube ich nicht, daß die bewegliche Wand eine Utopie ist. Heute macht man es anders mit sogenannten Raumtrennern, man stellt Schrankwände dazwischen, das macht heute alles die Möbelindustrie, nicht mehr die Bauindustrie.

Jetzt zur Weißenhofsiedlung selbst. Die Weißenhofsiedlung ist gar nicht so sehr kaputt, wie es immer dargestellt wird. An der Weißenhofsiedlung stehen auf der einen Seite, nach dem Schönblick zu, vier Häuser, davon das große Haus von Peter Behrens; das hat Max Bill sehr schön beschrieben, was damit gemeint gewesen ist. Auf der anderen Seite stehen ebenfalls vier Häuser, die Gruppe von Oud, die beiden Häuser von Corbusier und ein Haus von Schneck. Und als Rückwand steht die große Wand von Mies van der Rohe. Unten an der Rathenaustraße stehen jetzt noch vier Häuser, und zwar genau so, wie sie damals gebaut worden sind. Davon sind zwei ziemlich weitgehend erhalten: das Haus von Poelzig ist ziemlich weitgehend erhalten, da ist ein wenig dran gebaut worden, im Obergeschoß ist die Terrasse zugebaut worden; dann ist das Dach ganz herübergezogen worden. Das Haus von Hilberseimer und das Haus von Max Taut: die beiden sind ziemlich weit zerstört; von denen ist relativ wenig erhalten, da ist wahrscheinlich das meiste Neubau. Ich bin deswegen der Meinung, daß die Weißenhofsiedlung möglichst erhalten bleibt, so wie sie ist, und nicht durch neue postmoderne oder supermoderne Zutaten vollends verdorben und entstellt wird.

Hernandez: Vielen Dank für diese Ergänzung zur Weißenhofsiedlung. Mir scheint, daß die Problematik der heutigen Architektur mehrmals angesprochen worden ist und ihre Beziehung zu oder ihre Auseinandersetzung mit den Pionieren des neuen Bauens. Mir scheint, daß das ein Thema ist, das hier zur Sprache kommen sollte; es steht doch eigentlich inmitten des Sinns dieses Symposiums. Dieses Symposium benützt ja, wenn auch aus guten Gründen, die Weißenhofsiedlung nur als Aufhänger. Wie geht es heute? Wie war es damals? Und wie verhalten wir uns zum heutigen Architekturgeschehen? Wenn Sie etwa daran denken, wie Posener jene späten zwanziger Jahre interpretiert hat, mit Einschränkungen, und auch den Wurm, wie er, glaube ich, selber sagt, in einigen ihrer Theorien und Vorstellungen erkannt hat, und, im Gegensatz dazu, wie heute Alfred Roth aus seiner Erinnerung jenes Geschehen beurteilt hat.

Frager (anonym): Wir haben viel über den Postmodernismus diskutiert und gehört, daß man den aus Ihrer Perspektive als Manierismus bezeichnen kann. Stehen Sie dazu, daß Sie den Postmodernismus als „Neomanierismus" bezeichnen würden?

Hernandez: Nicht ganz. Das würde ich nicht tun. Ich würde nicht „Neomanierismus" sagen, weil der Begriff „Neomanierismus" sich auf einen ganz bestimmten, historisch faßbaren Manierismus beziehen müßte. Das wäre, historisch gesehen, vermutlich derjenige, den man eben immer als „Manierismus" bezeichnet, und zwar derjenige des späten 16. Jahrhunderts; das ist nicht sinnvoll. Ich habe die Vermutung geäußert, einfach als Diskussionsbeitrag, daß jede Epoche in einer bestimmten Phase ihrer Entwicklung Manierismen entwickelt, und zwar nicht nur in der Architektur, sondern in jeder gestalterischen Tätigkeit: sprachlich, musikalisch, freikünstlerisch und eben auch in der Architektur. Davon ist ja auch schon in einigen Büchern die Rede gewesen, vom „mannerism" dieser Architektur. Und ich habe die Vermutung geäußert, daß das nicht nur modische Exzentrizitäten sind, sondern daß sie auch symptomatisch sind für eine Krisensituation der Architektur, die eben hier etwas zu hinterfragen wäre. Also, mit dem Begriff „Manierismus" ohne „neo" würde ich mich einverstanden erklären.

Max Bächer: Ich hätte gern eine Frage an Alfred Roth gestellt: Die Älteren unter uns, die ja an dieser Schule nach dem Krieg studiert haben, hatten ein sehr großes Erlebnis, als nämlich Alfred Roth als einer der ersten Ausländer hierher kam und die jungen Studenten beflügelt hat, ihnen Dinge gezeigt hat, die wir von unseren Lehrern an unserer Schule nicht gezeigt bekamen. Er war der große Ambassadeur der Modernen, der Entwicklungen, die sich im Ausland zeigten, und hat damit uns allen sehr viel Anregung gebracht.

Und jetzt steht Alfred Roth da, spricht abermals explizit zu Studenten und hält eine Gardinenpredigt, bei der eigentlich bei vielen die Rolläden heruntergehen. Und ich frage mich, Alfred Roth, wie ist der Alfred Roth von 1945, der gesagt hat, Leute geht vorwärts und schaut, was die anderen machen, und was hätte Alfred Roth als junger Assistent und Mitarbeiter von Le Corbusier im Jahre 1927 gesagt, wenn man ihm so die Leviten gelesen hätte, wie Sie es jetzt heute getan haben?

Alfred Roth: Ja, lieber Herr Kollege, es ist nicht so einfach, auf diese Frage zu antworten; sie ist mir nicht präzis genug. Sie erwarten von mir, ich solle Ihnen sagen, wie ich 1927 über diese Dinge gedacht habe, dann, als ich nach dem Kriege hier war, und wie ich heute darüber denke, oder? So etwas ist, wie ich meine, nicht möglich. Da kann ich nur folgendes sagen: Für mich ist alles Entwicklung. Was ich 1927 gedacht, in mich aufgenommen habe, sei es in Stuttgart oder anderswo, habe ich weiterentwickelt, so ist es auch heute. Ich habe grundsätzlich keine Gesinnungswandlung, glaube ich, in meiner Auffassung festzustellen. Ich bin einfach weitergegangen, und ich sehe die Entwicklung in jedem Menschen, in jedem Architekten, nicht anders. Ich weiß doch, daß das ungefähr eine Antwort ist auf das, was Sie mich fragen wollten, oder haben Sie noch etwas dazu zu sagen? Auf jeden Fall habe ich meine Mission für die moderne Architektur und modernes Denken immer vornehmlich als eine Dienstleistungsfunktion betrachtet. Ich bin nie in die Welt hinausgegangen, um meine egozentrischen Eigengedanken, die ich auch gelegentlich habe, einfach auszubreiten, um Eigenpublicity zu machen. Ich habe mich immer als einen Dienstleistenden betrachtet und bin auch als solcher heute nach Stuttgart gekommen. Und meine Ansprache soll auch in diesem Sinne als eine Dienstleistung, als eine Anregung zur Diskussion, verstanden werden, nicht mehr und nicht weniger.

Joedicke: Ich möchte noch als Ergänzung sagen: Wenn diese Begriffe wie Formalismen, Manierismen hier gefallen sind, dann möchte ich nur daran erinnern, daß diese Begriffe eine Wertpolarität enthalten. Es kann gemeint sein, das Manierierte, das Gekünstelte, das Sensationelle; es kann aber auch gemeint sein: Innovation. Denn in Umbruchzeiten, in denen sich etwas verändert, werden Sie Veränderungen immer zuerst in der Form merken, d.h. Veränderungen treten immer als Formalismen auf. Damit ist kein Werturteil gefällt. Man muß sehr klar sehen, daß diese Formalismen die Möglichkeit einer Innovation enthalten, wie es auch zum Beispiel Anfang der zwanziger Jahre war. Das hat Julius Posener heute sehr deutlich gesagt, daß das Versuche waren, die auch sehr stark von der Form geprägt waren. Das Hauptproblem, vor dem man in so einer Zeit steht, ist dasjenige, zu unterscheiden, wo ist es jetzt gekünstelt, wo ist es reine Sensation, und wo sind möglicherweise Keime enthalten.

Frager (anonym): Kollege Posener hat sehr gut die zwei augenblicklichen Entwicklungsströmungen herausgearbeitet. Er hat einmal gesprochen vom Künstler-Architekt, der sich um den Menschen nicht schert, der ihn im Grunde erziehen will, der ihn mit seinen Bauten beeinflussen will und ihn dahin bringen will, daß seine Architektur verstanden wird, und der erst als zweites den Dienst an der Menschheit sieht, Architektur als Dienst an der Menschheit. Ich bin Architekt; für mich kommt der erste Punkt kaum in Frage, der zweite Punkt kommt sehr wohl in Frage: Dienst an der Menschheit, Arbeitsplatzgestaltung usw.

Frage an Posener: Wo erkennen Sie im Augenblick solche Entwicklungen? Dienst an der Menschheit – wissen Sie, daß das im Grund bedeutet, daß wir bestimmte Dinge in der Architektur verwissenschaftlichen müssen, daß wir z.B. die Befragungsmethoden weiterentwickeln müssen, damit wir die Erfahrungen von Betroffenen irgendwie ermitteln können; denn, ich meine, mit den bisherigen Methoden – „Ja/Nein?", „Wollt ihr grün oder gelb?" – geht es ja sicher nicht. Wir müssen also wissenschaftliche Methoden finden, um die, die Erfahrungen haben, zum Sprechen zu bringen, denn wir Architekten leben ja eigentlich davon, daß wir diese Erfahrungen verknüpfen und dann in Gebäude oder gestaltete Umwelt umsetzen. Wo sehen Sie dort Ansätze, oder wo haben Sie welche erkannt?

Julius Posener: Ja, das ist furchtbar schwer zu beantworten. Und ich glaube, es gibt eine ganze Menge solcher Ansätze. Auf einen habe ich ganz zum Schluß hingedeutet: das ist Hämer in Berlin, der ja seit langen Jahren immer ganz eng mit den Leuten zusammenarbeitet, der Gebäude modernisiert, saniert, wieder repariert, nennen Sie es, wie Sie wollen. Es gibt in der letzten „archithese" diesen großen Aufsatz von ihm über den Block in Charlottenburg, wo er dieses Prinzip angewandt hat. Es gibt aber auch Walter Segal, seine augenblickliche Tätigkeit in England. Es gibt ein Bauweltfundament, wo diese Dinge, die augenblicklich in England gemacht werden, diese ganz praktischen Tätigkeiten, baumeisterlichen Tätigkeiten, am Schluß sehr stark herausgestellt werden. Das hat mir sehr gefallen, das hat mir sehr imponiert. Wenn Sie aber davon sprechen, daß ganz neue Methoden der Befragung entwickelt werden müssen, so weiß ich davon sehr wenig, wie weit die entwickelt worden sind, und ich fürchte, daß es noch nicht ganz so weit damit gediehen ist.

Frager (anonym): Wenn ich Herrn Bächer richtig verstanden habe, fragt er den Herrn Roth doch, warum er, Herr Roth, als einer der Vorreiter der Moderne im Jahre 1945 den heutigen Modernen, die in ihrer Sicht heute modern sind, eine solche Predigt hält; warum also eigentlich er, der das meiste Verständnis für die Moderne haben müßte aus seiner eigenen Entwicklung als Moderner, jetzt so davon abkommt, der Moderne irgendeine Chance zu geben. Vielleicht können Sie dazu etwas sagen, Herr Roth?

Roth: Entschuldigen Sie, ich verstehe nicht recht, was Sie eigentlich von mir wissen wollen. Können Sie sich nicht ein wenig präziser ausdrücken? Was war 1945 anders für mich als heute?

Also 1945, meinen Sie, hätte ich Ihnen gesagt, wir brauchen nichts Neues mehr? Ich habe doch ganz deutlich gesagt – ich kann die Passage durchlesen –, alles ist Entwicklung. Wir sollen die Grundlagen der Architektur – habe ich ganz deutlich gesagt – ernsthaft studieren und nicht einfach nur in oberflächlicher Weise darübergehen. Aber alles ist Entwicklung. Wir müssen vertiefen, erweitern, hinzufügen. Ich bin vollkommen falsch verstanden worden, obwohl ich glaube, ziemlich deutlich gesprochen zu haben.

Hernandez: Wenn ich Herrn Roth richtig verstanden habe, dann hat er sicher nicht gesagt, daß man dort direkt weitermachen soll, z. B. beim Jahre 1927 bei den Pionieren, sondern ich habe ihn so verstanden, daß die Prinzipien des modernen Bauens dort so formuliert sind, daß aufgrund dieser Prinzipien weitergedacht werden kann. Ich weiß nicht, ob ich Sie richtig verstehe.

Roth: Ja, selbstverständlich! Weil ich das ganz deutlich gesagt habe. Vielleicht kommt diese Frage aus meinem letzten Ausspruch, wo ich sage, wir brauchen keine neue Architekturtheorie. Das heißt aber nicht, daß dadurch eine Entwicklung irgendwie gestoppt werden soll. Aber ich wende mich gegen dieses leichtfertige Theoretisieren und das Anbieten von schillernden Rezepten, hinter denen nichts Wesentliches steht. Daß Neues, Starkes, lebensnahes Neues immer entstehen soll, das gehört, so glaube ich, zur Grundmission der Architektur und derjenigen, die die Architektur schaffen, der Architekten.

Frager (anonym): Ist Neues in jedem Fall kontinuierlich Entwickeltes, also für gut befundene Prinzipien, oder kann Neues auch totaler Widerspruch sein, und ist bei Ihnen der Widerspruch sozusagen mit in die Entwicklung eingebaut? Würden Sie Widersprüchliches zu den Prinzipien, die Sie einst für gut erkannt haben, akzeptieren können?

Roth: Ich würde es sicherlich akzeptieren, da die ganze Widersprüchlichkeit zum menschlichen Leben und Denken gehört. In uns selbst, in unserem Geschehen, in unserem Denken, in unserem täglichen Tun usw. ist soviel Widersprüchliches von Natur aus schon da, infolgedessen würde ich das nicht grundsätzlich ablehnen, sondern ich würde mir höchstens die Mühe geben, es zu studieren, es zu analysieren, sorgfältig zu prüfen, was Brauchbares an einer solchen Widersprüchlichkeit ist. Aber ich wende mich dagegen, die Widersprüchlichkeit zu einem Grundprinzip zu erheben, wie man es vielleicht in den Schriften eines Venturi trifft, in dessen „Lesson of Las Vegas“ Sachen vorkommen wie, daß die Widersprüchlichkeit ein positives Element des Gestaltens des menschlichen Lebens ist. Da bin ich eben bis zu einem gewissen Grad nicht damit einverstanden, das einfach propagandistisch in die Welt hinaus zu rufen und gewissermaßen als Neuheit zu bezeichnen.

Hernandez: Darf ich vielleicht etwas verkürzt feststellen, daß hier offenbar zwei noch nicht ausdiskutierte Meinungen einander gegenüberstehen: Die eine ist die, daß im Neuen Bauen grundsätzlich alle wesentlichen Prinzipien enthalten sind – nicht Rezepte, sondern Prinzipien, die auch heute noch gültig, entwicklungsfähig und lebendig sind. Dies unter dem Hinweis darauf, daß der Begriff „Funktionalismus“ in späteren Jahren aus polemischen Gründen vielfach unzulässig verkürzt definiert worden ist. Dagegen steht eine andere Meinung, die sich noch nicht sehr stark artikuliert hat, daß diese Prinzipien nicht genügen, sondern daß in den neueren Strömungen grundsätzlich Wichtiges, ganz Neuartiges anklingt, dessen wir bedürfen. Ich glaube, daß darüber weiterzudiskutieren im Augenblick nicht sinnvoll ist, weil wir vermutlich auch zu dieser zweiten Meinung noch sehr vieles hören werden.

Über die Semiotik der neuen Architektur

Zbigniew Pininski

Heute und auch gestern wurde bei meiner Vorstellung erwähnt, daß ich nicht deswegen hier bin, weil Polen in aller Munde ist. Ja, das ist wahr, und ich freue mich deswegen sehr. Aber ein Architekt darf nie in einem Elfenbeinturm sein und muß Kontakt haben. Deshalb muß ich über das heutige Polen einige Worte sagen. Ganz kurz gesagt: Ich glaube, man hat aus der Presse und aus den Medien ein falsches Bild über das, was in Polen passiert, ein sehr oberflächliches Bild, und das ist ganz natürlich. Ich bin der Meinung, daß es sich um einen Versuch handelt, um einen sehr idealistischen Versuch, vielleicht einen naiven Versuch, einen neuen gesellschaftlichen Grund mit einem humanen Gesicht zu bilden, zu verschmelzen. Ob es gelingen wird und ob es uns erlaubt wird, daran weiterzuarbeiten, das weiß ich nicht; aber ich bin immer Optimist, und ich hoffe, daß es gelingen wird.

Ich möchte näher auf die Probleme der visuellen Kultur eingehen, auf die Probleme der Semiotik in der Architektur. Ich finde, daß es sehr wichtig ist, daß sich der logische Streit der Architekten jetzt auf diese Probleme konzentriert. Manche sagen, das sind Gags, die anderen sagen – ja die anderen sind Konservatisten. Ich glaube, man fühlt ein großes Bedürfnis, die Dinge zu objektivieren und diese Probleme ohne Emotion anzuschauen. Der visuelle Faktor ist auch eine der Hauptsachen am Dienst für die Menschen. Natürlich sind es auch andere Dinge, über die wir sprechen. Wir tragen die Verantwortung sehr viel weiter – leider sind wir Architekten Zehnkämpfer. Wir müssen in mehreren Bereichen aktiv sein, wir müssen in mehreren Bereichen die Verantwortung tragen, aber wir sollten nicht vergessen, daß unser Bereich auch die Kunst in der Architektur ist.

Das Hauptgebäude der Technischen Universität in Warschau ist jetzt ein bißchen nach der Mode, der Direktor hat einen guten Geschmack und Verständnis für moderne Architektur. Das war in der Zeit, als Warschau unter Zarenherrschaft stand; der Zar hatte erlaubt, eine T. U. in

ZBIGNIEW PININSKI, 1933 geboren. Die Architekturdiskussion in Deutschland bezieht sich nahezu ausschließlich auf die westliche Welt. Von dem, was in dem anderen Teil Europas geschieht, wissen wir wenig, obwohl viele Problemstellungen verwandt sind: Zbigniew Pininski wurde nicht aus aktuellem politischen Anlaß eingeladen, sondern aus dem Wunsch, zumindest einen Kollegen aus Osteuropa in unserer Mitte zu haben. Zbigniew Pininski ist Chefarchitekt eines staatlichen Architekturbüros in Warschau, das sich mit Industriebau und Sozialbauten beschäftigt. Er hat an verschiedenen internationalen Wettbewerben teilgenommen und ist heute als Lehrer an der Technischen Universität in Warschau tätig. Die Architekturfakultät in Bialystok wurde von ihm gegründet. In zahlreichen nationalen und internationalen Publikationen hat er sich mit den Problemen der Gegenwartsarchitektur und der Architektenausbildung auseinandergesetzt.

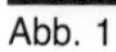

Abb. 1

Abb. 2

Abb. 3

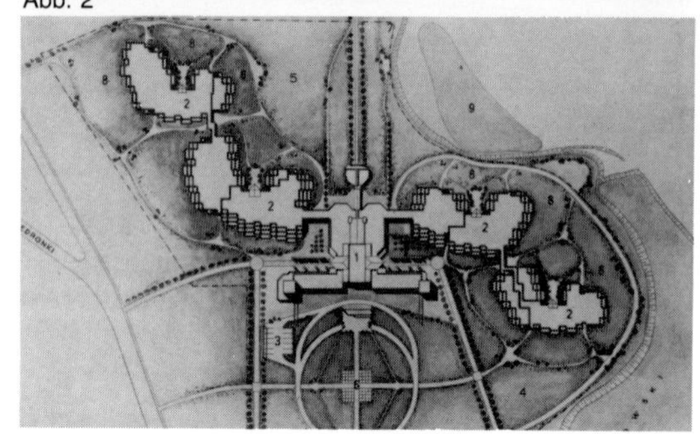

Abb. 4

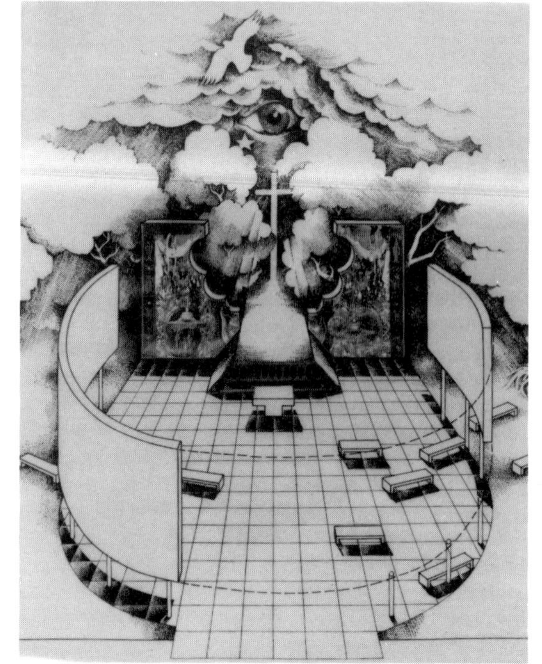

Abb. 5

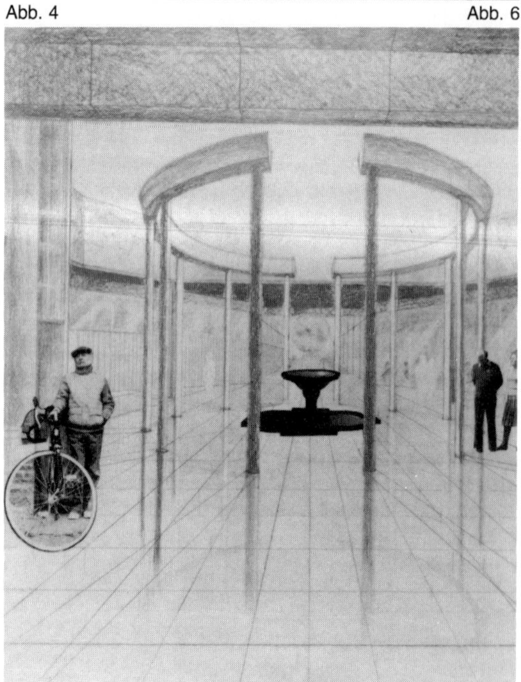

Abb. 6

Warschau zu gründen, aber unter der Bedingung, daß das Hauptgebäude eine Kopie eines russischen Gebäudes wird. Aber dann hat man es mit diesen verschiedenen Symbolen ergänzt, und dann war es trotzdem polnisch. Ich glaube, der Architekt wurde verhaftet, aber das ist eine andere Sache.

Leider sieht der neueste Teil der T. U. nicht so schön aus.

Die architektonischen Aufgaben sind so ernst, sie sind so beständig, sie sind mit so vielen Umwelt-, menschlichen und anderen Faktoren verbunden, daß neben dem visuellen Faktor auch wissenschaftliche Methoden herangezogen werden sollten.

Wir haben den Menschen, das ist der schöne, postmoderne Mensch! Welche Rolle spielt die architektonische Wirkung in den geistigen Wegen des Menschen? Da ist der Mensch, geistig und physisch. Da ist der physische Konsum, der geistige Konsum, die Erholung, das sind die geistigen Prozesse, in denen der Mensch seine Kräfte und Fähigkeiten regeneriert; da ist die Existenz und die Arbeit, das sind die Prozesse, in die der Mensch seine Kraft und Fähigkeiten investiert.

Daneben gibt es die Faktoren, die die architektonische Perzeption verstärken. Der wichtigste Faktor ist das Bewußtsein des architektonischen Höhepunktes. Ich bin der Meinung, wenn der Nutzer versteht, daß der Architekt es absichtlich für einen solchen Zweck gemacht hat, dann verstärkt das die architektonische Perzeption.

Natürlich haben wir sehr viele Beispiele, in denen sich der Mensch gut fühlt. Er sagt, hier fühle ich mich wohl! Und er merkt nicht die Methoden, mit denen der Architekt den Endeffekt erreicht hat. Das ist auch möglich, aber ich spreche über die Verstärkung bei diesen Punkten. Natürlich kann man nicht immer Fortissimo spielen, aber manchmal, in dem visuellen Orchester der Welt, soll man auch Fortissimo spielen. Und jetzt passiert die Verstärkung. Der erste Faktor ist die Verstärkung. Der zweite Faktor ist die Zielorientierung der semiotischen Sprache. Zum Beispiel: Ich habe geprüft, und das fühle ich auch bei meinen Kollegen der neuesten Bewegung der Architektur, daß der Mensch eine klassische Analogie versteht, eine sehr weite klassische Analogie in der Architektur, als etwas, das mit einer Feierlichkeit verbunden ist. Zum Beispiel: Ich erinnere mich, als ich in Wien in der Volksoper war. Da war man sehr traurig, daß die Volksoper innen modernisiert wurde. Man hat gesagt: „Ja, die schöne Stimmung wurde jetzt ganz steril gemacht.“ Und so empfinden es die Leute sehr oft; besonders habe ich dies bei der Untersuchung und Prüfung verschiedener

Abb. 7

Abb. 8

Abb. 1:
Technische Universität Warschau – zur Zeit der Gründung

Abb. 2:
Technische Universität – heute –

Abb. 3–6:
Altersheim in Warschau (Projekt)

Abb. 7 u. 8:
Palast des Königs Sobieski

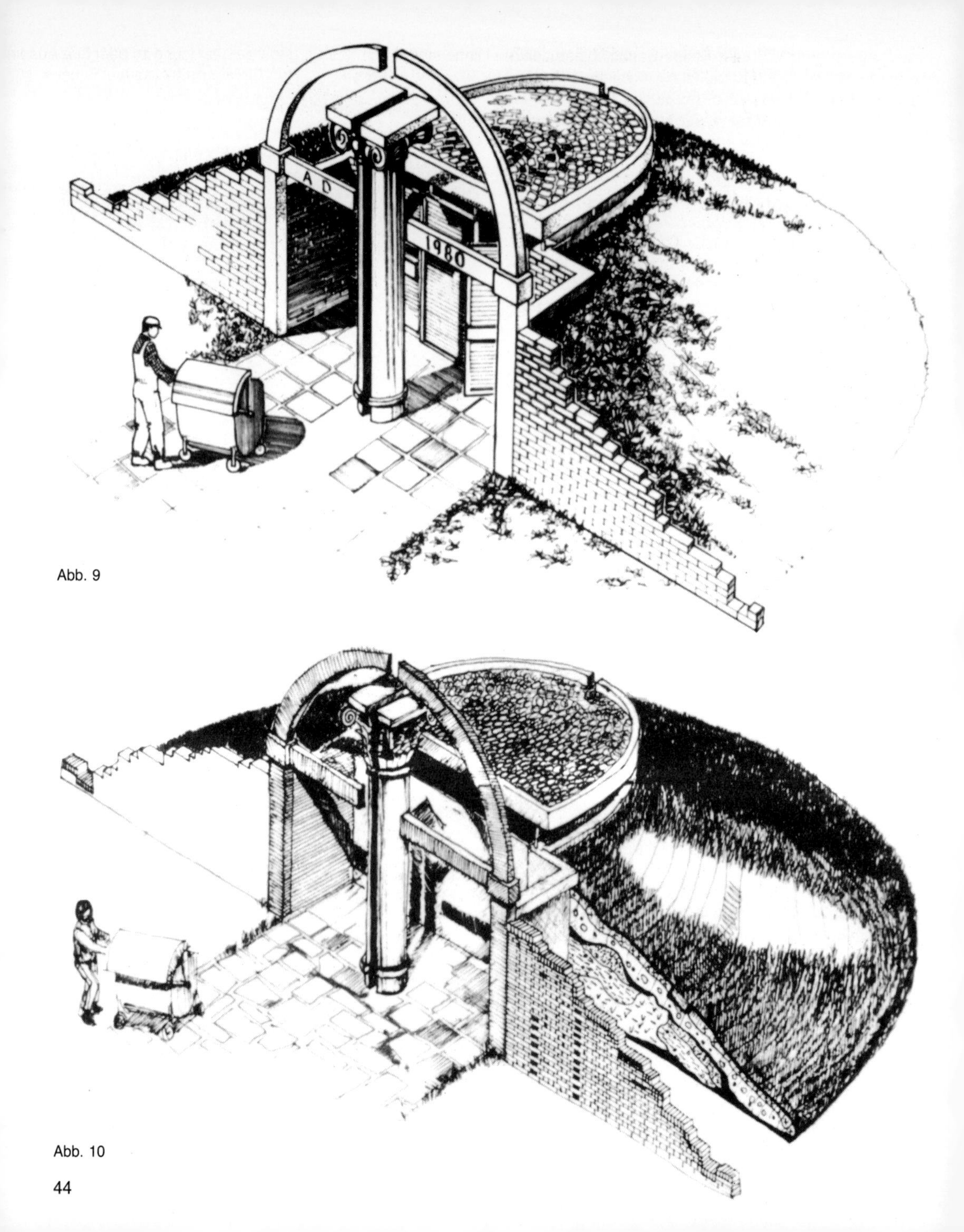

Abb. 9

Abb. 10

Theaterbauten bemerkt. Der einfache Mensch weiß oft nicht, daß es ein Theater ist; es ist ein Gebäude, das normalerweise den ganzen Tag traurig aussieht, grau, nicht beleuchtet, und nur manchmal in der Nacht beleuchtet. Aber die semiotische Sprache ist nicht zielorientiert. Die semiotische Sprache erinnert nicht den Menschen daran, daß es sich um etwas Feierliches handelt, wo er sich anständig anziehen muß, wo er sich waschen muß, wohin er mit einem schönen Mädchen gehen wird, wo er etwas für den Geist erleben wird.

Der nächste Faktor ist das Problem der Klarheit der semiotischen Sprache. Ich bin der Meinung, daß normalerweise 80–85% unserer Perzeption, also der Perzeption des einfachen Menschen, Routine ist, und das ist gut. Man kann nicht den Menschen immer so stark fordern, daß er sich für jedes architektonische Objekt intellektuelle Mühe geben muß. Aber in dieser Welt, wo 80–85% von Äußerungen von Architekten eine routineartige, semiotische Sprache sprechen, beim Theater, bei der Wohnung, bei der Industrie, sollen 15–20 Menschen die Frage stellen, sollen die Menschen zum Denken gezwungen werden, soll der Mensch erzogen werden, soll der Mensch aufgeregt werden, sollen die Menschen sich vielleicht auch ärgern.

Der letzte Faktor ist die Erweiterung des architektonischen Spektrums. Ich wurde auch, wie wir alle, in der rationellen Sprache der Moderne erzogen. Ich habe auch solche Dinge gemacht, und ich schätze diese sehr hoch, aber das war eine Sprache, eine sehr noble Sprache, die nicht allzuviel schwatzen wollte, eine Sprache, die sehr edel war, vielleicht zu edel. Mit den Mitteln der Moderne konnte man monumental sein, konnte man leicht sein, es konnte eine sterile Architektur sein – und nichts mehr –, man erkannte nicht mehr die unterschiedlichen Inhalte. Wenn man die Funktion von der Architektur wegnimmt, hat sie keinen Inhalt mehr, das ist nur noch ein Problem der Form, ein Spiel der Form, ein Spiel der Zeichnung der Fassade, ein Spiel der Textur der Materialien. Dies ist eine ganz abstrakte Wirkung auf die Psyche des Menschen.

Ein Mensch braucht das Bewußtsein einer Raumordnung, und das deckte diese Architektur. Der Mensch wußte, hier habe ich den Eingang, das ist ein feierlicher Eingang, hier habe ich die Treppe, usw. Diese Architektur wandte sich an den rationalen Faktor des Menschen. Aber Gott sei Dank, der Mensch ist nicht rational; der Mensch hat Aberglauben, der Mensch hat Tabus, der Mensch hat Poesie, und der Mensch hat Träume, die wir als Architekten hervorbringen. Wir sind die Geburtshelfer

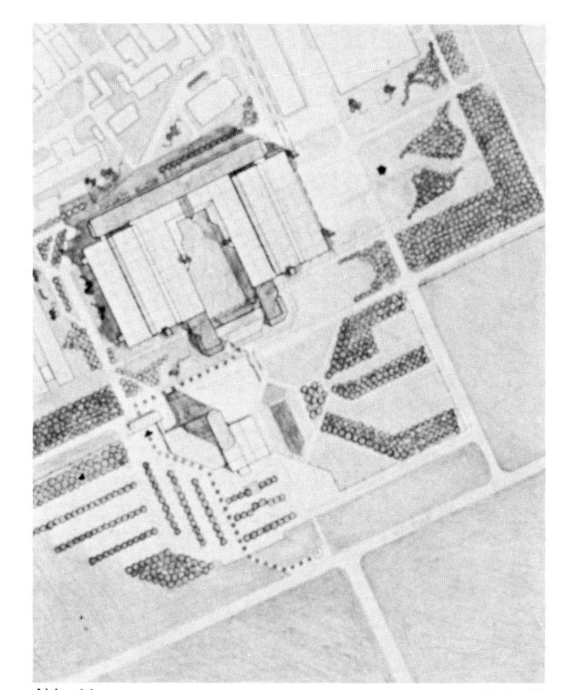

Abb. 11

Abb. 12

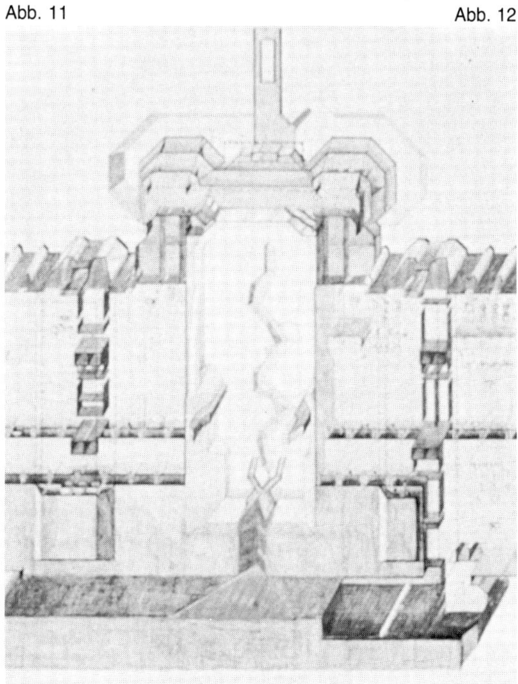

Abb. 14

Abb. 13

Abb. 9 u. 10 (S. 44):
Müllgebäude für die Technische Universität, Warschau

Abb. 11 u. 12 (S. 45):
Pharmazie-Werk in Warschau

Abb. 13 u. 14:
Forschungsgebäude für Chemische Technologie der TU Warschau

Abb. 15:
Projektstudie Weißenhofsiedlung, Stuttgart

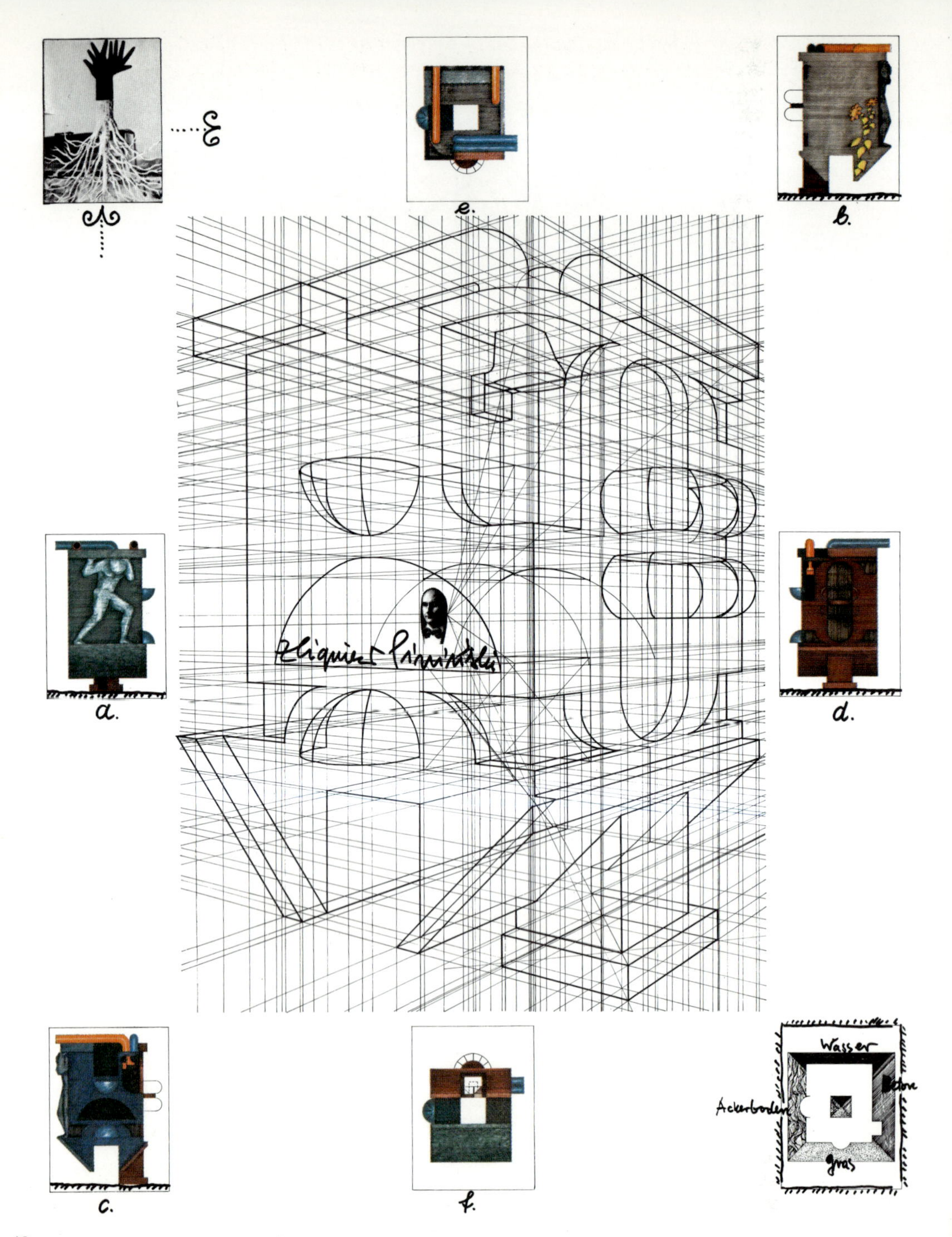

a.
b.
c.
d.
e.
f.
Wasser
Ackerboden
Gras

der Träume der Menschen. – Soviel zur Theorie der Architektur in meinen eigenen Arbeiten.

Zu meinen eigenen Arbeiten

Zum Kulturhaus:

Triumphbogen und Triumphtore, die aus verschiedenen Richtungen den Nutzer in das Kulturhaus führen. Das ist eine Illustration des Problems: ein Kulturhaus, ein Zentrum für einen Distrikt, für ein paar Wohnsiedlungen, für einen Komplex von Wohnsiedlungen. Die Wohnsiedlungen konzentrieren sich um das Kulturhaus: Die Kultur soll das Wichtigste sein. In einem Beispiel der Nutzerpartizipation hat sich z. B. gezeigt, daß von den Leuten klassizistische Elemente als etwas Feierliches empfunden werden. Und das ist gut, das ist eine Zielorientierung der modernen Sprache der Architektur, und dies sollte man nicht als eklektisch beschimpfen. Natürlich, es ist ein sehr leichter Übergang zwischen schöpferischer Interpretation und Eklektik.
Das Altersheim ist eine Hommage an den Palast des Königs Sobieski. Vor dem Gebäude, vor der Fassade, habe ich ein Zitat, ein Kulissenzitat: Ein Teil ist gemalt, eine einfache Szenografie, durch die man in das Gebäude geht. Gemalt ist auch der Hauptteil des königlichen Palastes in der Sonne. In Polen ist nicht so oft Sonne, und das ist eine Architektur unter Einflüssen von Italien, wo die Sonne notwendig ist. Ich meine, bei der Kulisse ist die Sonne schon einprogrammiert, auch an einem trüben Tag.

Zur Kapelle:

Auf den beiden Seiten der Kapelle wollte ich eine Ontogenese der Architektur, der europäischen Architektur des Christentums, machen. Etwas Barock, etwas Renaissance, Zitate aus verschiedenen Epochen. Nicht nur, damit jeder etwas findet, was er liebt, sondern als eine Hommage an die Entwicklung der christlichen Architektur in Europa, in Polen.

Zum Müllgebäude für die Technische Universität, Warschau:

Ich vertrete die Meinung, daß die Architektur nicht immer ganz so ernst sein muß. Warum sollen wir immer so

Abb. 16:
Projektstudie Weißenhofsiedlung, Stuttgart

pathetisch sein. – Das ist ein Gebäude, bei dem ich der Universität gegenüber ironisch sein möchte.

Ich stelle der Funktion des Müllgebäudes eine sehr feierliche Form entgegen, um etwas politisch Aktuelles zu sagen. Das ist eine politisch aktuelle Aussage. Ob das in zehn oder zwanzig Jahren noch so verstanden wird, das weiß ich nicht, aber vielleicht!

Zu einer Industrieanlage:

Ich vertrete die Meinung, daß am Anfang unseres Jahrhunderts die Industrie den Anstoß zur Avantgarde gab. Dies war das erste rationelle Denken in der Architektur der neuen Periode. Und ich vertrete die Meinung, daß es eine Zeit war, in der man die Industriearchitektur sehr oberflächlich betrachtet hat. Alles war steril. Vielleicht sauber, aber das hatte mit Architektur nichts zu tun. Und jetzt muß man anfangen, die Rolle der industriellen Architektur, der Architektur der Industrie, wiederaufzubauen. Und ich habe mich bemüht, in diesem Gebäude am Rande von Warschau über Architektur zu „sprechen“. Dies ist ein Versuch, eine menschliche Architektur – humane Architektur – zu schaffen.

Zu einem Mehrzweckgebäude:

Bei diesem Mehrzweckgebäude habe ich versucht, visuelle und Probleme der Anpassungsfähigkeit zu lösen. Das ist ein Beispiel, bei dem ein Milieu aus verschiedenen Epochen vorhanden ist, aus verschiedenen Wandlungen der Architektur. Ich habe hier versucht, eine neutrale Architektur einzufügen, die die künstlerischen und schöpferischen Dinge betonen wollte.

Da es ein sehr historisches Milieu ist, wagte ich nicht sehr viel an den Fassaden, aber in den Innenräumen, so z. B. im Rauchraum. Es ist ein Forschungsgebäude der chemischen Technologie, also darf man, Gott sei Dank, in den verschiedenen Zimmern nicht rauchen. Hier aber darf man rauchen und kann das verschiedenartig betonen bzw. artikulieren. Man kann schreiben: „Hier darf man rauchen“, oder man kann auf diese Türe eine Zigarette und „Hier rauchen“ zeichnen.

Ich habe eine Flachskulptur vorgeschlagen, entworfen mit einer Zigarette, daß hier ein Anzünden der Zigarette möglich ist, ein rotes Licht. Jeder kann kommen, um die Zigarette anzuzünden. Wenn man das Treppenhaus hinuntergeht, freut sich der Mann erst, daß er raucht, dann ist er neutral, und unten ist er schon ganz unzufrieden, daß er

raucht. Das ist meine Stellungnahme gegen Raucher. Das ist der Film, den jemand, der das Treppenhaus hinuntergeht, sieht. Und so verstehe ich unter anderem die Integration der Kunst in die Architektur. In der letzten Zeit der Moderne, so meine ich, war die Kunst in der Architektur oft nur Kosmetik. Der Architekt hat oft ein Stückchen Wand gelassen, ein schlechter Architekt, und gesagt: Machen Sie hier eine Komposition. Und der gute Architekt hat gesagt: Ich brauche gar nicht den Bildhauer, den Maler, den Grafiker. Ich bin der Meinung, daß man die Kunst ganz eng in die Architektur eingliedern kann, unter den Umständen, daß die Kunst eine funktionelle Rolle spielt. Sie soll nicht nur Dekoration sein, sie soll einen gewissen intellektuellen Hintergrund, wie z. B. den Witz, haben, eine gewisse intellektuelle Rolle als Scherz und auch als Informationsrolle spielen.

Z.B. in demselben Gebäude – es ist noch nicht ausgeführt –: Ein einfaches Tor mit einer typischen Tür, durch welche kleine Lastwagen hineinfahren können. Man kann schreiben: „Hier darfst du mit dem Lastwagen hineinfahren." Aber hier habe ich eine Plastik, ein Auto von hinten gesehen, auf dem Tor vorgeschlagen, das Tor öffnet sich mit den zwei Teilen des Autos, und das ist auch ein Beispiel einer Kunst, die eine ganz funktionelle Rolle spielt und auch eine gewisse Ideologie aufweist.

Erläuterungen zur Projektstudie:

Wir sind Architekten, wir verstehen es alles. Ein Atlas, der nicht das Dach, sondern das Fundament trägt. Das sind die verschiedenen Rohre, Fundamente usw. Das ist das Dach, das ist der Schornstein, usw. Das ist eine betonartige Wand. Ein Balkon, auf dem man von oben und von unten stehen kann. Auch eine Treppe, auf der man von unten und auch von oben gehen kann.

Ich habe einen Baum gemacht, der auf dem Kopf steht, und die Wurzeln sind Hände der Hoffnung. Man wollte die Leute umbringen, man wollte die Leute vernichten, und trotzdem ist aus den Wurzeln die Hoffnung herausgewachsen. Und das ist meine Idee der Darstellung der vier Elemente, metaphorisch dargestellt, mit denen wir als Architekten den Kontakt zwischen Gebäude und Umgebung haben.

Darstellung von vier Fassaden: Eine Fassade aus Keramik mit verschiedenen Dekorationen. Die zweite Fassade ist aus Putz, ein Glasdach, Treppen, die man von oben und unten betreten kann. Eine Steinfassade und eine Betonfassade, ganz traurig vielleicht, nur eine Blume als Kontrast.

Abb. 17:
Projektstudie Weißenhofsiedlung, Stuttgart

Warum habe ich es so gemacht? Das ist ein Haus als künstlerisches Manifest, ein Haus, das ich nicht als Gag verstehe. Das habe ich nicht zur Belustigung gemacht. Das habe ich sehr ernst genommen. Ich habe versucht, mich von den Benutzern zu befreien um zu sehen, wie es in der Architektur richtig ist. Natürlich kann man es auch in der Geschichte prüfen, wie es war, im Mittelalter, im Barock usw. Wenn man die Funktion, den Nutzeffekt des Gebäudes wie Wohnen, Arbeiten und Erholung wegnimmt, wenn das Haus nur als visuelle, semiotische Wirkung übrigbleibt, dann sieht man, wie es mit dem Inhalt übereinstimmt. Da sieht man, daß, wenn man die Semiologie eines Objektes nicht breiter versteht, der Inhalt ein bißchen knapp ist.

Und ich glaube, der Mensch braucht nicht nur den breiten Inhalt in der Literatur, in der Bildhauerei, in der Malerei, sondern auch in der Musik. Warum nicht auch in der Architektur. Warum nicht in der Architektur Scherz, warum nicht in der Architektur Literatur, warum nicht in der Architektur eine Erzählung, warum nicht in der Architektur solche Sachen. Vor mehreren Jahren – wir hätten uns vielleicht damals geschämt, es zu sagen –, in der Zeit der Abstrakten, in der Malerei, war es beleidigend, wenn man zu jemandem sagte, es sei zu viel Literatur in seinen Bildern. Er war sehr beleidigt, er wollte nur ein rein abstrakter Künstler sein.

Ich bin der Meinung, daß wir, wenn wir wirklich den Dienst am Menschen erfüllen wollen, also nur in der semiotischen, kulturellen, in der künstlerischen Schicht, dann müssen wir auch die anderen Seiten des Menschen berücksichtigen. Wir können als Architekten nicht so eingebildet, so naseweis sein, um zu wissen, was der Mensch braucht. Wenn der Mensch sich in den sterilen Gebäuden schlecht fühlt, dann bedeutet das etwas. Es bedeutet, daß nur die Raumordnung nicht ausreichend ist, daß es nicht ausreichend ist, nur das rationelle Gefühl des Menschen zu erledigen.

Wir sind und wollen Künstler sein. Wir müssen Kunst schaffen. Das war immer die Synthese in der Architektur. Es war immer die Kunst, die den größten Einfluß auf alle Menschen hat, und deshalb vertrete ich die Meinung, daß ein möglichst breites Spektrum unserer Tätigkeit aufgefächert werden sollte.

Manchmal können es auch Gags sein, aber es soll nicht das Wichtigste sein. Gags sind für Feinschmecker usw., aber auch für die normalen Leute müssen wir in mehreren Tonlagen sprechen, nicht nur in der Tonlage der abstrakten Form, des Materials und der Fassade. Und das ist noch eine sehr wichtige Sache, daß die Architektur der Gegenwart keine Regeln hat, und das ist sehr gut. Ein Gebäude, eine Schöpfung der Architektur, muß eine Innenlogik haben. Ich strebte hier in diesem Gebäude danach, eine Innenlogik zu schaffen, z.B. steht es auf dem Kopf, aber trotzdem hat es Elemente, die nicht auf dem Kopf stehen, die ein gewisses Gleichgewicht geben, also auch aus der Komposition herauskommen. Keine Regeln, aber eine Innenlogik, ähnlich dem Bildhauer, wenn er etwas Gutes macht, es ganz konzeptionell ist. Ich meine damit, daß das Wort Architektur eine schöpferische Aufgabe bedeutet, die mit einer gewissen schöpferischen Innenlogik gestaltet ist.

Ich habe über die semiotischen Probleme der neuesten Architektur gesprochen. Aber schon am Anfang habe ich gesagt, daß der Architekt die Verantwortung in einem breiteren Sinne trägt. Wir müssen, wie ich gesagt habe, Zehnkämpfer sein. Wir können nicht nur die architektonischen Probleme, die rein visuellen, die rein semiotischen Probleme lösen. Wir müssen unbedingt, wenn wir den Beruf des Architekten nicht auf den Müllhaufen der Geschichte werfen wollen, auch die anderen Probleme berücksichtigen.

Auf dem Umschlag der Publikation der berühmten ersten UNO-Konferenz in Stockholm: „Cleaning our paradise" – ich erinnere mich an die Atmosphäre, es war 1968, wir waren voll Enthusiasmus, bald würden die Probleme des Umweltschutzes erledigt sein – ist leider zu zeigen, daß diese noch nicht erledigt sind. Und wir als Architekten müssen weiterhin in diesem Bereich ganz aktiv sein.

Ich vertrete die Ansicht, daß dieses Modell der Architektur, das extensive Modell der Architektur, das wir jetzt ausführen, ein Modell ist, das selbst die architektonischen Initiativen und das Gleichgewicht unseres Erdballs bedroht. Also habe ich berechnet, daß, wenn wir so weiterbauen – ich habe die Prognosen überprüft – wir in 250–300 Jahren keinen Baum mehr haben, vielleicht noch einen Balkon, aber dann in einem Dach, aber keinen Baum mehr, kein Ackerland, und alles wird bebaut. Das gibt uns Architekten Anstoß, in interdisziplinären Teams das Problem der Architektur der Zukunft, der Gegenwart, anzugehen. „Future began yesterday" haben die Engländer gesagt, und sie hatten recht. Es ist schon fast zu spät, um das richtige Architekturmodell zu entwerfen.

Und das Wichtigste: Der Bau übt seinen Einfluß auf den Menschen aus, das heißt, das architektonische Objekt begrenzt die Freiheit des Menschen dadurch, daß es stabil ist und sich nicht neuen Funktionen anpassen kann. Und was hat das mit dem großen Architekturmodell zu tun? Wir haben sehr viel architektonische Substanz, die veraltet ist. Die Menschheit der Zukunft kann sich keine veraltete funktionale Struktur mehr leisten. Man muß, um den Nutzeffekt der Architektur der Gebäude, der Stadt zu steigern, den Nutzeffekt der architektonischen Substanz aktualisieren. Und deswegen spreche ich in diesem kleinen Abschnitt meines Referates nicht nur über visuelle Kultur, sondern über diese wissenschaftlichen Probleme, die ich als Faktoren für die Architektur der Zukunft verstehe.

Fühlt sich der Mensch in der heutigen Architektur eigentlich wohl? Werden seine vielfältigen Wünsche und Träume berücksichtigt? Hat er den Eindruck, daß ihn die heutige Architektur gern hat?

Die Nutzungsbedürfnisse, die Inhalt der Architektur sind, verändern sich.

Die Bedürfnisse der Menschen verändern sich auch in der psychischen und ästhetischen Schicht. Charakteristisch für die letzten Jahre ist der Anstieg von Anforderungen in bezug auf eine Architektur, die sich auf kompliziertere und verschiedenartigere Bedürfnisse des zeitgenössischen Menschen in seiner psychischen Sphäre beruft.

Ausgedrückt in gröbster Vereinfachung, hat die Architektur der letzten Jahrzehnte vor allem das Gefühl der räumlichen Ordnung eines Menschen befriedigt, – seine Orientierung in dem künstlich geschaffenen Landschaftsbild entweder einer ganzen Stadt oder auch eines einzelnen Gebäudes, ferner hat sie einen gewissen Informationsbereich überliefert: über den Charakter und die Bestimmung des Gebäudes, und manchmal auch „Ehrlichkeits"-Informationen über die Konstruktion des Objektes, über Baumaterialien, über Funktionselemente u. dgl.; diese Architektur übte auch Wirkung auf das Gefühl der Ästhetik aus, jedoch mit Hilfe abstrakter Elemente – abstraktem Baukörper und dessen Einteilung, Fraktur, Details. Also stimmte die ästhetische Perzeption der abstrakten Architektur mit der konkreten Bezugnahme auf verschiedenartige rationalistische Gefühle des Menschen. Jedoch war die auf der rationalistischen Perzeption der Architektur basierende Genugtuung nicht ästhetischer, sondern intellektueller Art.

Die neueste zeitgenössische Architektur breitet ihre Einwirkungspalette heftig aus, und zwar geht es u. a. um eine Art literarischer Einwirkung. Sie bedient sich der Metapher und gedanklicher Abkürzung, Poesie und Ironie, sie verleiht wieder die traditionelle Bedeutung dem Ornament (obwohl, oh Wunder, sie sich gern auf Alfred Loos und sein „Ornament ist ein Verbrechen“ beruft). Diese Architektur beruft sich breit und gern auf die geschichtliche Erbschaft. Was ist dabei Mode, und was die Befriedigung bestimmter Bedürfnisse des Menschen in gegebener geschichtlicher Periode?

Abb. 18:
Projektstudie Weißenhofsiedlung, Stuttgart

Ort, Erinnerung und Architektur

Charles W. Moore

(Übersetzung Norbert Moest)

CHARLES MOORE, 1925 geboren, ist bei uns durch die Sea-Ranch in Kalifornien zum erstenmal bekannt geworden. Er gehört zu jenen Architekten, die mit ihren Bauten und Schriften die heutige Architekturdiskussion nachhaltig beeinflußt haben. Seine wesentlichen Gedanken finden sich in dem auch in Deutschland erschienenen Buch „Body, Memory and Architecture“ (deutscher Titel: „Architektur für den einprägsamen Ort“). Er begreift Architektur nicht als visuelles Erlebnis, sondern als dreidimensionale Erfahrung durch den Menschen in seiner Ganzheit.

Imitation, so wird uns gesagt, ist die aufrichtigste Form der Schmeichelei. Ähnlich aufrichtig ist sicherlich der Wunsch, Ideen und Objekte, die vor unserer Zeit entstanden sind, zu vervollständigen oder auf sie zu reagieren, so wie in China der Yin den Yang ergänzt und ihm gleichzeitig entgegenwirkt. Überhaupt keine Schmeichelei ist es jedoch, vor unserer Zeit Entstandenes zu ignorieren. Wenn ich deshalb Le Corbusiers „fünf Punkte“ aufliste und sie meinen fünf gegenüberstelle, geschieht dies nicht in der Absicht, ihn und die anderen Architekten der Weißenhofsiedlung zu ignorieren, als vielmehr aus der Haltung heraus, ihr Werk mit Respekt zu betrachten und selbst zu versuchen, ebenso aufgeschlossen für unsere so unterschiedliche Zeit zu sein. Mies sagte: „Das Problem der Neuen Wohnung ist im Grund ein geistiges Problem, und der Kampf um die Neue Wohnung nur ein Glied in dem großen Kampf um neue Lebensformen.“

„Neu“ bedeutete zu dieser Zeit, vor einem halben Jahrhundert, die vollständige Abkehr vom Vertrauten, hin zu einer anderen Welt – der Welt der Zukunft. Die Jahre, die seither vergangen sind, haben uns mehr von dieser „brave new world“ gebracht als wir bewältigen konnten, und wir kamen zu der Einsicht, daß, nach T. S. Eliot, die Vergangenheit in der Zukunft gegenwärtig ist („time past is present in time future“). So sind denn die mutigen Signale, die uns die Weißenhofsiedlung für die Zukunft gesetzt hat, ausgezeichnete und wichtige Meilensteine unserer Vergangenheit und damit ein Teil unserer Zukunft, die als Fortsetzung der Vergangenheit und nicht getrennt von ihr zu sehen ist.

Le Corbusiers Zeichen des Neuen sind, wie wir alle, 50 Jahre älter geworden, und es ist weder überraschend noch ist es respektlos gemeint, daß die „Zeichen“, die ich für heute vorschlage, gerade das Gegenteil sind.
Zu Anfang steht nicht der Versuch meinerseits, mich mit Mies van der Rohe zu vergleichen, sondern viel-

Abb. 1:
Haus in Orinda, Kalifornien (1962)

Abb. 2:
Cresge College, Santa Cruz, Kalifornien (1965–1972)

Abb. 3:
Burns-Haus, Santa Monica, Kalifornien (1972)

mehr der Versuch zu zeigen, daß sich viel verändert hat, daß aber auch vieles gleich geblieben ist. Mies' Farnsworth House, ein Pavillon, der auf Stützen steht, unterscheidet sich nicht so sehr von einem Haus, das ich für mich selbst in Orinda gebaut habe, obwohl dieses Haus mehr mit dem Boden verwachsen ist und eine Reihe von Symmetrien aufnimmt.

Bei Mies' College in Chicago wie beim Cresge College von Moore, Lyndon, Turnbull und Whitaker in Santa Cruz wird versucht, die Anlage zu ordnen. Mies' Versuch kommt aus der Einführung eines geometrischen Moduls, eines geometrischen Musters; unser eigener Ordnungsversuch entsteht durch die Einführung einer Straße, in der, wie wir meinen, sich die Menschen als Mittelpunkt fühlen können.

Zwei Häuser, wovon das eine, die Villa Savoie, auf Stützen steht, mit einem Dachgarten, einem Thema, auf das wir noch zurückkommen werden. Die Villa ist einerseits vom Gelände unabhängig, andererseits bewältigt sie es. Das andere Haus, das Burns Haus, von mir entworfen, liegt am Santa Monica Canyon, ist sehr viel stärker mit dem Erdboden verbunden und macht allerlei Anstrengungen, sich dem Kontext anzupassen, ein Teil der Nachbarschaft zu sein, wobei die Umgebung aus einem Dutzend eingeschossiger Häuser besteht, während dieses dreigeschossig ist.

Die fünf Punkte von Le Corbusier den meinen gegenübergestellt:
L. C.: Das Gebäude sollte auf Stützen stehen.
C. M.: Das Gebäude sollte mehr mit dem Erdboden verwachsen sein.
L. C.: Das Gebäude sollte einen Dachgarten haben.
C. M.: Das Gebäude könnte ein Dach haben.
L. C. proklamiert einen freien Grundriß, ich sage, daß der Grundriß geordnet und hierarchisch sein soll.
L. C. proklamiert horizontale Fensterbänder, ich sage,

Abb. 1

Abb. 2

Abb. 3

Abb. 4–6:
Projektstudie Weißenhof, Stuttgart (1981)

Abb. 4

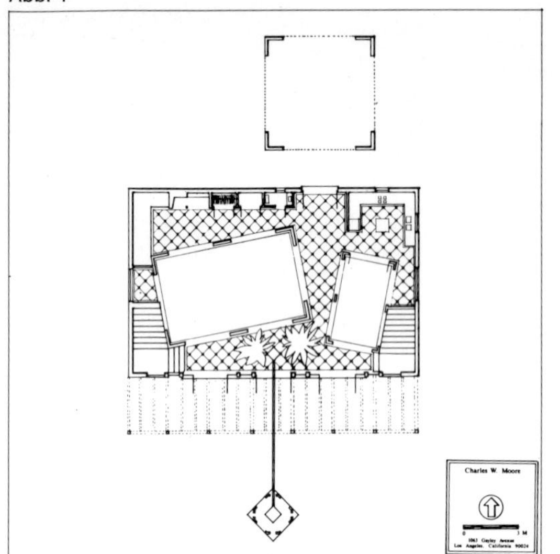

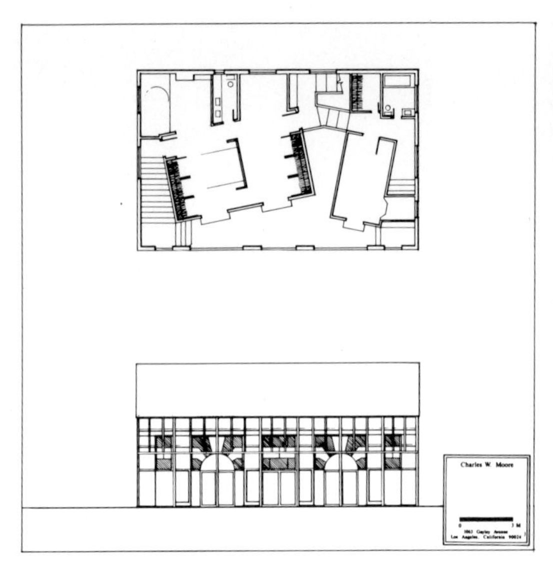

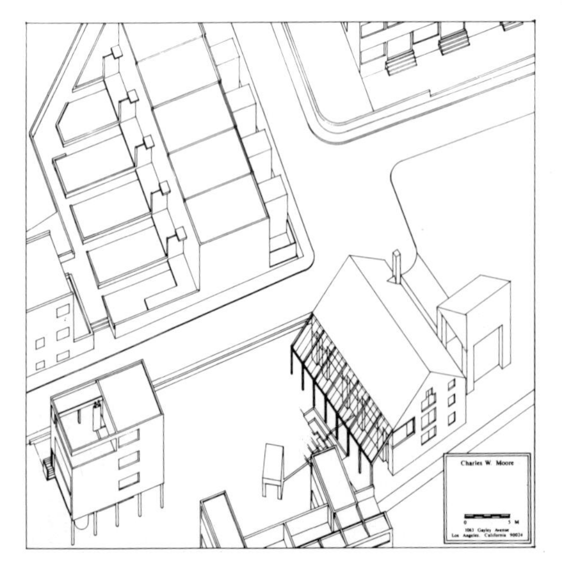

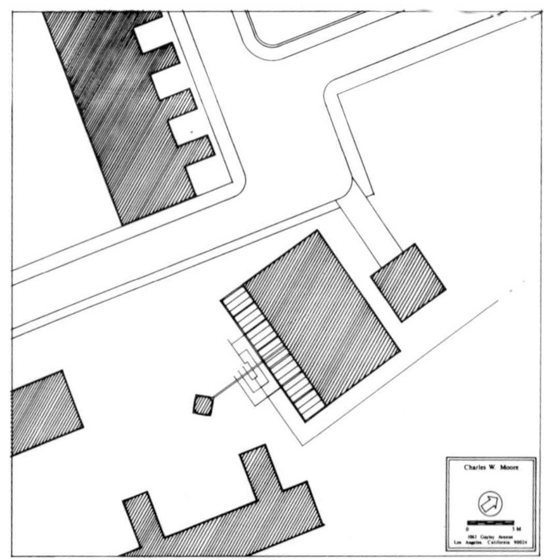

Abb. 5

Abb. 6

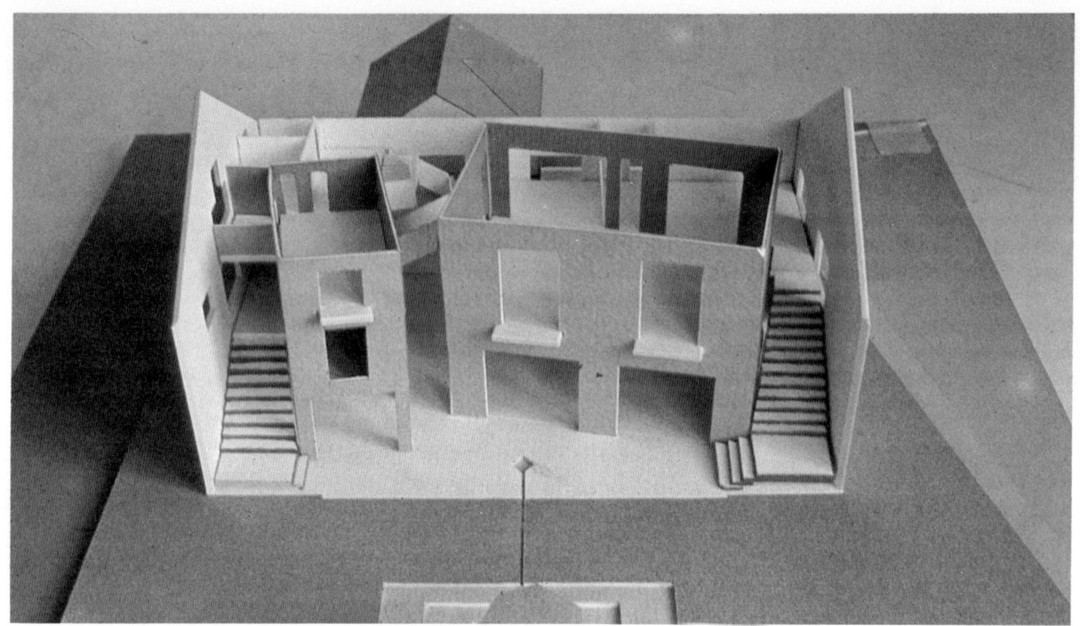

Abb. 7

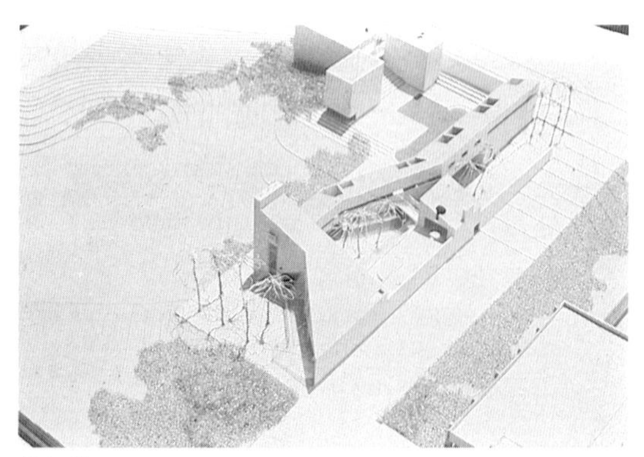

Abb. 8

Abb. 9

Abb. 7:
Projektstudie Weißenhof, Stuttgart
(1981)

Abb. 8–11:
Faculty Club, Santa Barbara,
Kalifornien (1966)

daß die Fenster entsprechend den menschlichen Bedürfnissen dimensioniert sein sollten.
L. C. proklamiert eine freie Fassade, ich sage, daß die Fassade geordnet und reich an ideellen Bezugspunkten sein sollte.

Wir wollen diese Punkte im einzelnen durchgehen, anhand von Bildern meines Entwurfs für die Weißenhofsiedlung.

Punkt 1:

Unser Haus, ein „Nachzügler“ für die Weißenhofsiedlung, macht die fünf Punkte, die ich aufliste, deutlich. Der Entwurf umfaßt eine Garage, einen Garten, der nicht dargestellt ist, und ein Haus. Dieses Haus besteht aus einem einfachen Kubus, der an den Stirnseiten ungewöhnlich unattraktiv ist, und zwei eingestellten Kuben, die gegenüber dem äußeren verdreht sind, um die Unterschiedlichkeit von diesem zu betonen. Der eine der beiden inneren Kuben besteht aus einem zweigeschossigen Wohnraum mit einem Elternschlafzimmer darüber. In dem anderen Kubus sind die kleineren Räume, Speiseraum mit Küche, Arbeitszimmer mit Couch und darüber noch einmal ein Arbeitszimmer untergebracht. Die letzte Ebene zeigt der Plan jedoch nicht. Wie schon vorher erwähnt, als Venturi zitiert wurde, sollten hier keine funktionalen Aspekte zur Sprache gebracht werden, denn wir alle denken ja über uns selbst als über jemanden, der 95% der Zeit funktional denkt, um den funktionalen Anforderungen zu genügen. Erst dann kommen wir zu dem Vergnügen, symbolische, historische oder sonstige Bezüge herzustellen, die für eine Beschreibung unserer Zeit wichtig sind. Das Farnsworth House ist sehr sorgfältig vom Gelände, einer Wiese, abgehoben, die an einem Fluß liegt und einen sehr schönen Baumbestand hat. Das Haus soll gewissermaßen auf dieser Wiese schweben.

Das Haus für die Weißenhofsiedlung ist mit Sinnbildern gekoppelt, die an viele andere Orte erinnern, wie das kleine Rinnsal, das aus einem Brunnen innerhalb des Hauses in einen kleinen Pavillon fließt; auch ein Mittel, um das Gebäude stärker mit dem Boden zu verbinden.

Abb. 10

Abb. 12:
Schinkel-Wettbewerb (1979)

Abb. 11

Abb. 12

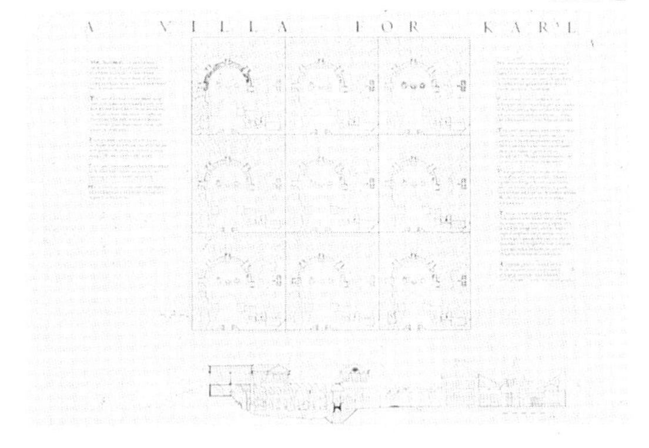

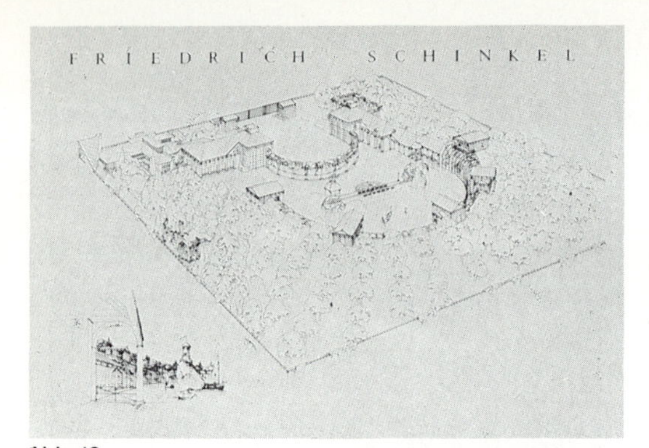

Abb. 13

Abb. 16

Abb. 14

Abb. 17

Abb. 13:
Schinkel-Wettbewerb (1979)

Abb. 14:
Rodes-Haus, Kalifornien (1976)

Abb. 15–17:
Johnson-Haus, Sea Ranch, Kalifornien (1965)

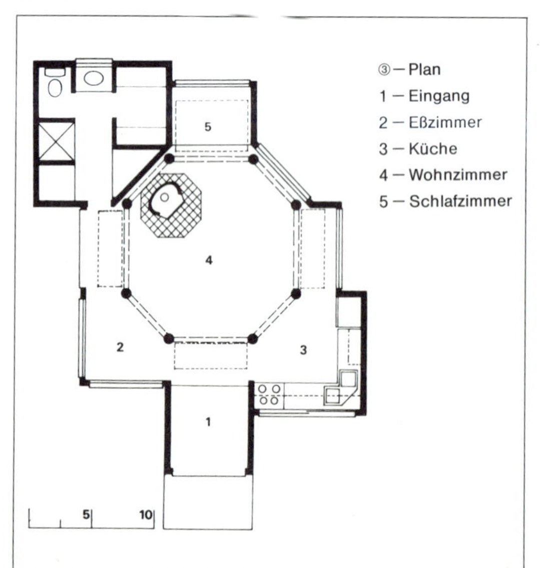

Abb. 15

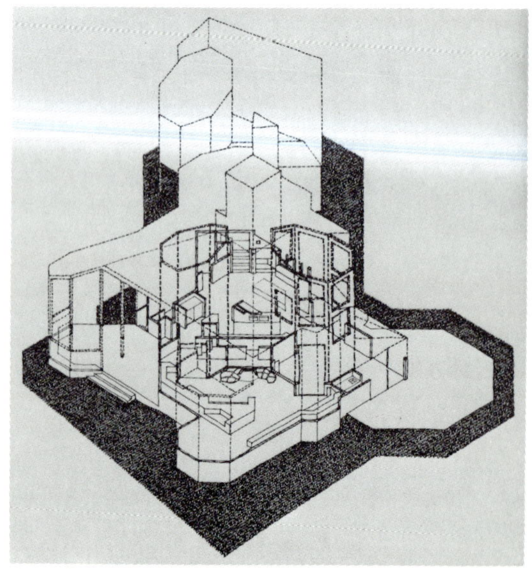
Abb. 18

Durch die kleinen Niveauunterschiede versuchte ich, das Haus so weit wie möglich in den gegebenen Rahmen einzubinden. Es gibt eine Menge Fragen bei der Planung eines solchen Hauses an solch einem Ort, wenn es gleichzeitig auch zeigen soll, was wir meinen. Wir trafen einige Entscheidungen, die wir nicht getroffen hätten, wenn wir angenommen hätten, daß dieses Haus gebaut werden würde. Das geneigte Dach zum Beispiel entstand, um den Unterschied zwischen Le Corbusier und uns aufzuzeigen. Wir könnten genauso gut gesagt haben, daß, da wir ja am Kontext interessiert sind, es passender wäre, ein Flachdach zu bauen, denn die ursprünglichen Regeln verlangten dies ja. Wenn wir dieses Haus bauen würden, bekäme es ein Flachdach.

Schon früher bemühten wir uns, die Gebäude mit dem Erdboden verwachsen zu lassen. Beim „Faculty Club" in Santa Barbara, bei dem das Grundstück zu einer Lagune hin abfällt, unterscheiden sich die gesamten Außenanlagen in ihrer Art deutlich vom übrigen Grundstück. Sie bilden zusammen mit dem Gebäude eine Einheit. Wir sind stolz auf den Kinderpool, der nicht nur für die Kinder da ist, sondern auch für die Vögel. Wir wußten nicht, daß er auch für die Vögel nützlich sein könnte, jedoch die Vorstellung, daß wir einen Ort schaffen konnten, der sowohl für Vögel als auch für Menschen bewohnbar ist, machte uns ein wenig stolz. Der Innenhof dieses Gebäudes zeigt wiederum den Versuch, etwas zu schaffen, was mit dem Boden verbunden ist, auf jedwede Weise, die wir uns vorstellen konnten. Ich versuchte, Antiquitäten von reichen alten Einwohnern in Santa Barbara zu bekommen, es gibt dort eine Menge davon, um sie in dem Gebäude an Wänden und Decken anzubringen. Als wir dann einen spanischen Brunnen ausleihen wollten, war keiner zu bekommen, und so bauten wir selbst einen, aus Beton, und malten darauf eine Blume oder einen Garten oder sonst etwas. Darauf brachten wir einen Gartensprenger an, einen, der vor und zurückschwingt und so den Garten bewässert. Dieses Gerät diente uns als Quelle für den Brunnen.

Bei dem Wettbewerb, der vor zwei Jahren von der Zeitschrift „Japan Architect" ausgeschrieben wurde, war James Stirling der Juror. Es galt, ein Haus für K. F.

Abb. 19

Abb. 20

Abb. 18–20:
Klotz-Haus, Rhode Island (1967/68)

Abb. 21:
St. Simons Island, Georgia (1972)

Abb. 21

Abb. 22

Abb. 23

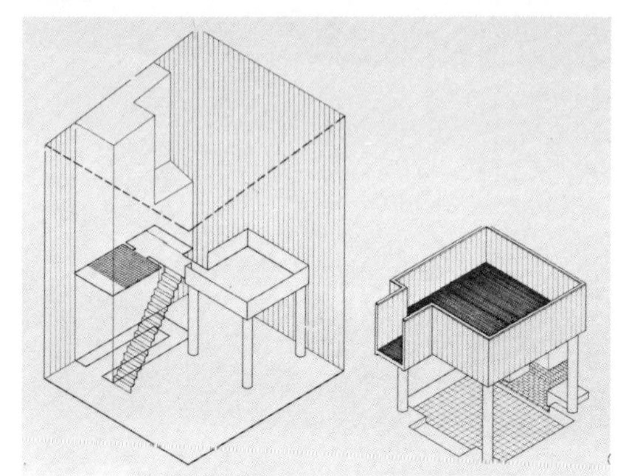
Abb. 24 a

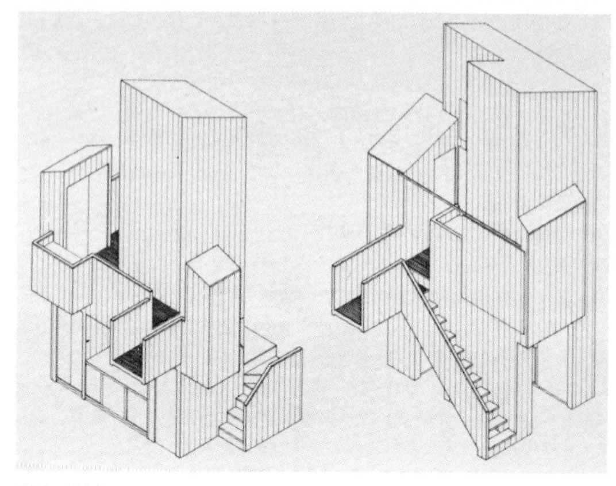
Abb. 24 b

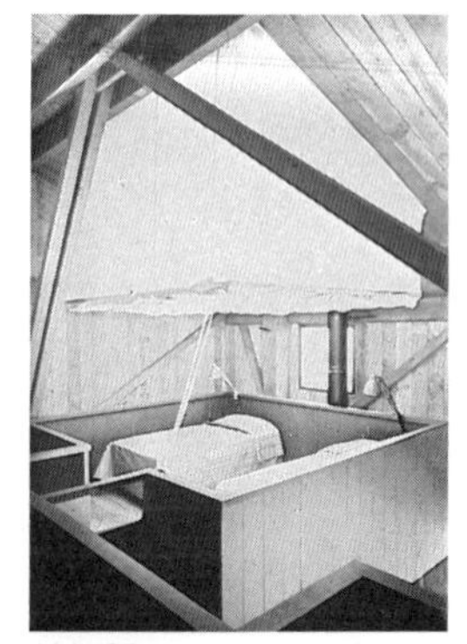
Abb. 25

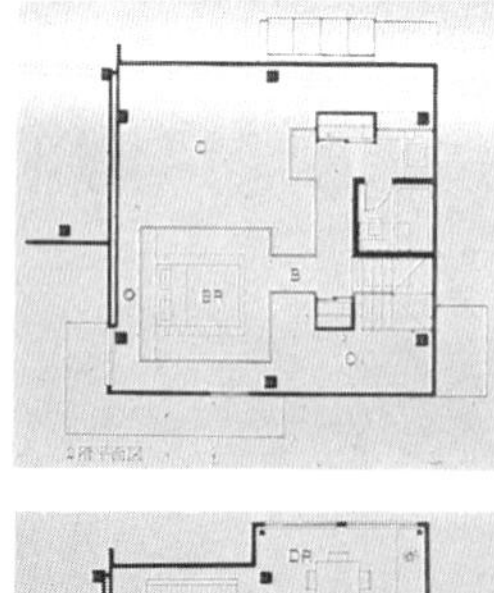

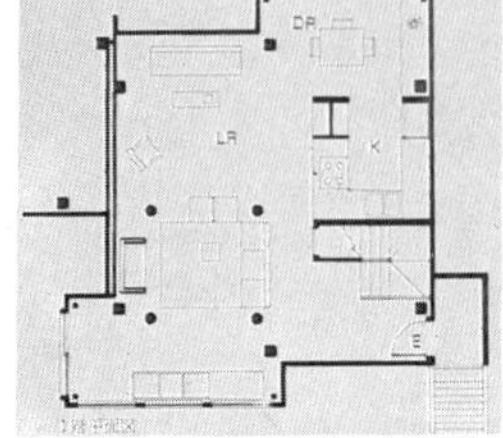

Abb. 26

Abb. 22:
St. Simons Island, Georgia (1972)

Abb. 23:
Projektstudie Weißenhof, Stuttgart (1981)

Abb. 24–26:
Sea Ranch Condominium Nr. 1, Aedicula, Sea Ranch, Kalifornien (1964/65)

Schinkel zu entwerfen. Ich nahm an, daß Stirling sich diesen Wettbewerb für mich ausgedacht hatte, da wir beide einen Großteil unserer Zeit darauf verwendet haben, uns in unserer Bewunderung für K. F. Schinkel zu überbieten. Unser nicht prämierter Beitrag sieht eine Reihe von Pavillons mit einem dahinterliegenden Gewächshaus vor, so daß ein passives Solarsystem des zwanzigsten Jahrhunderts die Schlafräume aller Familienmitglieder beheizen kann. Die Wärme wird mittels einer Art von romantischen Türmen auf den Hügeln und durch Brunnen, die aus der Villa Julia entspringen, in die Speise- und Wohnräume geleitet. Der Turm auf der Spitze des Hügels soll in einem praktischen, funktionierenden und auch romantischen Rahmen ein paar von Schinkels Schwärmereien mit einbeziehen.

Punkt 2:

Beim Rodes-Haus versuchte ich, Symmetrie und ein fast flaches Dach zu realisieren. Tatsächlich liegt das Haus nicht, wie es scheint, in einem Orangenhain, sondern ist über einen Canyon gespannt. Der Canyon wurde aufgefüllt, da der Besitzer sich ein Haus im südfranzösischen Stil, mit einem Orangenhain davor, wünschte.

Beim Johnson-Haus auf der Sea-Ranch läßt sich eine unserer Lieblingsideen verdeutlichen: ein unregelmäßiger Grundriß, der besondere Beachtung all den Dingen schenkt, die in einem sehr kleinen Haus geschehen müssen, mit einem regelmäßigen, zentralen Oktogon und einem Pyramidendach genau über diesem Oktogon.

Das Klotz-Haus in Rhode Island, das vor einigen Jahren entstand, zeigt einen Grundriß, der aus einer Addition vertikaler, die ganze Höhe des Hauses einnehmender Räume sowie einer Veranda besteht. Dieses Haus ist wiederum eine sehr viel größere Version jener Pyramide, die wir schon bei dem Haus in Kalifornien auf der Sea Ranch sahen. Ganz oben beim Kamin ist das Dach angehoben, damit mehr Licht einfällt. Als das Haus fertig war, wollten die Besitzer eine Garage anbauen, und ich hatte keine Ahnung, wie ich die Traufkante fortführen könnte, ohne daß sie auf dem Boden aufkäme und es unmöglich wäre, einen großen Wagen darin zu par-

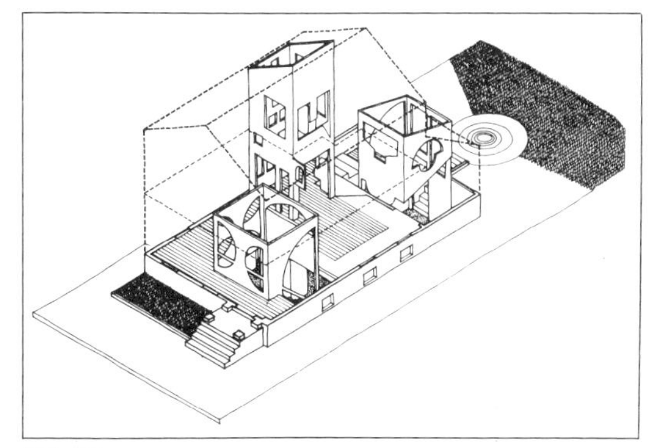

Abb. 27

Abb. 28

Abb. 27 und 28:
Moore-Haus, New Haven, Connecticut (1966) Isometrie/Innenraum

Abb. 29:
Kew-Haus, Singapur (1980/81)

Abb. 29

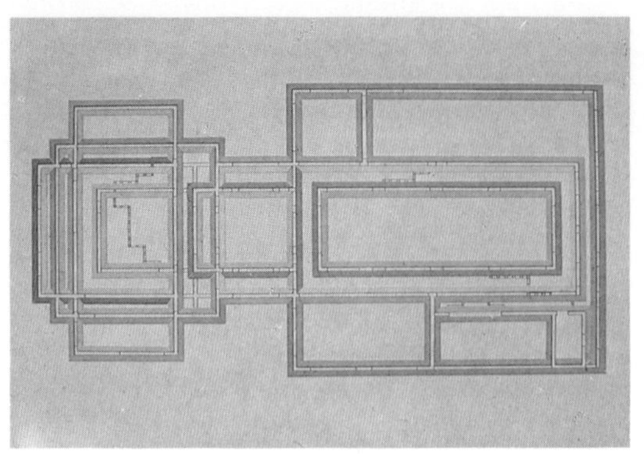
Abb. 30

Abb. 31

Abb. 32

Abb. 33

Abb. 30:
Kew House, Singapur
(1980/81)

Abb. 31 u. 32:
Projektstudie Weißenhof,
Stuttgart (1981)

Abb. 33:
Burns Haus, Santa Monica,
Kalifornien (1972)

Abb. 34 u. 35:
Sea Ranch Condominium
Sea Ranch, Kalifornien
(1964/65)

Abb. 34

Abb. 35

ken. Deshalb machten wir an der einen Ecke Spielereien, damit nicht zu sehen ist, wie damit das ganze System zerstört wird.

Beim St. Simons-Island-Projekt entstand ein noch größeres Dach, das Teil eines Hotels – an einem Strand in Georgia gelegen – ist. Es wurde jedoch nicht gebaut. Das Grundstück war ausgewiesen für ein Hotel, jedoch wollten einige der Nachbarn kein großes Gebäude, das drohend über ihnen stand. So hatten wir die Möglichkeit, mit dem Dach etwas zu machen: Mit seiner niedrigen, überdachten Veranda ließ es den Eindruck entstehen, ein guter Nachbar für die umliegenden Häuser zu sein. Gleichzeitig konnte das Haus ein Dach haben, das an die alten Häuser mit den großen Dachgauben aus der Umgebung erinnern und sich hinter den Sanddünen an der Küste verstecken würde. Dies gab uns die Möglichkeit, im Inneren etwas zu machen, was nichts mit dem Dach zu tun hatte. Ich meine, es war Aldo van Eyck, der es als erster aussprach, daß sich die modernen Architekten über Jahrzehnte hinaus selbst verwirrt hatten, indem sie versuchten, das Außen und das Innen gleich zu machen, wobei sie doch sehr unterschiedlich sind. Hier hatten wir die Chance, dies zu beweisen.

Punkt 3:

Das Haus für den Weißenhof mit seiner nach Süden orientierten Veranda wird im Sommer von dem sich hochrankenden Wein abgeschirmt und im Winter der Sonne ausgesetzt.

Was auch immer falsch sein mag an diesem Haus, der Grundriß zeigt sehr deutlich, was wir gewollt haben. Vom Eingang her hat man einen direkten Blick in den Garten. Rechts ein offener Pavillon, als Wohnraum gedacht, in dem die Möblierung frei angeordnet werden kann. Der hintere Bereich ist so geordnet, wie es mein Lehrer Louis Kahn forderte, mit „dienenden" und „bedienten" Räumen. Im Süden dann eine Art Glashaus, nicht sehr groß, aber zu den Pavillons hin geöffnet, damit der Raum nicht zu eng wirkt. Die Bedeutung und die Klarheit dieser Pavillons wird durch ihre Dreidimensio-

Abb. 36

Abb. 37

Abb. 36 u. 37:
Haus in der Nähe von
New York (1973)

Abb. 38 u. 39:
Cresge College, Santa Cruz,
Kalifornien (1965–1972)

Abb. 38

Abb. 39

Abb. 40–43:
Kingsmill Housing, Williamsburg Virginia (1974)

Abb. 40

Abb. 41

Abb. 42

Abb. 43

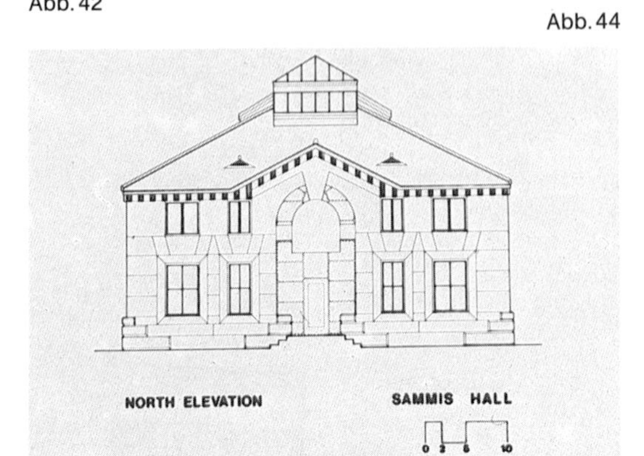

Abb. 44

Abb. 45

nalität noch gesteigert. Der größere ist zweigeschossig, der Wohnraum auf der unteren Ebene, das Elternschlafzimmer auf der oberen. Der kleinere Pavillon ist dreigeschossig, mit Speisezimmer und zwei Kinderzimmern darüber.

Um den Grundriß noch stärker zu ordnen, versuchte ich immer wieder, das Innere in Schichten aufzubauen. Vor zwanzig Jahren waren meine Partner und ich sehr angeregt durch die „Aedicula", das kleine Haus, das den ägyptischen Pharaonen und den Heiligen als Behausung diente. Beim Condominium auf der Sea Ranch wollten wir diese Aedicula zum Zentrum des Hauses machen, unten der abgesenkte, offene Kamin, oben der Schlafbereich. Die zehn Einheiten sind alle ähnlich angeordnet, um den Innenraum in Schichten zu erleben. Mit Erkern und anderen Elementen wird das Innere dann immer mehr zum Außen. In meinem Condominium wurde das Dach auf der Aedicula von einem schwedischen Angestellten gebaut, und der behauptete, daß es einem Segelboot gleiche. Man kann es herunterrollen, und es besitzt einen Reißverschluß, so daß man eine Art von Rudolf-Valentino-Gefühl in dem Zelt bekommt. Das Thema Aedicula wurde in Varianten in den zehn anderen Wohnungen der Sea Ranch gebaut.

Vor langer Zeit baute ich für mich selbst ein sehr kleines altes Haus in New Haven um. Es hatte keinen Sinn, in jedem Geschoß alle Wände herauszureißen und einen einzigen Raum daraus zu machen, denn es würde immer ein kleiner Raum bleiben. Deshalb machte ich die Räume noch kleiner, aber höher. Die vertikalen Elemente sind unterschiedlich hoch und wurden aus zwei Lagen Sperrholz gefertigt und auf der Innenseite in hellen Farben gestrichen. Ihre Formen sind unvollständig, damit man sich in der Phantasie größere Formen, als sie in diesem Haus möglich wären, vorstellen kann. In jedem Fall sollten diese Objekte, diese vertikalen Räume, einem sehr komplizierten und engen Haus einige Bezüge und eine gewisse Ordnung geben.

Das Kew-Haus in Singapur wird zur Zeit gebaut. Dieses Haus wiederum ist voll von Paradoxa. Singapur ist eine sehr schöne Stadt, die aber immer zu heiß und zu feucht ist, um sich im Freien aufzuhalten. Die Menschen wollen jedoch gern das Gefühl des Draußen-

Abb. 46

Abb. 47

Abb. 44–47:
Sammis Hall, bei New York
(1980)

Abb. 48:
IBA-Wettbewerb
Tegeler Hafen Berlin
(1980),
Stand Januar 1981

Abb. 48

Abb. 49

Abb. 50

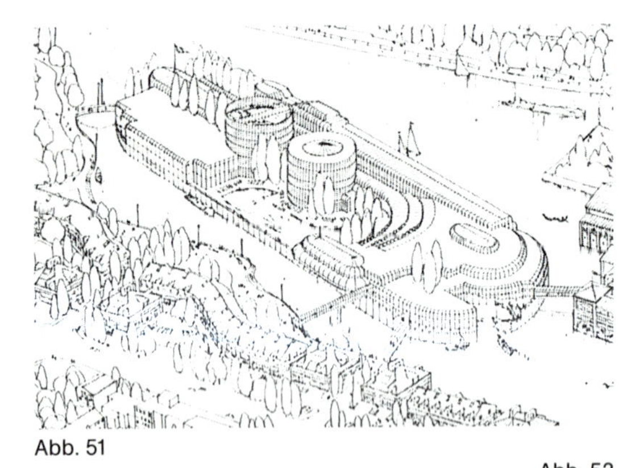

Abb. 51

Abb. 52

Abb. 53

Abb. 49–53:
IBA-Wettbewerb Tegeler Hafen Berlin (1980)
Stand Januar 1981

seins haben, auch wenn sie in Wirklichkeit drinnen sind, da, wo die Klimaanlage läuft. Dies ist ein Versuch, mit Räumen und vor allem mit Farben dieses Gefühl zu vermitteln.

Punkt 4:

Bei unserem Weißenhofbeitrag sind die Fenster erstaunlich anspruchsvoll mit allzu offensichtlichen Zitaten und einem Rhythmus aus offenen und geschlossenen Elementen, um das Glas stärker hervorzuheben. Durch die Laube liegt die ganze Front während des Sommers im Schatten.

Beim Burns Haus in Kalifornien ist das Gefühl der Verbindung des Inneren mit dem Bereich um das Schwimmbecken von großer Bedeutung. Französische Türen, die ganz zu öffnen sind, vermitteln dieses Gefühl eher als etwa Schiebe- oder sonstige Türen.

Die Anlage auf der Sea Ranch war einer unserer frühen Versuche, Fenster zu machen, die so weit wie möglich darauf eingingen, wo die Menschen was taten. Dies kollidierte oft mit der Konstruktion im Inneren, die zum Beispiel in meinem Condominium genau vor dem Fenster steht. Wir waren jedoch der Ansicht, daß es richtig wäre, diesen Konflikt zu zeigen.

Große Fenster, „Two over two", „Guillotine-Fenster", erinnerten den Besitzer des Hauses in der Nähe von New York und auch mich an die Jugendzeit in Mittelamerika vor etwa 50 Jahren. Zu dieser Zeit sahen die meisten Fenster in dem Teil des Landes, aus dem wir beide kommen, so aus. Wir machten aus den „Two over two"-Fenstern „two over two over two", was wiederum Erinnerungen an Thomas Jefferson wachruft, der diese Art Fenster erfand. Wir teilten die Fenster so auf, daß sie auf der einen Seite des Hauses wie bei einem gewöhnlichen Haus in Ohio aussehen, um die Ecke dann an Jefferson erinnern mit all den tanzenden Fenstern, die etwas repräsentieren, was wir nicht kennen. Aber wir wissen, daß es großartig ist.

Punkt 5:

Das Projekt für die Weißenhofsiedlung zeigt den Versuch, die Fassade mit durchsichtigem und undurchsichtigem Glas wie eine mit Bossenwerk verzierte Wand erscheinen zu lassen. Das ist sehr schwer, weil Michael Graves dies schon getan hat. Beim Cresge College konnten wir wegen des sehr kleinen Budgets nur „4 x 4"-Schiebefenster mit Aluminiumrahmen nehmen. Dies sind die billigsten Fenster pro qm, und wir benutzen nur diese Art. Da wir uns jedoch bei diesem großen Gebäude nicht damit begnügen wollten, brachten wir vor den Balkonen Paneele an, gleich hoch, jedoch so ausgeschnitten, daß ein komplexer, synkopierter Rhythmus entsteht, wenn man die Hauptstraße entlanggeht. Wir verwendeten auch die billigsten Schiebetüren, die auf dem Markt waren. Damit und mit den „4 x 4"-Fenstern spielten wir, multiplizierten sie, addierten sie. Ich nehme an, daß man dies im Sinne von Le Corbusier auch eine freie Fassade nennen könnte.

Beim Projekt „Kingsmill Housing" in Williamsburg, Virginia, war es unsere Aufgabe, mit den Fenstern den geschichtlichen Bezug herzustellen, warum Menschen nach Williamsburg kommen. Williamsburg ist eine Stadt, die von der Rockefeller Foundation im Stile der Zeit vor dreihundert Jahren wiederaufgebaut wurde. Wir fanden heraus, als wir uns damit beschäftigten, daß die Fenster den Menschen sehr viel mehr bedeuteten, als nur Licht ins Innere zu lassen. Bei einer einfachen Gaube zum Beispiel sagten die Klienten, sie sähe zu kolonial aus, und so fügten wir etwas hinzu, worauf sie meinten, nun sähe sie sehr viel moderner aus.

Von dem Projekt Sammis Hall habe ich im gebauten Zustand noch keine Bilder. Sie ist für Wissenschaftler bestimmt und liegt auf einem großen Grundstück auf Long Island. Große wissenschaftliche Kongresse finden hier statt, und wir mußten 60 Zimmer vorsehen. Wir hätten einen Motelflügel entwerfen können, jedoch haben wir davon schon zu viele gesehen. Und so entstand dieses Projekt für weniger Geld. Es hat eine sehr hohe Mitte, lichtdurchflutet, und zeigt wiederum den Versuch, heimische, mittelamerikanische „two over two"-Fenster in der Fassade zu haben. Wir versuchten, mit Stuck um die Fenster Erinnerungen an Palladio zu wekken, die der Klient so sehr wünschte. Später sagte man uns dann, daß es mehr wie eine amerikanische Eisenbahnstation aussähe, als wie eine palladianische Villa. Aber das gefiel uns auch. Mit Kniffen und Farben taten wir das, was wir uns mit den Fenstern selbst nicht leisten konnten: sie in der Wand groß erscheinen zu lassen.

Während ich für die Erfüllung der funktionalen Aspekte mit 95% der Bearbeitungszeit plädierte, dachte ich an die Häuser in Williamsburg. Was ich hier zeige, ist das Äußere, jedoch mußte jeder Schrank im Inneren in mindestens drei verschiedenen Ausschüssen besprochen werden, und er ist genau so, wie er gewünscht wurde.

Die letzten Bilder sind von unserem Wettbewerbsbeitrag für einen der IBA-Wettbewerbe in Berlin am Tegeler Hafen. Herrn Peichls Phosphat-Eliminationsanlage liegt am einen Ende des Geländes und dient dazu, das Wasser zu klären, damit man sich wieder dem Tegeler Hafen nähern kann. Unser Beitrag sieht an der kleinen Lagune das kulturelle Zentrum vor, im Maßstab bewußt klein gehalten. Die verschiedenen Funktionen wurden in unterschiedlichen Gebäuden verteilt, wie zum Beispiel der Aufzug in einem Turm. Für das Freizeitzentrum wandten wir die entgegengesetzte Strategie an, denn es muß viele aktive Menschen aufnehmen, und es befindet sich gleich neben den Wohnungen. Deshalb verfrachteten wir sie auf ein Boot, auf ein Schiff im Wasser.

Der Grund dafür ist, daß in tropischen Häfen, aber auch in nichttropischen, manchmal sehr kleine Hafenstädte mit Tausenden von Menschen fertig werden müssen. Die sind auf einem Schiff vor der Küste und würden, auf den Ort losgelassen, Unruhe hervorrufen. Deshalb versuchten wir, unser Freizeitschiff, auf dem man auch im Winter herumschlendern kann, separat von den Wohnungen zu halten. Am Ende unserer Wohnbebauung steht ein hohes Gebäude, das Verbindung zu den schon bestehenden Gebäuden aufnimmt.

In dem langen Gebäude innerhalb des Kulturzentrums befindet sich die Bibliothek, die eine lange und schmale Form hat, um viel Licht von Süden einzufangen. Dadurch ist der Raum sehr hell, die Bücher jedoch sind dem direkten Sonnenlicht nicht ausgesetzt. Mit der Abendschule und dem Turm hofften wir, im Rahmen einer angemessenen und funktionellen Lösung an Karl Friedrich Schinkel erinnern zu können, anstatt eine Art von Lagerhaus zu entwerfen, was es ja auch hätte sein können.

Das war's. Fünfzig Jahre nach der Weißenhofsiedlung stehen uns heute Technologien zur Verfügung, die die Menschen damals nicht kannten oder die für sie uninteressant waren. Wir müssen heute mit Problemen einer zunehmenden Entfremdung und Freudlosigkeit fertigwerden, die damals nicht so gegeben waren. Ich hoffe, nicht als jemand angesehen zu werden, der auf gewisse Weise die Leistungen dieser Tage ignoriert. Ich versuche vielmehr, wie die Chinesen, die in ihrer Vorstellung von Yin und Yang immer darüber reden, gegensätzliche, jedoch sich ergänzende Stücke zu einem Ganzen zusammenzufügen, Dinge, die vor 50 Jahren auf dem Weißenhof oder sonstwo begonnen wurden, zu ergänzen. Ich rechne mit einigen Kollegen, die in naher Zukunft kommen werden und alles wieder umkehren; vielleicht kommt das Flachdach wieder.

Sensibel – funktionell, ausdrucksstark!

Walter Förderer

WALTER FÖRDERER, 1928 geboren, gehört zu jenen ganz wenigen Architekten, die sich schon Anfang der sechziger Jahre kritisch zum damaligen Architekturgeschehen äußerten. Er schrieb zusammen mit Lucius Burckhardt 1968 das vieldiskutierte Buch „Bauen, ein Prozeß". Walter Förderer kam über die Bildhauerei zur Architektur und ist heute als Lehrer an der Staatlichen Akademie für Bildende Kunst in Karlsruhe tätig. Von seinen Bauten sind zu nennen: Hochschule für Wirtschafts- und Sozialwissenschaften in St. Gallen, Schulbauten in Aesch und Basel und vor allem Kirchenbauten wie St. Nicolas in Hérémence. Walter Förderer sieht Architektur und Kunst stets im Zusammenhang und betrachtet Architektur als Kunst.

Ich habe heute drei Erlebnisse gehabt, die mich tief betroffen haben. Einmal die Erinnerung an die eigene Vergangenheit – alte Auseinandersetzungen sind in mir wieder aufgebrochen, als ich Max Bill und Alfred Roth hörte. Ein zweites Erlebnis war für mich Zbigniew Pininski. Es hat mich tief bewegt zu sehen, wie jemand aus seiner Situation heraus zu uns kommt und uns in einer mutigen Art und Weise, wie ich das nie erwartet hätte, darstellt, wie er versucht, mit seiner Person allein unseren Pluralismus zu verarbeiten. Etwas, wie ich meine, das für Studenten besonders bedenkenswert wäre, in der Zeit ihres Studiums, wo es darum geht, daß jeder einzelne sich selber findet, seine eigene Beschränktheit, seine eigenen Möglichkeiten erfährt. Und da meine ich, hat Pininski Außerordentliches geleistet, indem er als gestandener Architekt eine Phase vor uns entwickelt hat, die eigentlich in die studentische Zeit gehört: Ich meine, den Pluralismus in der eigenen Person voll zu bewältigen, das ist kaum möglich. Aber ich danke ihm dafür, daß er uns gezeigt hat, daß es gestandene Männer gibt, die es trotzdem versuchen.

Tief bewegt hat mich auch zu sehen, was Charles Moore gebaut hat. Ich glaube, viele von Ihnen wissen, daß ich das Heu nicht auf derselben Bühne habe. Aber beeindruckt bin ich von der Vielfalt seiner Äußerungen zu einem Thema. Beeindruckt bin ich, wie wenig doktrinär er eigentlich ist. Beeindruckt bin ich zu sehen, daß er den Mut hat, uns Dinge vorzustellen, von denen er auf Grund seiner Erfahrung mit Europa wissen muß, daß sie uns nur mit Abstand berühren. Dafür Dank, daß er sie trotzdem vorgestellt und nicht eine Selektion getroffen hat.

Ich möchte da beginnen, wo die Studenten mit der Diskussion in der Ausstellung angefangen haben. Dort habe ich mit Spray einen Satz hingeschrieben gesehen, der mich sehr an meine eigene Jugendzeit erinnert hat: „Wir wollen die anarchische Unordnung unserer Träume bauen." Ich hoffe, daß in der Diskussion dieser Mann oder

diese Frau, die das hingeschrieben hat, sich hier meldet, so daß wir dann erfahren können, was dieser Mensch denn tatsächlich macht. Für mich wäre es eine große Enttäuschung, wenn das bereits ein angepaßter Mensch wäre, einer der aufs Diplom hin das Geordnete macht. Dieser Satz hat mich deshalb so bewegt, weil er mich zurückgerufen hat in die Auseinandersetzung mit der Position der „Ordnungsgeber", wie wir sie heute von Max Bill und Alfred Roth vorgetragen bekommen haben. Meine lieben Schweizer Kollegen: Eure Äußerungen habe ich vor dreißig Jahren mit offenen Ohren als ein Lernender entgegengenommen. Ich habe hingehört, und ich habe vieles betrachtet von dem, was ihr angesprochen hattet, und es hat mich betroffen gemacht zu sehen, was geleistet worden ist in der Zeit, als ich noch ein Kind war. Und es hat mich heute wieder betroffen, zu sehen, daß ihr beide so standhaft 30 Jahre älter geworden und bei derselben Meinung geblieben seid.

Ich würde da ansetzen, wo meine Betroffenheit mit der Moderne begonnen hat. Es war zu Anfang der dreißiger Jahre, als ich noch ein ganz kleiner Bub in Schaffhausen war, einer alten Stadt mit wechselnden Straßenbildern, alt in jedem Fall. Da stand ich plötzlich an der Hand meiner Mutter still, wie ein junger Hund. Sie versuchte, mich weiter zu zerren – ich blieb stehen. Sie war durch nichts betroffen, ich aber sehr wohl. Da stand ein wunderschönes Automobil. Man hat mir später gesagt, als ich das einmal jemandem erzählt habe, daß das ein „Horch" gewesen sei. Ein weißes Auto mit riesigem Kühler, mit wunderschönen, verchromten Schläuchen, die vorne herauskamen, mit aufgeschnallten Rädern; ein Ding von einer Schönheit – ich war als kleiner Bub ganz fasziniert. Das hat mir für's Leben gelangt; ich habe nie Autofahren gelernt! Aber das war ein Schlüsselerlebnis für mich. Ich hatte damals eine Erfahrung damit gemacht, wie schön Technik sein kann. Ich habe sie im Kontext erfahren mit der alten Stube, in meinem kleinen Hirn, und in den alten Häusern. Ich habe gesehen, daß da etwas aufbricht, etwas passiert. Ich hab's nicht begriffen, aber getroffen war ich davon. Und Jahre später, als ich „Vers une Architecture" selber gelesen habe, konnte ich Corbusier verstehen. Ich konnte die Faszination verstehen, die aus diesem Buch an einen herangetragen wird. Ich konnte verstehen, daß Corbusier schwärmte. Und dieses Schwärmen, das sollten wir ernst nehmen. Es ist damals etwas Neues gewollt worden, und wir sollten es vermeiden, diese deutsche Unart noch weiterhin zu pflegen, nämlich immer alle Dinge, die auf einen zukommen und die einen doch eigentlich überraschen – denn ohne, daß sie gemacht worden sind, wären sie gar nie Wirklichkeit geworden –, gleich zu kritisieren. Einmal bloß staunen, einmal bloß hingeben, einmal die Dinge auch wirklich erfahren wollen. Und dann im nachhinein vielleicht wieder, wenn man sich auf die eigene Arbeit besinnen muß – notwendigerweise –, dann sofort die nötige Distanz zu finden. So wie ich mit dem Auto, so braucht man nicht alle Dinge, die einen betroffen gemacht haben, die einem zutiefst eingegangen sind, auch in der eigenen Arbeit aufzunehmen. Ich sage das deshalb, weil ich meine, ein solcher Anlaß wie heute, wenn Sie einen Vortrag wie den von Charles Moore gehört haben, ist das etwas Beeindruckendes, aber auch Gefährliches für schwache Leute. Ich meine, mein Geschichtsverständnis geht dahin, daß das, was Charles Moore vorgestellt hat, sein Werk ist, etwas, was bereits geschaffen ist und an dem ich Freude habe. Und ich weiß, wie gut er die Dinge macht. Aber bitte, ich möchte von euch sehen, die ihr hier jung seid, was ihr in die Zukunft hinein an Überraschungen an mich herantragt, und nicht irgendwelche Kolportagen eines Schon-Geschehenen, eines Schon-Erlebten. Bleibt euch selbst treu!

Ich habe mir vorgenommen, diese Zeit hier nicht mit dem zu bestreiten, was ich weiß, sondern nur damit, was ich empfunden habe seit diesem Erlebnis mit dem Auto von der Moderne, über die Moderne hinweg bis heute. Ich möchte einmal erzählen, ganz schlicht, was ich empfunden habe in den letzten Jahrzehnten bis heute.

Die Auseinandersetzung damals in der Schule war so banal, wie es heute noch beklagt wird. Nichts hat mich eigentlich bewegt. Ich hatte bloß Sorgen. Aber dann fing's an, als ich herauskam und plötzlich Freiheit um mich spürte. Und die ganze Zeit, in der ich lernte, war das eigentlich ein stetes Versuchen, Dinge zu tun, von denen ich ahnungsweise wußte, daß sie mir schwerfielen. Ich habe immer versucht, mich an die Grenze meiner selbst zu bringen und das Versagen herauszufordern. Und dabei habe ich große Überraschungen erlebt. Ich habe Erfahrungen gemacht mit der Hand, begriffliche Dinge haben plötzlich ein eigenes Selbstverständnis bekommen. Ich habe zum Teil Dinge gelernt, die mich tatsächlich nichts angingen. Aber ich mußte sie erfahren haben, bevor ich wußte, daß sie mich nichts angingen. Damit wollte ich sagen (bitte keine vorschnelle Distanz): offene Ohren, offene Augen, vieles aufnehmen, aber nicht kolportieren.

Die Situation als Architekt: zuerst Bildhauerei, Begegnungen mit Großen der Bildhauerei, eine Erfahrung mit mir selbst. In der Zeit, in der ich lernte, wie ich es zuvor gesagt habe, war ich offen. Dann kam eine Zeit, wo ich meinte, in der Bildhauerei zu schaffen. Da wurde ich verschlossen.

Ich hatte keine Möglichkeit mehr, alles das um mich herum wahrzunehmen und wahrnehmen zu wollen, wenn ich mich auf das, was mein Anliegen war, konzentrieren wollte. Und damit entstand ein kolossaler Verlust. Ich verrannte mich, ich kam in eine Situation hinein, wo ich wirklich nicht mehr weiter wußte. Es entstanden Vorstellungen über dieses Versagen, von anderen Möglichkeiten, und sie bewahrheiteten sich im nachhinein. Und ich muß sagen, von der heutigen Zeit aus betrachtet, waren eigentlich immer die Situationen, bei denen ich an den Rand dessen kam, wo ich meinte, es sei zu Ende, die kreativsten. Ein großes Glück war, daß in der damaligen Zeit viele Wettbewerbe gemacht werden konnten. Und ich meine, wir müssen das heute sehen, wenn wir mit Jungen reden, daß sie dieses Maß an Hoffnung, in die Breite wirken zu können, wie wir es konnten, nicht mehr haben. Das sollte man ganz offen darlegen. Wir hatten damals die Möglichkeit, viele Wettbewerbe zu machen, viele zu verlieren, bis dann der erste gewonnen wurde. Dies war die Hochschule von St. Gallen. Was für Voraussetzungen hatte ich dazu? Es waren tatsächlich Vorstellungen, die über Mies van der Rohe gingen, Frank Lloyd Wright, Corbusier. Es war fast selbstverständlich in dieser Anfangsphase, daß ich mich vermehrt auf die Baumeisterlichkeit eines Mies van der Rohe stützte. Diese Ordnung von Mies hat einen tiefen Eindruck auf mich gemacht. Ich mußte dann aber erleben, daß ich auf dieser Ebene zu einer eigenartigen Monumentalität gelangte, zu einer Klassizität, die zwar allgemein verständlich, aber von mir aus gesehen ausdrucksarm war. Man könnte sagen, daß mit dieser Hochschule ein geradezu klassisches Äußeres aufgebaut wurde, das die Bedeutung dieser Hochschule von außen her suggerierte, daß es also von überkommenen Vorstellungen alter Formen her Bedeutung erlangte. Ich habe das nie richtig verstehen können und kann es auch heute noch nicht. Ich habe nichts gegen alte Formen, ich habe aber in meinem eigenen Tun erlebt, daß ich immer dann, wenn ich mich in ihrer Nähe bewegt habe, mich in Zwängen befand. Und da wurde ich kopfscheu.

Ich will die Hochschule nicht vertiefen. Dort hatte ich die Notwendigkeit früh eingesehen, daß mehr hinein mußte, als was ich mittels reiner architektonischer Ordnung zu geben vermochte, und hatte deshalb vor, Bildhauerei, Malerei bedeutender Leute von damals heranzuziehen. Max Bill und Lohse waren Leute, die ich damals nicht brauchen konnte – ich sage das in aller Offenheit –, weil sie in ihrer ganzen Haltung dem, was ich mit Architektur zu leisten vermochte, zu nahestanden. Ich brauchte, ahnungsweise, Leute, die etwas ganz anderes brachten, einen Tapiès, ich brauchte eine Ergänzung, ich brauchte eine eigengesetzliche Leistung anderer. Damals hatte ich ein großes Erlebnis, ich lernte über Kollegen Piranesi kennen. Piranesi hat mit seinen Blättern tiefen Eindruck auf mich gemacht. Mir wurde klar, daß mit diesen Blättern etwas Essentielles mit Hinblick auf Ausdruckshaftigkeit geleistet wurde. Ich bin der festen Überzeugung, daß tatsächlich nur über richtige, das heißt, auf einen bestimmten gewollten Ausdruck hin richtig inszenierte Raumfolgen, richtig inszenierte Lichtführung, richtig inszenierte Einfügung einer Baumasse, richtig organisierte Freiräumlichkeit ein wirklich entschiedener Ausdruck geleistet werden kann, der mehr ist, als aufgesetzte historische Zitate zu leisten vermögen. Ich zweifle sehr daran, daß letzteres der richtige Weg ist. Wenn von Menschlichkeit gesprochen wird im Zusammenhang mit diesen Zitaten, das kann ich überhaupt nicht verstehen. Mein Vater, ein Rohrschlosser, dem wären doch diese aufgemalten Bögen einfach komisch vorgekommen. Und ich kann nicht glauben, daß derartige formale Äußerlichkeiten allein schon genügen, um architektonischen Ausdruck zu leisten, wenn nicht – wie es bei Charles Moore der Fall ist – auch räumliche Entsprechungen, räumliche Inszenierungen geleistet werden. Und um die geht es. Es muß einer wissen, was er will mit Architektur; er muß seine eigene Neugierde entwickeln. Neugierde scheint offenbar zu banal zu sein. Es müsse mehr sein. Ich glaube, wir sollten den Mut haben, das zu leisten, worauf wir neugierig sind. In der Zeit, in der ich mich bewegen ließ, in den frühen fünfziger Jahren, mit Systematisierung, Typisierung, Reihungen zu arbeiten, habe ich nachher alle Teufelsmühe gehabt, endlich in diese Ordnungen hineinzukriegen, was mich eigentlich bewegte, warum ich eigentlich baute. Später habe ich anders angefangen. Ich habe angefangen, entlang diesen Ahnungen, diesen Neugierden, zu entwerfen und nur das hineinzunehmen, was ich notwendigerweise auf Übermittlung im ganzen Baugeschehen, im Hinblick auf Ökonomie und Machbarkeit im weitesten Sinne, brauchte. Was ist denn diese menschliche Absicht? Was ist dieses menschliche Wollen? Ich glaube, man sollte aufhören, so ganz detailliert den menschlichen Bedarf als Richtlinie zu nehmen. Man sollte sich vielleicht einmal darauf zurückbesinnen, was ursächlich menschliche Absichten, Wünschbarkeiten eigentlich sind. Und da meine ich, ist es richtig, wenn man effektive Werte ernst nimmt, wenn man akzeptiert, daß ein Mensch in einem Bau alles das an Sinnhaftigkeit sollte erfahren können, was in ihm an sinnhaften Möglichkeiten steckt. Es sollte niedrige Räume geben können, es sollte hohe Räume geben können, helle, weite, kalte, warme usw. Ich habe in der Zeit danach einen Mann wie Christian Hunzinger kennengelernt, der damals ganz seltsame Experimente am Genfer See machte. Einen Haufen Steine hat er abladen lassen, hat eine Villa in einem Park mit Mauern gebaut, hat seltsame Baueingaben gezeichnet im Regen, so daß nichts ganz klar war, hat immer Nachreichungen gemacht, entlang dem, was er mit seinen Mauern an Ort und Stelle entwickelte. Er war fest der Überzeugung, daß er in Partizipation mit den Maurern sein Haus erstellt hätte. Als ich ihm zugeschaut habe, habe ich natürlich gemeint, daß er eine äußerst suggestive Wirkung auf die Maurer hätte, und daß er tatsächlich etwas Besonderes zustande brächte, nicht wegen der Maurer, sondern wegen des Klimas, des Vorganges, in dem er diese Häuser baute.

Mich hat dabei die Idee fasziniert, in meine Bauten etwas von dem mit hineinzunehmen. Und so hatte ich damals in Äsch den Versuch gemacht, ganz bestimmte Formen, die mir vorschwebten, im Großen hinzubetonieren; hängende, stehende, liegende. Und so entstanden ganz interessante Formen. Und die mitarbeitenden Maurer hatten Freude daran. Es ist mir natürlich klar geworden, daß das kein Weg zur weiteren Entwicklung, aber immerhin ein Ansatz zur Partizipation war. Ich habe es später dann über ganz entschieden geforderte Handwerklichkeit versucht. Handwerklichkeit im Schreinergewerbe, ganz anspruchsvolle Schreinerarbeiten usw. Es ging mir um die handwerkliche Wiedergewinnung von Fähigkeiten und Möglichkeiten, die mit dem Bau in Szene gebracht werden sollten. Ich habe da ein paar Fälle erlebt, wo ich positiv überrascht worden bin. Ich hatte, zum Beispiel, in einer Kirche in Liechtenstein das billigste Angebot einer Vorfertigungs-Firma, die Stühle machte. Ich war völlig überrascht, daß sie Bänke machen wollte, so kompliziert, wie ich sie da hatte. Im Gespräch stellte sich heraus, daß sie drauflegen wollten. Die wollten, daß sie diese Arbeit machen könnten in ihrem Betrieb, um ihren Schreinern einmal derartig anspruchsvolle Arbeit wieder zukommen zu lassen. Also ganz kleine Ansätze möglicher gegenseitiger Beeinflussung, bescheidene Dinge.

Ich habe viele Enttäuschungen miterlebt, aber immer entlang meines eigenen Versagens. Keinen einzigen Bau, den ich fertigstellen konnte, konnte ich zum Schluß, unmittelbar nach der Fertigstellung, noch einmal besuchen. Ich sah überall Dinge, Fehler, die mich beschäftigten; Dinge, die ich nicht bewältigt hatte. Mit der Zeit legte sich das. Es legte sich besonders deshalb, weil ich der Meinung war, daß es zur Entwicklung eines Architekten gehört. Ich meine damit eine innere Kontinuität.

Ich kann nicht glauben, daß Architektur von einem Mann entstehen kann, von Bau zu Bau immer wieder anders. Ich kann nicht glauben, daß formale Probleme, Ausdrucksprobleme, bautechnische Probleme, vielerlei Probleme, die sich mit dem Bauen ergeben, sich in einem Bau erschöpfen. Und damit komme ich zu etwas, was mich in meiner ganzen Architektenlaufbahn immer beschäftigt hat. Ich kam immer wieder an Aufgaben heran, die mit meinen jeweiligen Problemen nichts zu tun hatten. Da stellte sich die Frage für mich: Kann ich es mir leisten, diese Kontinuität einer ganz bestimmten gewollten Leistung, zu einer bestimmten Leistung hin, zu unterbrechen, indem ich ganz andere Dinge mache? Ich habe das jeweils abgelehnt. Ich habe stur versucht, Aufgaben zu gewinnen, die in einer ganz bestimmten, eben von Aufgabe zu Aufgabe mir weiterhin gestellten Problematik verblieben, um in der Kontinuität zu einer Gesamtvorstellung hin zu gelangen. Insgesamt geleitet hat mich dabei die Vorstellung, die ich in Opposition zu meinen Kollegen Roth und Bill und anderen in den frühen fünfziger Jahren entwickelt hatte: die Vorstellung von einem Gebilde hoher Zwecklosigkeit. Ich bin der festen Überzeugung gewesen, daß es gelingen sollte, in der Architektur äußerstes Ausdruckswollen zu realisieren. Ich war und bin heute noch der Meinung, man sollte sich einmal Klarheit verschaffen, wie man in die Zukunft hinein wirken will. Ich glaube, man kann die großen Massen, die auf uns zukommen, die vielerlei banalen Anliegen, die vorwiegend von betrieblich-organisatorischen Festlegungen bestimmt sind, nicht mit dem Anspruch, wie ich ihn zuvor geschildert habe, bewältigen. Ich glaube, wir werden – ob uns das jetzt paßt oder nicht – zu einer Differenzierung der Aufgabenstellung dahingehend kommen, daß wir eine vulgäre – ich sag's jetzt gerne bös' – Bauerei haben werden und daneben anspruchsvollere Bauten. Wenn dem so wäre – ich stelle das zur Diskussion –, müßten wir doch städtebauliche Konzeptionen entwickeln, die diese anspruchsvollen Bauten, die wir voll und ganz als verantwortliche Architekten dieser Zeit mittragen können, zu einer ganz besonderen Bedeutung gelangen lassen. Ich hatte 1964 einen derartigen Satz in einem Interview mit Lucius Burckhardt geschrieben. Ich hatte damals gefragt, ob es eigentlich richtig sei, wenn wir den Wohnungsbau so sehr als individuelle Leistung von Fall zu Fall zu betreiben versuchten; ob es nicht richtiger wäre, ganz bewußt einzugestehen, daß wir es hier mit einem Massenproblem zu tun haben, so wie Gropius es vor sich gesehen hatte, als er die Moderne im Hinblick auf Typisierung in die Wege leitete. Ich bin heute noch der Meinung, daß wir darum nicht herumkommen. Damals wurde ich ganz bös von Werner Moser angegangen, der mit seiner Wohnbebauung Neubühl in Zürich eine hervorragende Leistung erbracht hat. Posener: Als Gegenbeispiel zur Weißenhofsiedlung hätte gebracht werden können, als wirkliches Gegenbeispiel, Neubühl in Zürich. Ja, Werner Moser, Artaria und Schmidt und R. Steiger waren damit befaßt. Das war eine wirkliche Gegenleistung zum Weißenhof. Eine Siedlung, die bis in die heutige Zeit hinein ihre Bedeutung erhalten hat. Nur hat Werner Moser übersehen, daß das Wohnungsproblem in der Zwischenzeit, von Neubühl bis in die Zeit hinein, in der wir's diskutierten, 1964, bereits eine ganz gehörige Umpolung erfahren hat, indem die Masse in einem entscheidenden Maß Erfordernis Nummer 1, oder besser gesagt, Aufgabenbedingung Nummer 1 geworden ist. Ich habe in der Folge mit Interesse Arbeiten verfolgt von den Pionieren aus jener Zeit. Diese schweizerischen Fälle, die mit Neubühl zum Ausdruck kamen, die hatten eine ganz andere Diktion. Sie waren in einem eigenartigen Sinn realitätsnah. Die waren auch nicht so extrem auf eine ganz bestimmte formale Absicht hin angelegt, sondern die haben sich inspirieren lassen von dem, was an Grundsätzlichem aus der Moderne kam, haben es aber nicht in extremis vorgestellt. Die hatten tatsächlich in Neubühl das Wohnen zum Thema, und das Formale, das war das Rüstzeug, das ihnen in einer fast selbstverständlichen Weise – von heute her gesehen – zu Gebote stand.

Die Bedeutung des Weißenhofs lag darin, daß er mit extremen Beispielen eine Faszination und damit eine Bedeutung auslöste. Das sollten wir bei allem Intelligenten, das wir als Kritik dagegen anbringen können, nicht vergessen. Gerade diese extreme Äußerung hat stimuliert. Sie wurde aber im nachhinein an uns Junge fast apodiktisch herangetragen, ideologisch gefestigt von standhaften Männern wie Roth und Bill und Giedion, und hat das Gegenteil bewirkt. Und hat damit natürlich auch Folgen gehabt – positive Folgen meine ich –, indem unser Widerspruch herausgefordert worden ist. Ich konnte nicht einsehen, warum es nicht legitim sei, eine Stütze einzuführen und entlang der Stütze zum Beispiel eine Nut laufen zu lassen. Als mir Giedion damals in der Hochschule sagte, damit wäre ich wieder auf dem Weg zum Ornament, da konnte ich doch bloß lachen. Ich meine, derartige Fehler sind von unseren älteren Kollegen uns Jungen gegenüber gemacht worden. Und ich bin jetzt in dem Alter, in dem sie damals waren, und ich möchte diese Fehler nicht machen. Ich bin offen für alles, was sie an einzelnem an mich herantragen. Aber sie müssen sich's auch gefallen lassen, daß ich dann energisch widerspreche, wenn ich Zwanghaftigkeit sehe in der Leistung der einzelnen. Was mich bei Charles Moore so gefreut hat, ist doch das Legere, diese Freiheit, mit der er eine ganz bestimmte Auffassung vertritt; von Fall zu Fall offen für eine bestimmte Problematik, situationsbezogen, auch auf die Besonderheiten der Aufgabenstellung – selbstverständlich mit seiner Diktion – eingehend. Wogegen ich mich verwahre, ist, was hier jetzt in Deutschland zum Erfolg zu werden beginnt, wenn's die Jungen nicht vorzeitig merken: daß sie verschult werden sollen, daß es hier Leute gibt, die tatsächlich glauben, sie hätten das Recht, noch einmal Schule machen zu dürfen mit ganz bestimmten doktrinären Behauptungen. Denn wohin führt das? Seht ihr denn nicht, die ihr denen in Berlin nachlauft, daß ihr a priori zu Epigonen gemacht werdet? Daß ihr a priori zu Festlegungen gezwungen werden sollt, genötigt werden sollt – daß man euch nur Honig um den Bart schmiert, mit ganz bestimmten, in der Erscheinung äußerst einfachen Konzepten, die man immer und immer wieder unterstellt? Und ich bin nicht überrascht zu hören, von einem für mich seriösen Architekturlehrer, daß er ganz zwiespältige Erfahrungen gemacht hat auf Exkursionen und im Ergebnis danach.

Auf Exkursionen wurde ein Le Corbusier besucht; er wurde wahrgenommen, und er wurde auch als gut befunden. Es hat die Leute betroffen gemacht, einen ganz besonderen Klang in diesen Bauten erfahren zu haben; von dem haben sie gesprochen. Sie haben die Kirche in Hérémence besucht, haben einen wunderbaren Text geschrieben, ich war geradezu zu Tränen gerührt ob diesem schönen Text, den sie mir dann zukommen ließen. Und dazu hörte ich, daß die Diplomarbeiten alle von einer Idee her bestimmt waren, die sie auch besucht haben: Botta. Ein Hinweis darauf, daß Opportunität eine gefährliche Sache ist. Ich glaube, und da rede ich jetzt zu den Lehrern, wir sollten dahingehend Mut machen, daß wir viel mehr verunglückte Dinge entgegennehmen, daß wir viel mehr problematische Fälle auf uns zukommen lassen, daß wir es nicht mit den scheinheiligen Lösungen bewenden lassen. Es ist doch offensichtlich, daß ganz bestimmte Dinge, die im Vollzug sind, die in einer ganz bestimmten Masche geritten werden, eben einfacher, rezeptiver anzugehen sind als andere.

Und ich glaube, man müßte da ein wenig toleranter sein, müßte da vielleicht etliches, was nicht auf der Ebene dessen ist, was in einer Hochschule gut zu heißen ist, einmal tolerieren und den Studenten tatsächlich die Möglichkeit belassen, zu versuchen, zu probieren und sie nicht immer gleich auf die Nase fallen lassen. Sie sollen selber erfahren, wie weit sie auf Grund von Erfahrungen zu einer Lösung kommen und wie weit eben nicht. Und die Studenten sind unheimlich bewegliche Leute – so wie wir es auch gewesen sind. Die haben schon einen Riecher dafür, wo sie genügen und wo nicht. Aber wenn wir dieses Genügen immer gleich abdecken mit einer Bedeutung, alleine, ohne andere Beihilfen, glaube ich, werden wir nicht weiterkommen. Ich möchte mutige Junge haben, die uns mit Dingen konfrontieren, die uns Schwierigkeiten machen. Ich möchte Schwierigkeiten bekommen, viele Schwierigkeiten in der nächsten Zukunft, und Überraschungen erleben. Damit bin ich an einem Punkt, wo ich meine, daß ich noch etwas erwähnen sollte: Das einzige, was mich an der Entwicklung der Architektur nicht überrascht hat, war das Umkippen in die deutsche – ich unterstreiche jetzt das – in die deutsche Historik. Das ist für mich ein ganz klarer Fall. Vor 15 Jahren habt ihr euch hier in Deutschland in der unabdingbaren Härte eures Gemütes intelligent, gescheit und wissenschaftlich betragen, und da war doch einer so wie ich der letzte, beschränkte Individualist. Man hat mich nicht nur so hingestellt, sondern tatsächlich auch geglaubt, daß ich es sei, der letzte. Ich wußte, daß ich nur der vorletzte war.

Ich will menschlich sein, und ich will den Menschen wirklich etwas geben mit meiner Leistung, aber um Himmels willen nicht das, was man ringsherum sagt, daß es menschlich sei, sondern das, was ich selber an Menschlichkeit zu erfahren imstande bin, was ich aufgrund eigenen Erlebens als menschlich tatsächlich begriffen habe. Und ich habe. Und ich sehe nicht ein, warum ausgerechnet ich als Architekt dann der einzige sein soll, der durch von anderen behauptete Menschlichkeiten zu einem Tun kommen soll, das er unmenschlich findet. Das lasse ich mir nicht gefallen. Ich habe den festen Glauben an mein eigenes Menschsein. Fünf Kinder beweisen es. Ich habe diese fünf Kinder deshalb ins Spiel gebracht, weil ich von denen nun erfahre, was ein einzelner an Vielfältigem zu zeugen vermag. Ich habe es deshalb nicht nötig, auf der Ebene der Architektur in allen Gassen zu hüpfen.

Die Vielfalt ist evident. Ich komme darauf zurück, weswegen ich auf die Menschlichkeit zu sprechen gekommen bin. Es bewegt mich tief, immer und immer wieder erfahren zu müssen, wie in die heutige Szene hinein Situationen behauptet werden als Bedingungen für das Bauen, mit denen ich von Grund auf nichts anfangen kann. Es werden soziologische Probleme ausgebreitet in einer Weise, wie sie für mich unverständlich sind. Nicht, weil ich nicht den nötigen Sinn hätte, etwas, was man versucht mir begreiflich zu machen, zu verstehen. Den Wortsinn verstehe ich wohl, aber den inhaltlichen Sinn verstehe ich nicht. Ich muß sagen, daß ich bislang auf der Ebene der Soziologie als Beihilfe nur so viel Gutes erfahren habe, als der Mann, der dahinterstand, für mich ein guter Kerl war, als der imstande war, selber eben als Soziologe einer zu sein, mit dem ich's konnte. Und ihre Leistung war immer eigentlich eine subjektive, empfindsame. Und jetzt komme ich wieder zurück auf diese Wissenschaftlichkeit. Damals ist das alles abgelehnt worden, was an Individuellem, was von allgemeiner Menschlichkeit eingebracht werden wollte in die Architektur. Da bin ich aber dankbar dafür, wie spirituell wir uns bereits unterhalten. Ich bin froh um die heutige Begegnung, weil man früher mit den Älteren überhaupt nie so hätte reden können. Und wir hatten einen Mann, der gleich dachte wie sie, Georg Schmitt, einen Mann, den ich in einem hohen Maße achtete. Und Georg Schmitt begegnete Hernandez und mir in einer in der Kunsthalle in Basel über Abende hin geführten Diskussion mit einer, ich sage das jetzt, bewundernswerten, konsequenten Argumentation, so wie sie der Roth und der Bill heute vorgebracht haben. Aber er hatte die Größe, im nachhinein zu sagen: „Tut das, was euch betrifft, ich bin in meiner Vorstellung, ich liege richtig." Er hat dann ein übriges getan, indem er einen Artikel geschrieben hat: „Ich als Relikt der zwanziger Jahre sehe die Dinge so." Und er hat uns Mut gemacht, die Dinge anders zu sehen. Wir durften es anders machen. Nach seiner Überzeugung ist das unaufhaltsam gewesen. Und ich meine, von diesem Mann, dem Georg Schmitt, habe ich unheimlich viel erfahren, im Hinblick darauf, daß man ein Leben in seinem Umfange weiterleben kann, daß man von diesem Umfang auch weitergeben soll, sofern er einem bedeutsam erscheint, daß man aber damit nicht behaupten soll, eine Wahrheit von sich gegeben zu haben, sondern lediglich eine Meinung. Und in diesem Sinne rede ich hier. Ich sage nur eine Meinung.

Im Hinblick auf den Weißenhof, der mich ja sehr engagiert, betroffen hatte in den Jahren meiner Lehre: Warum habe ich denn nie im nachhinein so zu bauen versucht? Ich hatte Respekt vor der großen Leistung, die da stand, und ich habe begriffen, daß etwas ganz Besonderes da oben ist, nämlich eine Sammlung von großen Persönlichkeiten, Künstlerpersönlichkeiten. Le Corbusiers Haus interessiert mich im Hinblick auf sein Funktionieren eigentlich wenig. Für mich hatte es eine Bedeutung als die Äußerung eines Mannes, der einen Klang da oben hingesetzt hat, den ich, im nachhinein merkwürdig, bei all seinen anderen Bauten immer und immer wieder wahrgenommen habe. Und es war für mich geradezu ein Verlangen, dahin oder dorthin zu gehen in der Gewißheit, ich erlebe diesen ganz bestimmten Klang. Das ist eine Sache, die kann ich nicht im einzelnen mit Worten begründen, aber ich kann sie erleben, überall dort, wo er gebaut hat. Und es war für mich ein tiefes Ereignis, daß er mit Ronchamp einen Punkt gesetzt hat, wo er alle die Sprüche, von denen da die Rede gewesen ist, zur Seite geschoben hat und seine Fortissimo-Leistung einmal hingestellt hat unter ganz sorgfältiger Berücksichtigung der Topographie und der Bedeutung dieses Objektes in der Art und Weise wie es ist in dieser Landschaft. Das ist eine tief empfundene Arbeit.

Ich hatte nie so weiterzubauen im Sinne gehabt. Warum denn auch? Alle diese wunderbaren Leistungen, die da erbracht worden sind – eines Mies van der Rohe, eines Le Corbusier –, das brauchte uns doch nicht mehr zu bewegen, in dem Sinne, daß wir die Möglichkeit, das, was sie an künstlerischen Ereignissen damit geleistet haben, zu erfahren bei einem Besuch bei einem dieser Bauten.

Ich hatte dann eine für mich wesentliche Erfahrung in Italien machen dürfen, wohin ich von guten Freunden, die wahrscheinlich meinten, es täte mir gut, wenn ich einmal nach Italien käme und ganz bestimmte Dinge als Nordalpiner auch einmal sähe, eingeladen worden bin, und da hatte ich dann die Gelegenheit, auf der Heimreise nach Vicenza zu kommen. Ich habe dort auf diesem Platz gesessen, habe diese Basilika gesehen, habe diesen Unterbau begriffen, das, was Palladio da darübergebaut hat. Ich war fasziniert von dieser Leistung. Und ich habe mir dort vorgestellt, wie schön es wäre, unter Umständen mit einem Mann aus heutiger Zeit in einer ähnlichen Situation als Beauftragter eine solche Leistung zu erbringen, so z. B. mit einem van der Rohe. Ich könnte mir vorstellen, habe ich mir damals gedacht, daß ein van der Rohe da zu seiner größten Leistung ebenso hätte kommen können wie Palladio.

Es war für mich dann eine schreckliche Sache, die Villa Rotonda erleben zu müssen. Ein so cleveres Ding, vom Schaft genommen, dort in die Landschaft gesetzt, „so liederlich", hat ein Kollege gesagt, das habe ich auch gesehen. Ich hatte dem Kollegen gegenüber allerdings einen Widerspruch: Immerhin hat Palladio gesehen, daß der Abstand der Säulen zur Rückwand zu groß war, und hat dann auch dazwischen gepappt, was er meinte, das notwendig sei. Wenn man in diesen Bau hineinkommt, da betreffen einen also die letzten Schrecknisse. Da ist alles da, was ich mit Zwanghaftigkeit meine. Da drin existiert doch nun wirklich bloß Zwang auf Zwang. Weder ist es wahr, was von Kunsthistorikern geschrieben wird, daß es eine glänzende Leistung im Hinblick auf die Einordnung in die Landschaft sei; das ist doch dummes Zeug. Ein viereckiges Ding, allseitig gleich, in eine derartig topographisch unterschiedliche Konstellation hineingesetzt wie dort; Außenanlagen völlig unterschiedlich; im Inneren Zwanghaftigkeit auf Zwanghaftigkeit, habe ich gesagt, im Hinblick auf die allgemeinen Gebrauchsräume. Die Rotonda in der Mitte: eine Schreckensvision! Was dort an Atmosphäre entsteht, aufgrund dieser Lichtführung, ist grauenhaft! Ich glaube genügend gesagt zu haben, worauf ich hinaus will. Ich möchte jetzt derartige Beispiele nicht vertiefen.

Ich will aber ein anderes großes Erlebnis mit Palladio im Hinblick auf die Moderne wählen, das mich sehr bewegt hat. Natürlich, ich hatte auch die Publikationen vom Barcelona-Pavillon von Mies van der Rohe gesehen, und irgendwann einmal bekam ich eine Publikation über italienische Bauten im Zusammenhang mit Veronese in die Hand. Und da ging mir etwas auf. Ich stelle das auch zur Diskussion. Ich glaube, Mies van der Rohe hat in seinem Barcelona-Pavillon seiner Onyxwand den Veronese zugefügt, und er hat das Fingerspitzengefühl gehabt, an der richtigen Stelle zu diesem Veronese die „Zimmerlinde" und den Kolbe hinzustellen. Ich finde das bemerkenswert, weil das etwas betrifft, was ich im Hinblick auf die Moderne noch ansprechen möchte, nämlich die Meinung, daß man durchgängiges Design im Zusammenhang mit dem Bau, mit einem Bau für's Wohnen, für notwendig erachtet. Ich habe nie begriffen, warum in diesen Bauten, die von hoher Qualität sind, zugleich auch noch der Stuhl und der Tisch in derselben Mentalität gehalten werden sollen. Ich kann verstehen, daß ein solcher Stuhl und ein solcher Tisch hohe Bedeutung haben können in einem anderen Milieu. Ich spreche da etwas an, was ich meine, das wir auch bedenken sollten. Wir sollten Spielräume öffnen abseits des Bauens, dort, wo es sie gibt, z. B. auf der Ebene des Mobiliars, auf der Ebene der Einrichtungen. Ich glaube, man hätte denen in ihrem Bemühen um Sentiment zur Hand gehen sollen. Statt dessen ist man ihnen nur zur Hand gegangen im Bemühen um Design. Und ich meine, daß, wenn wir von Typisierung im Bauen reden, wir die Pflicht haben, auf der Ebene der Typisierung mit Hinblick auf unterschiedlichste Ausdruckswerte hin wirksam zu werden, damit in diese der großen Massen wegen produzierten, monogamen Wohnungen ein Höchstmaß an erschwinglicher Vielfalt hineinkommt. Und da verstehe ich die Jungen heute, die in ihrer Unbekümmertheit, mit der sie eine derartige Wohnung ausstatten, diesen Mangel zu beheben versuchen, indem sie diese Wohnung abseits unserer älteren Wohngewohnheiten eben bevölkern, möblieren. Da liegt etwas drin, das wir ernst nehmen sollten, mit Hinblick auf die Zukunft.

Nun zur Zukunft, das ist ja hier gefordert worden: Architektur der Zukunft – Zukunft der Architektur. Ich halte das für äußerst gefährlich. Jede Behauptung im Hinblick auf eine bestimmte Leistung, also mit bestimmten Formvorstellungen, bestimmten Ausdruckswertigkeiten in die Zukunft hinein, halte ich für ungut. Laßt die Zukunft doch geschehen. Ich möchte mir eine Situation wieder herbeisehnen, die wir einmal hatten, nämlich die Möglichkeit einer Ambivalenz auf der Ebene der Gestaltung einer, wie's von den anderen genannt worden ist, chaotischen Situation, chaotischen Vielfalt. Die Jahre haben doch gezeigt, daß das, was so chaotisch erschien in den späten fünfziger und sechziger Jahren, gar nicht so unterschiedlich war, daß über die Zeit hinweg plötzlich ein höheres Maß an Zeitgebundenheit, an Zeitgemeinschaft erfahren werden konnte aus damals höchstwahrscheinlich unterschiedlich bewerteten und betrachteten Leistungen. Um Himmels willen, laßt die Finger davon, irgendwelche Konventionen zu behaupten! Jeder soll nach seinem eigenen Menschsein sein Bauen vorwärts treiben, so gut er's kann. Und es soll ein jeder nach einem Höchstmaß von Qualität streben, und er soll das machen, was ihn bewegt, damit es andere vernehmen und aus dem Vernehmen heraus ein Dialog entsteht. Ich glaube nicht daran, was in der Partizipation versucht worden ist, daß das Wort ohne Vorstellung, ohne augenscheinliche Vorstellung allein genügt, im Hinblick auf Architektur; also ich rede jetzt nicht von betrieblich-organisatorischen Belangen, sogenannten Benutzer-Belangen im Sinne des Funktionalen, des Utilitären, sondern ich rede jetzt vom Gestalterischen. Ich glaube, daß auf der Ebene der Gestaltung Partizipation zu nichts führt ohne die Auseinandersetzung, die entsteht über die Bauten, die wir zur Diskussion stellen. Damit gibt es Bewegungen, die uns betreffen. Ich frage mich heute nicht: Sind diese Neohistorismen gut oder schlecht? Ich frage mich vielmehr: Wieso ist das gekommen? Ich habe die Antwort zuvor gegeben. Ich meine, wir sollten uns diese Offenheit bewahren, sollten uns hüten vor all denen, die, wie ich gesagt habe, versuchen, Einfluß zu gewinnen; wir sollten einer Entwicklung einfach einmal die notwendige Zeit lassen.

Die zwanziger Jahre waren von einem ganz bestimmten Stilwollen geprägt, nämlich von dem Versuch, eine Einheit – wie sie mit dem Jugendstil noch einmal in einer ganz anderen Weise kolportiert worden war – über alle Gestaltungsbelange hin zu realisieren. Das ist ein Verlangen, gegen das wir uns wehren müssen. Das können wir nicht wollen, aber das kann geschehen im Ablauf einer langen Entwicklung. Wie dieser Prozeß vor sich geht, da möchte ich auch keine Aussage dazu machen. Vorerst einmal nur die: Wir sollten einer solchen Entwicklung Zeit lassen, wir sollten uns gedulden mit unserer Zeit, und wir sollten Heterogenität und Widersprüchlichkeit nicht unbedingt äußerlich überwinden wollen, indem wir sie mit einer Terminologie unter einem Hut zusammenfassen. Glaubt denn jemand im Ernst, daß die Architektur mit derartigen Kolportagen vergangener Dinge semiotisch bedeutsamer wird, wo uns die Frage der Energie zu ganz neuen Bauformen bringen könnte, wo im Hinblick auf die Ökologie im Bauen ganz neue Leistungen kommen könnten? Ich bin der Meinung, man sollte diese Dinge ernst nehmen, die als Probleme in der Luft liegen, nicht als Lösungen. Ich bin diesen Lösungsversuchen, die sich da anbieten, gegenüber skeptisch. Ich habe die Freude zu sehen, daß es Leute gibt wie Charles Moore, die souverän in diesen Dingen baden – das war ja notwendig, daß die kamen und solche Dinge aufgelegt haben, damit wir uns in einem neuen Maße zum Beispiel mit Geschichte befassen, daß wir ganz blöde Vorurteile, die wir auch gegenüber Vergangenem hatten, leider muß ich das sagen, daß wir die überwinden, daß wir Offenheit gewinnen in der Betrachtung auch in die Vergangenheit zurück. Da möchte ich allen empfehlen, ich sage da jetzt ein meiner Meinung nach riskantes Ding: Ich möchte empfehlen, Nietzsche zu lesen. Einmal das zu lesen, was er über Wert, Bedeutung und Gefahr der Historie geschrieben hat. Besorgen Sie sich das. Ein guter Kollege hat mir, damit ich es in der Tasche haben kann, ein kleines Reclambüchlein geschenkt; ich bin ihm sehr dankbar, ich lese immer wieder darin. Ich meine, das täte hier in Deutschland sehr not. Wenn Sie diesen Mann gelesen haben, bekommen Sie für unsere Gegenwart einen Hinweis darauf, daß ganz bestimmte Dinge, die vor hundert Jahren höchst bedeutsam waren, in unsere Zeit hinein plötzlich wieder ein großes Maß an Aktualität gewonnen haben. Und wenn wir es nun richtig behandeln – das was da aufgereizt worden ist, hängt zusammen mit Leistungen, die wir heute gesehen haben, mit historischen Leistungen und anderen –, wenn wir das richtig auffassen, können wir um eine Katastrophe herumkommen; ich möchte das betonen. Ich sehe Gefahr hier. Es gibt mir in einem hohen Maße zu denken, die Duplizität der Fälle: späte zwanziger Jahre in Deutschland, späte zwanziger Jahre in Rußland. Ganz eigenartige Übereinstimmungen auf der Ebene der sogenannten allgemeinen Architektur, Bierdunst, Gemütlichkeit auf der Ebene des hehren Anspruchsvollen, eine ganz eigenartig geschwollene Klassizität, Zwanghaftigkeit, in Entwürfen aus der letzten Zeit deutlich ablesbar. Paßt auf! Behaltet dieses echte Maß an Freiheit, behaltet eure – Gotte gebe es – gute, nicht sektiererische, schwäbische Liberalität. Ich meine, ich sollte Ihnen zeigen, was ich mir als Manuskript auf den Tisch gelegt habe: Es war mir ständig eine Mahnung – mit einem Auge habe ich hier hinübergesehen, auf diese vertrocknete Fischhaut. Ich möchte, daß wir alle weiterschwimmen, beweglich, in welche Wasser hinein man uns auch läßt; nur um Himmels willen nicht als von vornherein geräucherte Fische. Ich möchte, daß wir unser Maß an Beweglichkeit behalten. Ich hoffe darauf, daß von seiten der Jungen in der Zukunft uns bald Überraschungen geboten werden und daß die Lehrer hier in Stuttgart dies auch zulassen.

Diskussion mit Charles Moore

Diskussionsleitung: Gabriel Epstein

Joedicke: Meine Damen und Herren, das war eigentlich das, was wir uns gedacht haben, als wir gestern sagten, wäre es nicht möglich, Ideenskizzen mitzubringen, anhand derer man seine eigene Architekturauffassung erläutern kann. Und ich glaube, jetzt sind keine Mißverständnisse mehr möglich. Dieser Vortrag war in sich so logisch, auch im Vergleich mit den fünf Punkten von Le Corbusier, daß dies eine Grundlage für eine Diskussion sein müßte.

Ich möchte kurz zusammenfassen, was heute morgen in den Vorträgen und in der Diskussion gesagt wurde. Da war zum einen der Hinweis darauf, daß die internationale Gleichmacherei innerhalb der Moderne eine falsche Entwicklung gewesen sei. Es war zweitens von der Gültigkeit der Prinzipien gesprochen worden, die nun eben hier bei Moore etwas anders klangen. Er hat ja den Prinzipien von Le Corbusier andere, eigene, entgegengesetzt. Es war heute morgen auch von der Mißdeutung des Funktionalismus gesprochen worden, ebenso wie vom gebauten Architekturchaos. Dann wäre die Frage zu stellen, worin liegt die Ursache? Es wurde auch die Überbewertung des konstruktiven Aspektes erwähnt. Gerade im Vortrag von Charles Moore sind eine Reihe ganz anderer Gedanken aufgegriffen worden, es war vom Fenster die Rede, das nicht nur zur Belichtung da ist, sondern auch auf andere Bedürfnisse des Menschen zugeschnitten ist. Es war, wovon heute morgen überhaupt nicht gesprochen wurde, von der bedeutungsvollen Fassade die Rede.

Özer: Warum har Mr. Moore fünf Punkte genommen und diese denen von Le Corbusier gegenübergestellt?

Moore: Vor allem, weil es fünf waren. Irgendwie ist es befriedigender, fünf Punkte zu haben, anstatt vier, sechs oder fünfzehn. Auf eine gewisse Art und Weise mögen sie ein wenig vage und meine Antworten mögen ein wenig trivial sein, da sie über bestimmte physische Dinge reden

und nicht über größere intellektuelle oder historische Probleme, aber es schien mir wichtig, da wir uns als Architekten sehr frei zwischen abstrakten und sehr begrenzten physischen Entscheidungen hin- und herbewegen. Es schien mir klarer, diese fünf physischen Manifestationen aufzugreifen, als eine größere Anzahl von Streitpunkten. So wurden die fünf Punkte gewählt, um außerhalb der Symmetrie zu sein und um Probleme des Bauens anzusprechen.

Roth: Sie haben fünf Punkte von Le Corbusier erwähnt, die er für mein kleines Buch schrieb, welches ich 1927 hier in Stuttgart herausgebracht habe. Aber, lieber Kollege, diese fünf Punkte wurden vor fünfzig Jahren aufgestellt. Sie haben sie ihrem eigenen Werk gegenübergestellt, das in den letzten Jahren entstand. Dies ist für mich die Schwäche Ihrer Philosophie – Le Corbusier und Ihr eigenes Werk zu vergleichen. Dann möchte ich mit folgendem fortfahren, und dies mag ein positiver Aspekt Ihrer Arbeit sein, daß nämlich Ihre Arbeit eine Art anonyme Architektur darstellt, offen gesagt, sie ist nicht mehr interessant. Für mich kann nahezu jeder irgendwie begabte Architekt ähnliche Dinge tun. Sie stellten dem Farnsworth Pavillon Ihr eigenes Haus gegenüber. Offen gesagt, beim Anblick der beiden Bilder erweckte in mir das Farnsworth House sogleich den Eindruck einer Schönheit. Es hat schon die objektive Ebene einer ewigen Schönheit erreicht. Ihr kleines Haus ist ein netter Pavillon, solche Dinge können getan werden, aber für mich trägt er nicht sehr dazu bei, festzustellen, wo wir im Augenblick stehen und wohin wir gehen. Dann würde ich Ihnen gerne noch eine ganz persönliche Frage stellen. Es gibt Frank Lloyd Wright, Ihr ganz ganz großartiger Mann, und sie können mir sicherlich eine Art von Erklärung geben, warum sein Einfluß auf Ihre Arbeit und auf ganz Amerika sehr schwach, sehr gering war. So, dies sind meine zwei Punkte. Nun wieder zu Le Corbusiers 1927 geschriebenen fünf Punkten. Was hat Le Corbusier seither geschrieben und produziert? Diese fünf Punkte sind nur ein kleiner Teil seiner Philosophie und Theorien. Warum geben Sie ihnen solch eine Wichtigkeit? Und ich will Ihnen noch etwas über die Dachterrasse erzählen. Mein eigenes Haus in Zürich liegt in einer sehr schönen Gegend, und es besitzt eine Dachterrasse. Im Erdgeschoß befinden sich fünf Räume mit eigenem Eingang, in dem Studenten wohnen. Ich wohne über ihnen. Die Studenten und ich benützen den Dachgarten, sobald nur ein bißchen die Sonne scheint. Deshalb können Sie nicht sagen, daß ein Dachgarten nichts taugt. Als Beispiel für ein Haus auf Stützen zeigten sie ein sehr schlechtes Dia der Villa Savoie. Wahrscheinlich haben Sie dies absichtlich getan. Sie können das Prinzip, ein Haus auf Stützen zu stellen, nicht unberücksichtigt lassen. Sie wissen sehr genau, wenn Sie den Schweizer Pavillon sehen, der 1932 von Le Corbusier in Paris gebaut wurde, daß es einige gute Gründe dafür gab, ihn auf Stützen zu stellen. Man fand dort einen sehr schlechten Baugrund mit kleineren Dolinen in gewisser Tiefe vor. So setzte er das ganze Gebäude ganz einfach auf ein paar Stützen, um dieses rein technische Problem zu lösen, und darüber hinaus schuf er eine überdachte Fläche. Wenn Sie an einem regnerischen Tag in Paris sind, werden Sie dort Studenten umhergehen und miteinander sprechen sehen. So, dies ist meine sehr ernsthafte Meinung gegen diese Art von Argumentation, diese Venturi-, Rossi- und Peter Blake-Argumentation, welche die Dinge in dieser direkten Art und Weise sehen, und die nur deshalb so argumentieren, um ihre engstirnigen Meinungen und Ideen über die Architektur zu verteidigen.

Moore: Es tut mir leid, daß ich mein Haus und das Farnsworth House zusammen gezeigt habe. Sie sollten gegensätzliche Dinge zeigen, aber nicht in ihrer äußeren Gestalt verglichen werden. Es ist immer unangenehm, wenn man sein eigenes Werk mit dem anderer Architekten vergleicht. Was ich versucht habe zu sagen, und dies unterscheidet sich sicherlich von Peter Blakes Botschaft, vielleicht auch von Robert Venturi, ist nicht, daß Le Corbusier eine Menge furchtbarer Dinge getan hat und daß ich nun das Gegenteil davon mache und dies dann richtig ist. Ich versuche vielmehr zu sagen, daß Le Corbusier eine Reihe von Dingen getan hat, die vor einem halben Jahrhundert angemessen, ja oft begeisternd waren, und daß es für mich nun angemessen erscheint, diese Dinge zu betrachten, zu entmystifizieren, um dann weiterzugehen und Dinge zu tun, die manchmal auch das Gegenteil darstellen. Ich habe auch einen Dachgarten auf meinem eigenen Haus. Ich versuche zu sagen, daß es für mich legitim erscheint, im Laufe der Zeit die Dinge umzukehren, ohne die Kontinuität zwischen all dem und uns selbst verloren zu haben. Ich halte von dem Argument Peter Blakes, daß alles Nonsense war, überhaupt nichts. Ich denke, daß es für eine Zeit, die sich von der heutigen unterscheidet, angemessen war, so zu handeln, und daß es auch angemessen ist, heute anders zu sein. Ich würde sehr enttäuscht sein, wenn nicht sehr bald jemand kommen, mir und meiner Generation einen Tritt geben würde und Punkte aufstellt, die sich sehr viel enger an den fünf Punkten von Le Corbusier orientieren.

Özer: Was Charles Moore heute gezeigt hat, setzt die amerikanische Tradition fort. Seine Häuser sind etwas Authentisches. Sie sind ein positives Moment. Es gibt aber auch eine authentische Sehnsucht nach der eigenen Tradition, nach der Tradition, die immer noch lebendig ist. Doch es besteht heutzutage in unserer Kultur, in der westlichen Kultur, keine authentische Tendenz zu der antiken Kultur. Dies war schon der Fall im neunzehnten Jahrhundert – was vielleicht falsch war, aber es war kulturell begründet –, der Eklektizismus des neunzehnten Jahrhunderts. Es war ein Irrweg, aber trotzdem war er begründet. Heutzutage jedoch besteht keine Tendenz mehr, wie kann Moore also sein Verhalten, sein Benehmen im Falle der Piazza d'Italia begründen?

Moore: Sie mögen Recht haben. Das spezifische Problem der Piazza d'Italia war die Situation der italienischen Gemeinde von New Orleans. Es ist dies eine Gemeinde, die niemals hohes soziales Ansehen bei anderen Gemeinden, insbesondere bei der französischen und der deutschen, genoß. Diese sind sehr stark und haben eine Menge reicher Leute. Die italienische Gemeinde hat weniger reiche Mitglieder. In den Köpfen der Menschen von New Orleans gibt es nur zwei größere Beziehungen zu Italien. Da ist zum einen die klassische Architektur und zum anderen die Mafia. Es schien nun wichtig, nicht die Mafia durch diese Arbeit zu beschreiben, und so gab es nur ein anderes schon bekanntes Symbol. Sie mögen vielleicht sagen: ein veraltetes. Aber ich war überrascht, als ich eines Tages nach Beendigung der Bauarbeiten dorthin ging und einen Mann sah, seiner Kleidung nach ein Arbeiter, der einigen Kindern die verschiedenen Säulenordnungen erklärte. Er schien sehr glücklich, die Gelegenheit zu haben, dieses Stück Information seinen Kindern weitergeben zu können. Deshalb bin ich nicht sicher, wie weit all dies in der Vergangenheit liegt. Das Preisgericht, das für die Zeitschrift „Progressive Architecture“ alljährlich Projekte prämiiert, sagte vor einem Jahr, daß kein Projekt berücksichtigt würde, das nicht klassische Säulen hätte. Robert Stern gab dieses Statement von sich. Dies verärgerte viele Architekten, darunter auch mich, und ich *gewann auch* nichts. Deshalb weiß ich nicht, ob diese kontrovers geführte Diskussion über die Hinwendung zur Klassik nicht so unerfreulich zu werden scheint, daß sie sehr schnell wieder verschwindet. Ich denke jedoch, daß die Klassik sehr viel interessanter ist, als wir von unserer Erziehung her zu glauben vermögen. Das ist eine Vermutung.

Über meine Architekturauffassung

Gottfried Böhm

GOTTFRIED BÖHM, 1920 geboren, ist in den vergangenen Jahren immer eigene Wege gegangen, abseits der herkömmlichen Pfade der Nachkriegsarchitektur in Deutschland. Bei allen seinen Projekten ging es ihm immer wieder um den Versuch, mit architektonischen Mitteln eine humane Umwelt zu schaffen, aber auch und vor allem um den unorthodoxen Einsatz der ihm jeweils zur Verfügung stehenden Möglichkeiten der Bautechnik. Grundlegende Diskussionen entstanden erstmals durch die Bauten des Rathauses Bensberg und der Wallfahrtskirche in Neviges. Es gibt wenige Äußerungen von ihm über seine Architektur; er ist ein Architekt, der sich die Kunst des zeichnerischen Ausdrucks bewahrt hat. In seinen Bauten sind vielfältige Einflüsse der Architektur der vergangenen Jahrzehnte aufgenommen und erneuert worden.

Zuerst muß ich mich entschuldigen, daß ich bezüglich der Weißenhofsiedlung meine Arbeit nicht geleistet habe. Ich komme aus diesem schlechten Gewissen nie heraus, seit meiner Schulzeit schon. Ich habe aber, nachdem Herr Joedicke mich nochmals angerufen hatte – und ich bitte Sie, mir abzunehmen, daß ich nicht aus Arroganz nichts gemacht habe –, ich habe mich dann nochmals übers Wochenende hingesetzt, nachdem auch Frei Otto mir noch geschrieben hatte, und habe mir überlegt, was kann man da machen, was sollst du denn machen. Ich muß sagen, so mit der linken Hand konnte ich es nicht, und das wäre auch dem Ernst der Sache nicht angemessen. Ich weiß überhaupt nicht, ob man da viel machen soll, oder ob man es nicht besser der Natur überläßt, das zu machen, was noch zu machen ist.

Eigentlich steckt ja noch viel in der ganzen Weißenhofsiedlung, die sicher sehr viele schöne Einzeldinge aufweist. Aber selbst der Entwurf von Mies zeigt ja eine Tendenz auf, die wirklich so wichtig ist, daß man den Bau als Dokumentation erhält, was aber nicht mehr ganz unsere Problemstellung ist. Wenn man die Nachkriegsausstellung in Berlin im Hansaviertel betrachtet, ist die Konsequenz noch stärker zum Ausdruck gebracht worden, nämlich die Tendenz, mit Einzelobjekten eine Stadt zu bauen und die Straße als etwas ganz anderes anzuschauen. Wir sind heute geneigt, das so schnell abzutun und zu sagen: „Oh, wie schrecklich." Dabei steckt viel Geist und Richtiges dahinter. Man hat sich eben besonnen auf die Qualität der Funktion, auf die Ausdruckskraft der Funktion selbst, und hat sie möglichst rein und getrennt dargestellt. Man hat sich auch besonnen auf den Wert des Wohnens in bezug auf Licht und Luft. All diese Dinge und viele andere Probleme hat uns ja diese Zeit gebracht. Wir leben davon, und wir sollten sie einfach nicht so ganz beiseite tun. Dennoch ist, glaube ich, das Problem unserer Zeit, die Folgen, die daraus entstanden und die ja wirklich zum Teil unglücklich gelaufen sind, zu bewältigen. Dies ist sicherlich auch im Sinne dieses

Anfangsprojekts von Mies in der Weißenhofsiedlung. So wie viele Dinge einfach einseitig aufgegriffen worden sind, wurden sie auch einseitig fortgesetzt.

Für uns kommt es, glaube ich, heute sehr darauf an, das wieder zusammenzuführen, zusammenzupacken, und doch die Qualitäten wieder darzustellen, die außerhalb dieser Gebäude in den Zwischenräumen liegen, in einer anderen Weise als man es dort damals gesehen hat. Das ist vielleicht überhaupt die Eigenschaft unserer ganzen geistigen Situation, daß das als das Wichtigere erscheint.

Und so komme ich hier zu dem Projekt, das mich gerade besonders beschäftigt: der Prager Platz in Berlin. Ein Platz, der durch die Einmündung von fünf Straßen ganz einfach entstanden und etwa rund geworden ist. Was man damals gemacht hat, und was auch uns imponiert hat, ist, daß man die Straße auch in den Blocks als Ereignis gesehen hat, wie sie auf den Platz stößt, und dieses Ereignis dann betont hat mit Eckbetonungen rundum, die dem Platz dann wirklich einen besonderen Charakter gegeben haben. Freilich ist es nicht das allein, sondern auch die liebevolle Durcharbeitung, die uns sehr lange Zeit – und vielleicht auch jetzt noch – als Kitsch und komisches Zeug vorkam, für die wir aber jetzt im Überschwang der Nostalgie sehr viel Sinn haben, vielleicht wiederum zu viel Sinn. Ich meine die Darstellung all dessen, was ereignisvoll ist für so einen Platz, wie etwa dieses „Auf-den-Platz-Treffen" der Straßen durch die Betonung der Türme, wie man die Erker oder die Fenster ausgebildet hat. Wie das Ereignis des „Herausschauens" und „Hereinkommens" des Lichts in das Haus betont war; das ist doch etwas, was uns heutzutage sehr berührt. Es ist sicherlich sehr schwierig, mit unseren Mitteln, mit unserer Einstellung, das, was nicht auch Sinn hat, was nicht begründbar ist, darzustellen.

Dieser Platz wurde im Krieg fast restlos zerstört, und es wurde dann viel diskutiert, was man damit machen sollte.

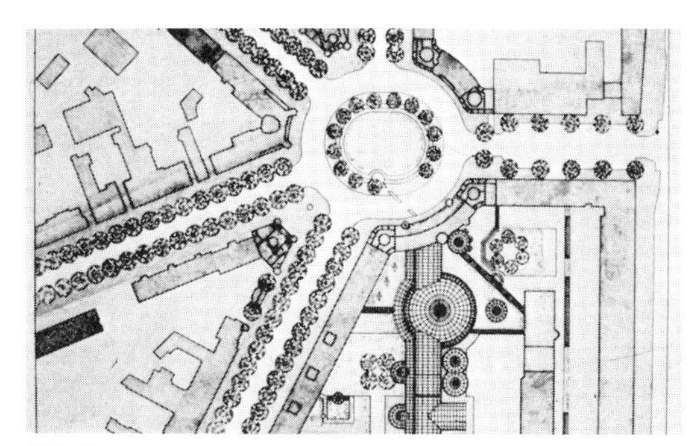

Abb. 1

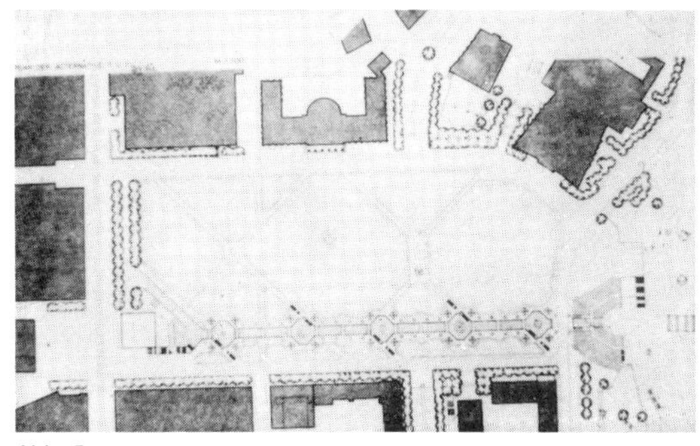

Abb. 2

Abb. 1:
Prager Platz, Berlin, Projekt

Abb. 2:
Friedrichsplatz, Kassel, Projekt

Abb. 3

Abb. 4

Abb. 5

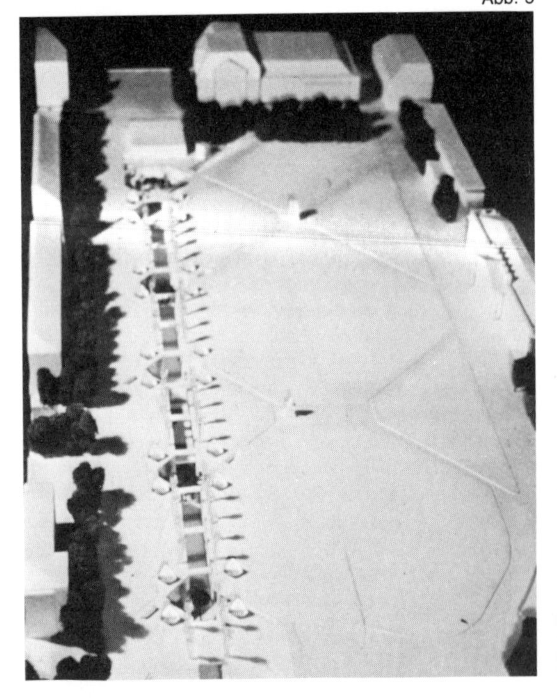

Es fand ein großer Wettbewerb statt, und das Ergebnis war: möglichst Auflösung der Straße, des Platzes. Luft, Freiheit, Offenheit: nur ja nicht das zeigen, was vielleicht auch mit zum Ereignis dieser Stelle gehört, und die Freifläche nicht mehr als Raum begreifen, sondern als eben die Freifläche, das, was mehr oder weniger übrigbleibt – aber das nicht nur im Negativen, sondern um möglichst viel Luft und Offenheit hereinzubekommen.

Nun die Konsequenz: Es ist ja tragisch, wenn man sieht, wie sich das entwickelt hat – wobei doch wahrscheinlich immer bester Wille dahintersteckte –, die Situation, in welcher die Blöcke nun frei herumstehen und man sieht, daß es schwer zu ertragen ist und schwer fortzusetzen. Es haben sich dann viele Leute Gedanken darüber gemacht, zuletzt Robert Krier. Er hat einfach einen kreisrunden Platz hineingebaut und die Straßen an den Platz herangeführt. Ich bin dann auch gefragt worden. Ich war sehr begeistert von dem Krierschen Entwurf und habe gemeint, ich mache da einfach mit; als ich mir das aber länger überlegte, dachte ich, es ist vielleicht doch nicht das Richtige und sicherlich auch nicht das Typische des Platzes. Zum einen entstehen durch die Rundung Rückfronten, und zum anderen erzeugen der Einschnitt in die Straßen und die zum Teil überbauten Straßen ein inneres, begrenztes, sehr schönes Platzgebilde, aber alles andere bleibt draußen, vor dem Platz.

Wir hatten uns dann gedacht, es wäre doch richtiger, den Platz nicht ohne die Straßen zu sehen, sondern die Straße, das platzbildende Element, zu benützen, das heißt, den Block wieder herumzuführen und auch wieder zu schließen und die Straßen auch mit den Straßenprofilen, also den Köpfen, und mit den Bäumen, die ja auch sehr wichtig sind für die Straßen, platzbestimmend zu machen. Lange haben wir uns auch überlegt, daß man heute wohl kaum noch etwas rund machen könnte, wir sollten es doch lieber eckig machen, hart, schärfer, strenger machen. Aber das führte alles weg von dem System, das Haus, die Straße, den Block als das Primäre, das Bestimmende, das Platzbildende zu sehen und das wirklich auch an den Ecken zu betonen. Im Programm war da nun in der Hauptsache Wohnen aufgeführt, im Erdgeschoß sollten Läden ausgebildet werden, dann war ein großes Freibad gefordert, Volkshochschule und Bibliothek noch dazu, also alles wieder im Zentrum. Das ist ja die Frage, ob man alles so sehr beieinander zelebrieren muß, ob man quasi in der Badehose zum Bücherlesen

Abb. 3:
Prager Platz, Berlin, Projekt

Abb. 4 u. 5:
Friedrichsplatz, Kassel, Projekt

Abb. 6

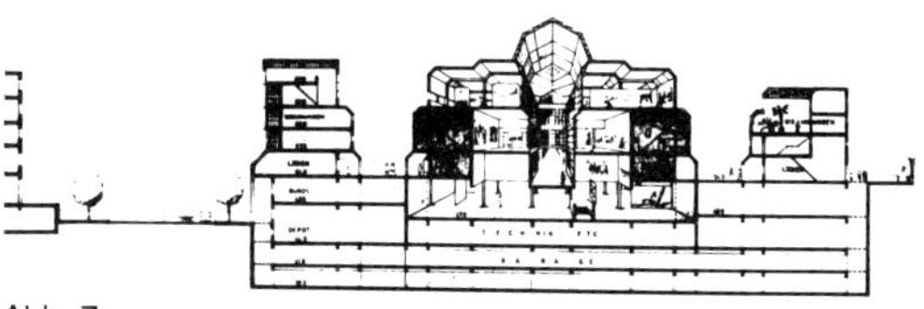

Abb. 7

Abb. 8

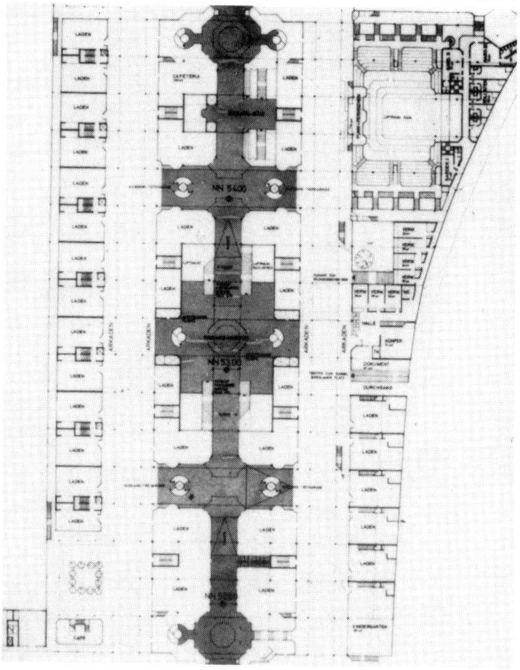

Abb. 6–8:
Wallraf-Richartz-Museum, Köln, Wettbewerbsprojekt

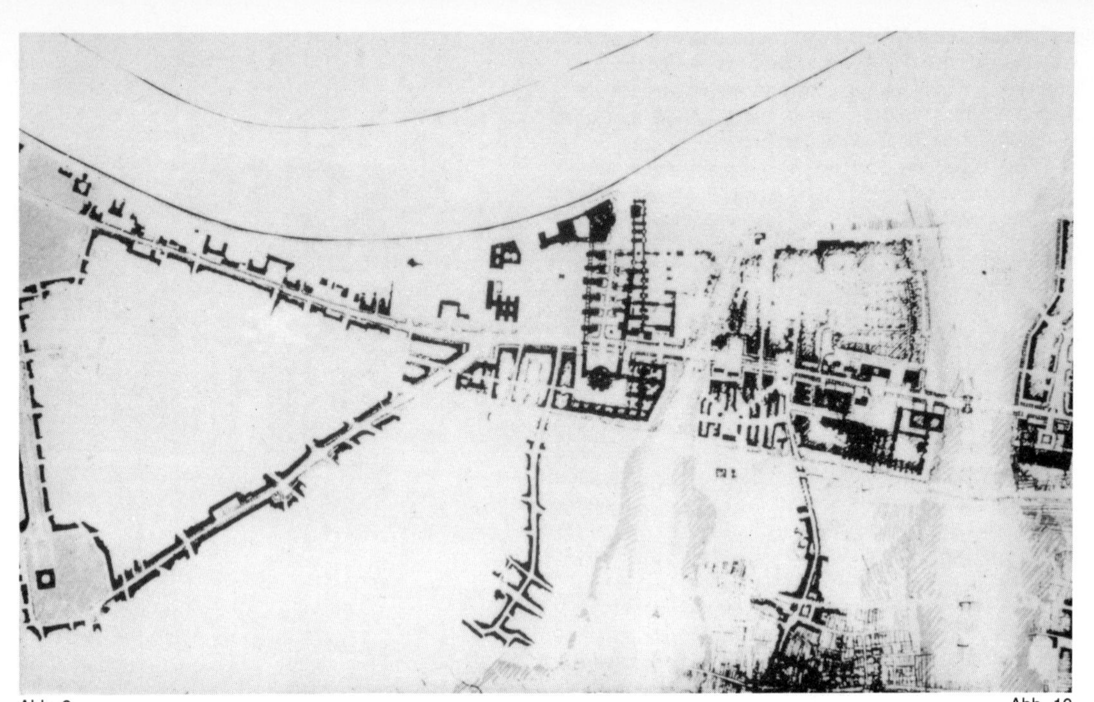

Abb. 9

Abb. 10

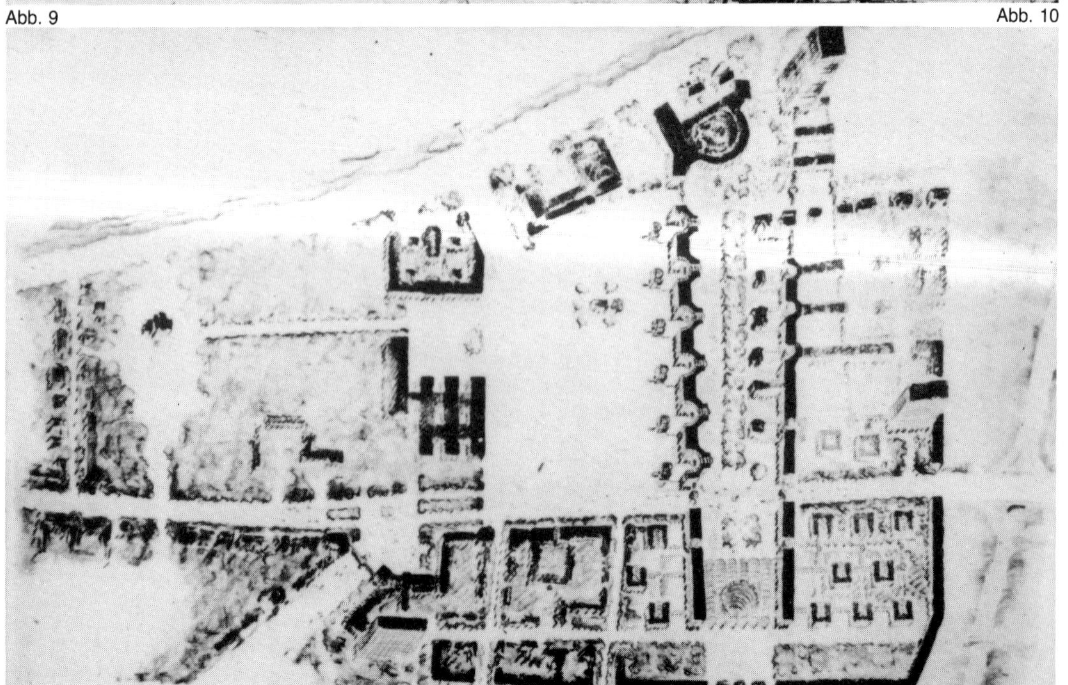

gehen muß. Nun gut, es war nun das Programm, und wir haben versucht, das möglich zu machen, so, daß es auch Bezug hat zu dem Platz, und wir haben von einer Halle her noch eine Verbindung geschaffen zu einer Passage.

Wir hatten es uns aber dann noch einmal überlegt, ob es nun wirklich ganz richtig ist, die Blöcke immer zu schließen, was ja heute fast wieder zur Mode wird, ob es nicht sinnvoll ist, dort, wo eigentlich kein großer Lärm unsere Innenhöfe stört, nicht auch zu öffnen und dem Straßenraum einen Einblick in das Innere der Höfe zu geben. Wir hatten gedacht, dies wäre an dieser Straße möglich; erstens, weil die Straße verkehrsberuhigt werden soll, und zweitens, weil der Lärm eines Freibades sicherlich nicht stört. Ich dachte mir, es wäre ganz schön, wenn man so ein Gerüst bauen würde, das dann bewachsen kann, so daß man, wenn man durch diese Straße fährt, durch den Garten, Park, Spielplatz oder wie man es nennen will, hereinschauen kann. Wir hatten uns dann noch gedacht, es wäre ganz schön, wenn man hier gar nicht so arg viel mit gärtnerischen Anlagen macht, es vielleicht bei ein, zwei Bäumen beläßt, und einen Brunnen aufstellt, den man im Sommer überfließen lassen kann, damit die Kinder herumplantschen können.

Ein ganz anderes Problem, das aber auch zu diesem Thema gehört, war ein Wettbewerb, den wir voriges Jahr in Kassel machten, den Friedrichsplatz. Der Platz ist eigentlich deshalb so besonders interessant, oder man muß fast sagen: so interessant gewesen, weil er völlig geschlossen wirkte – ein richtig rechteckiger Raum, obschon eine Seite gar keine ist. Diese vierte Seite wird ersetzt durch Landschaft, aber merkwürdigerweise ist es doch so, daß diese Landschaft raumbildend wirkt. Das ist ein ganz toller Platz, toll gewesen, weil man in der Nachkriegszeit diese Straße quasi als Autobahn durch den Platz durchgeführt hat und die Verbindung völlig durchschnitten ist.

Die Stadt meinte, nicht finanzieren zu können, eine tiefliegende Straße zu bauen. So kam man auf den Gedanken, einem Träger, einem Kaufhaus, die Erlaubnis zu geben, auf dem Platz oder in den Platz hineinzubauen, möglichst viel unterirdisch, nur mit wenigen Teilen aus dem Platz herausragend, und auch Parkplätze hier, unter dem Platz, anzuordnen. Nur durch diese Maßnahme glaubte man, die Tieflage der Straße finanzieren zu können. Nun ist das ja leicht gesagt, so etwas da unten anzubringen. Das hängt von vielen Faktoren ab. Erstens will das Kaufhaus oben sichtbar sein, muß wenigstens mit einem Teil herausragen, dann kommen die ganzen Aufzüge, die vielen Klimatisierungsrohre, Be- und Entlüftung und was da alles noch sein muß. Es steht zwar schon so ein modernes Standbild hier, aber das würde sicherlich den ganzen Platz verderben. Das hat natürlich auch die Stadt gesehen, sie hat uns gefragt, einen Wettbewerb ausgeschrieben und gemeint, daß doch eine Chance darin liegt.

Wir hatten eigentlich zuerst keine Vorstellung, und im Studium kam mir die Idee, daß wir vielleicht doch folgendes machen könnten: Es war früher dort eine Allee, eine Flanierallee, und wir hatten gedacht, man könnte von oben langsam hinunter, wie ein Bach sich einfrißt in einen weicheren Boden, einen tiefliegenden Weg hier machen, der langsam fällt und dann so tief ist, daß er sogar unter der Straße durchkommt, dann in das Gelände zu den Auen hinausläuft. So daß dann von unten gesehen ein Bild entsteht, eben diese Folge von Gassen, Plätzen, Gassen, Plätzen usw. bis in die Landschaft hinein, wobei man sich vorstellen könnte, daß jeder Platz irgendwie ein anderes Kennzeichen hat, anders identifiziert ist mit einem Brunnen, einem Baum oder einer Baumgruppe. Das ist dort schon der Teil, wo es zweigeschossig ist, das heißt, kurz vorher geht die Brücke hinüber.

Auch ein Problem, das in diesem Themenkreis liegt, ist der Wettbewerb des Wallraf-Richartz-Museums in Köln, den ich mit meinem Lehrstuhl zusammen gemacht habe. Für uns war es eigentlich in der Hauptsache das Problem, wie man mit dieser Situation fertig werden kann, in der dieses ganze Gebiet vom städtischen Geschehen abgeschnitten ist. Es kommt noch dazu, daß wir vom Dom eine andere Auffassung haben als vielleicht die Kunsthistoriker und die Denkmalpfleger, die den Dom als kostbarstes Museumsstück in ihrer Sammlung betrachten: Der Kölner Dom ist wirklich auch ein bißchen anders als viele andere Dome. Er wird nicht bloß von Katholiken, sondern von allen Kölnern als ihr großes Haus, als ihre große Stube, als ihr großer Festraum angesehen, der auch von denen benutzt wird, die nicht direkten religiösen Kontakt dazu haben. Wenn man den Dom nun als Museumsstück betrachtet, nimmt man eigentlich der Stadt ein wertvolles Stück weg, zumindest für das intime städtische Verhalten, und stellt es in eine viel größere, übergeordnete Situation hinein. Deswegen war eigentlich von vornherein unser Gedanke: Kann man überhaupt da ein Museum hinbauen, und wenn ein Museum – wie könnte man es machen?

Wir haben versucht, das Museum mehr oder weniger einzupacken, wir haben versucht, die Stadt wieder bis zum Rhein vorzuziehen. Wir wollten das Museum mit Gebäuden, mit Wohnungen, mit Hotels so verpacken, daß dort auch noch anderes Leben ist, und haben dieses

Abb. 11

Abb. 12

Gebiet mit drei Gassen aufgeteilt: zwei öffentliche Straßengassen, links und rechts mit Läden und was dazugehört, und eine mittlere Gasse, die als Passage gilt, wobei die Läden und Galerien zum Teil eben auf die Gassen führen. Über diesen Läden dann Wohnungen auf beiden Seiten. Es wäre vielleicht sinnvoll, Atelierwohnungen zu machen, mehr auf der rechten Seite, es könnten aber auch sehr schöne sonstige Wohnungen sein. Das ist dann im Detail so, daß die beiden offenen Passagen Ladenstraßen sind. Die mittlere Passage mit den Läden auf beiden Seiten und Treppen für die Wohnungen darüber hat seitliche Zugänge wieder in die Passage, die dann in das Museum führt, so daß man, wenn man durch die Passage geht, schon auch das Museum auf beiden Seiten mitbekommt.

Vom Rhein aus würde das dann so aussehen, daß man eine offene Straße mit den Passagen hat, von denen man in die Wohnungen dahinter geht; am Kopf kommt das Museum stärker heraus und auf der Rückseite die Wohnungen.

Wir meinten, die vordere Wohnbebauung sollte in der Höhe und in der Kleinteiligkeit mit den Altbauwohnungen zusammengehen, während die andere Bebauung eine Verbindung zu den vorhandenen höheren Bauten sucht.

Ein weiteres Problem hat uns auch an der Hochschule beschäftigt. Wir haben mit Studenten eine Studie über das südliche Gebiet von Bonn gemacht, also das Gebiet zwischen Bonn und Bad Godesberg. Sie kennen sicher alle diese Adenauerstraße, die dem Adenauer wirklich nicht sehr viel Ehre macht, die momentan als völliger Wirrwarr erscheint. Wir haben uns überlegt, was man daraus machen kann. Ist es wirklich so schlimm, wie es jetzt aussieht, oder steckt nicht auch etwas Positives darin?

Positiv ist ja die phantastische Mischung von Nutzungen. Da geht es vorn schon los mit Kanzleramt, Bundestag, Bundesrat, Büros, Presse; dann etwas Wohnen, dann kommen phantastische Grünflächen. Das Ganze ist in einer tollen Situation zwischen Rhein und Vorgebirge. Aber wenn man durchfährt, hat man eigentlich gar nichts von dieser Mischung. Deshalb nicht, weil man sie kaum erkennen kann. Insofern ist es wirklich wieder diese Klarstellung, von der ich am Anfang gesprochen habe, die uns diese frühe Zeit der Funktionalisten gelehrt hat, die einzelnen Dinge doch etwas reiner darzustellen. Das kommt uns, glaube ich, da doch zugute; man sollte das irgendwie richtiger machen, damit man es erkennen kann. Und vor allem sollte man auch alles auf diese Hauptachse beziehen, die sie ja nun wirklich auch ist. Alles andere sind Nebenstraßen, selbst die Straße am Bundestag vorbei, die zu Zeiten der Römer die Hauptverbindung von Nord nach Süd war. Jetzt ist es so, daß man, wenn man hier heruntergeht, wohl das Kanzleramt liegen sieht, aber man hat gar keinen Bezug zu dieser Hauptschlagader. Das gleiche gilt für den Bundestag und den Bundesrat. Die liegen irgendwo hinten drin. Ebenso ist es mit den herrlichen Grünalleen, die hier kaum an der Straße in Erscheinung treten. Das Parlament, so wie es geplant wurde und immer noch geplant wird, ist mehr wie ein Sanatorium, das in einer sehr schönen Situation liegt, aber eigentlich der Stadt den Rücken zukehrt. Und wenn nun schon so viel von Demokratie geredet wird, dann sollte man meinen, daß das eigentlich nicht geht. Man kann ja wirklich wenig sagen, was richtig und was falsch ist, aber das ist sicherlich falsch.

Was haben wir versucht? Wir haben zunächst einmal dargestellt, was es gibt. Das sind zunächst zwei herrliche Plätze um das Schloß und um die Universität und mitten in Godesberg der dritte schöne grüne Platz, der grüne Bereich mit der Godesburg. Wo diese Straßen und Adern zusammentreffen, da, hatten wir gedacht, wäre es wirklich gut, wenn man das zunächst so weit öffnet, daß man der fatalen Situation begegnet, das Johanniterviertel zusammenzubinden, so daß man, wenn man den Platz verlassen hat, durch das Regierungsviertel durchgekommen ist, diese Querverbindung spürt, dann wirklich merkt, daß man durch ein Wohngebiet kommt und es auch wirklich spürt, daß man hier bei der SPD oder CDU ist.

Für das Regierungsviertel selbst haben wir mehrere Entwürfe oder Vorschläge gemacht. Das eine: wir dachten, es wäre eigentlich sehr schön, wenn die Hauptader eben nicht am Regierungsviertel vorbeiläuft, sondern quasi durch den Regierungshof hindurchführt, wo die Fraktionen, der Bundestag und der Bundesrat sind. Die Fraktionen könnten kleine Ausstellungshäuschen haben. Ich denke, es wäre doch sehr schön, wenn man das irgendwo sichtbar machen könnte, was die Politiker bewegt, über was sie sich Gedanken machen. Und das könnte in solchen Ausstellungspavillons sein, wo die Leute von einer Seite hinein könnten und die Politiker von der anderen Seite. So könnte es zum Gespräch kommen.

Abb. 9–12:
Studien zum Regierungsviertel, Bonn

Post-Modern = Para-Modern

Gustav Peichl

GUSTAV PEICHL, 1928 geboren, ist nicht nur Architekt, sondern auch kritischer und engagierter Zeitgenosse auf den Gebieten von Kunst und Politik. Wir verdanken ihm die ebenso spitzen wie nachdenklich stimmenden Zeichnungen des „Ironismus". Bei seinen Bauten werden vor allem zwei Aspekte deutlich: die Verwendung der Technik als ästhetisches Mittel (ORF-Studios in Linz, Salzburg, Innsbruck und Dornbirn) und die Erhaltung der natürlichen Umwelt trotz hochentwickelter Technik (Erdfunkstelle Aflenz).

Die Vorrede ist mir peinlich. Ich hab's ja überhaupt schwer heute: Nach dem bewährten Oldtimer-Duo aus der Schweiz, Bill und Roth, nach dem fulminanten polnischen Feuerwerk, nach dem wundervollen Charles Moore, nach dem deutsch-schweizer Entertainer und Showmaster Förderer und nach dem Bescheidenheitsweltmeister Böhm hab' ich es wirklich schwer. Es ist alles schon dagewesen bei dieser Tagung, was zur Verwirrung beitragen kann. Ich werd' mich aber bemühen, daß mir auch noch ein weiterer Verwirrungsfortschritt gelingt.

Zunächst – wenn Sie einverstanden sind – möchte ich Ihnen ganz kurz ein paar Dias meiner zwei letzten Arbeiten zeigen, ein Projekt und eine Realisation, quasi, um mich vorzustellen, um mich zu deklarieren, um mich zu bekennen, und ich würde Ihnen gern nachher meine Gedanken zum Thema der Tagung und zum Ende, ganz kurz, meinen Beitrag zur bestellten Hausaufgabe Weißenhofsiedlung geben.

Zunächst das Projekt, das wir derzeit in Arbeit haben, für Berlin, für die IBA: Es ist die Phosphat-Eliminationsanlage in Tegel. Daran arbeiten derzeit Charles Moore und ich, dieses Projekt gemeinsam städtebaulich zu ordnen und zu klären, und wir werden das demnächst unserem lieben Weltmeister Kleihues vorführen.

Zu dieser Anlage: Es ist dies eine Kläranlage, die die Aufgabe hat, den Tegeler See zunächst rein zu machen und dann rein zu halten; ein Projekt, das dringend notwendig ist; daher hoffen wir, daß es gebaut wird, auch wenn die IBA demnächst in Schwierigkeiten geraten sollte. Das langgestreckte Gebäude ist das eigentliche Betriebsgebäude, beinhaltet Vortragsräume, Büros, Laborräume, Werkstätten und das Material der Reinigungskörperchen, Granulat und Flüssigkeit. Das Ganze soll von der Idee her als Einzelobjekt wirken, soll quasi eine „Land-Art", eine ganz einfache Aufteilung mit Grünfläche sein. Darunter sind überall jene Räume, die unterirdisch besser sind als oben, weil sie geschützt sind gegen Temperatureinflüsse: Rohrsysteme, Lagerräume und diverse technische Dinge, die besser unten sind; daher haben wir sie überdeckt, also eingeschüttet, und es steht draußen nur dieser Längsbaukörper, der zur Achse errichtet wurde. Wir versuchen, mit der Konstruktion und mit dem Material einen Ausdruck für den Baukörper zu finden.

Nun zur Realisation: Die Erdfunkstelle der österreichischen Post- und Telegrafendirektion. Bei der Besichtigung des Geländes haben wir gesagt: Wenn wir hier etwas bauen, nur mit der Landschaft versuchen zurechtzukommen und nicht die Landschaft zu beleidigen. Und da entstand die Idee und der Entschluß – kreisförmig – eine Mulde oder ein Loch zu machen und in diesem Loch dann die Antenne aufzustellen. Das hat den Leuten zuerst mißfallen, zum Schluß aber doch wieder gefallen, weil die anders die Baubewilligung nicht bekommen hätten. Das Glück muß eben der Architekt dann haben. Unter der Erde sind überall Räumlichkeiten, die die Belichtung vom Innenhof bekommen. Daneben ist ein zweites großes Loch, ebenso groß mit der Antenne.

Soweit eine kleine Vorstellung zur Vorstellung meiner Person.

Unter den vielen Klagen, die die angebliche kulturelle und geistige Abwärtsbewegung unseres Jahrhunderts betreffen, ist wohl das Schlagwort vom „Verfall der Architektur“ eines der pointiertesten. Das Unbehagen der von der Architektur Betroffenen und das Versagen der Architekten selbst wurde zum Schlachtruf, auch in der Presse der Bundesrepublik.
Ein tapferes Häuflein zeitgenössischer Baukünstler scheint nun der Meinung zu sein, die Rettung aus der Misere sei das, was man heute als die „postmoderne Erlösung“ bezeichnet. Man meint, das historische Formenvokabular, das schon zu Ende der eklektizisti-

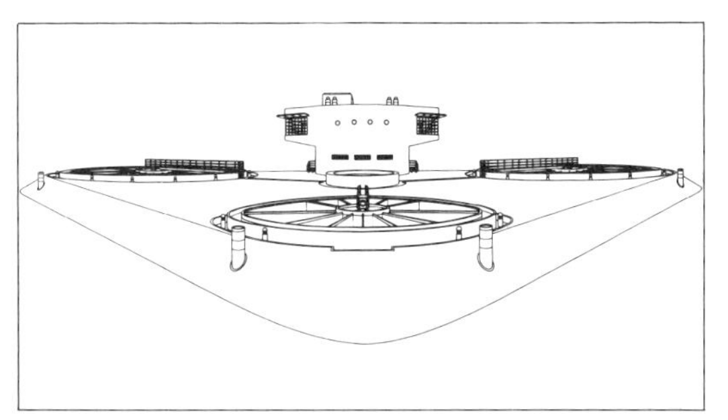

Abb. 1

Abb. 2

Abb. 1 u. 2:
Phosphat-Eliminations-Anlage, Berlin 1980

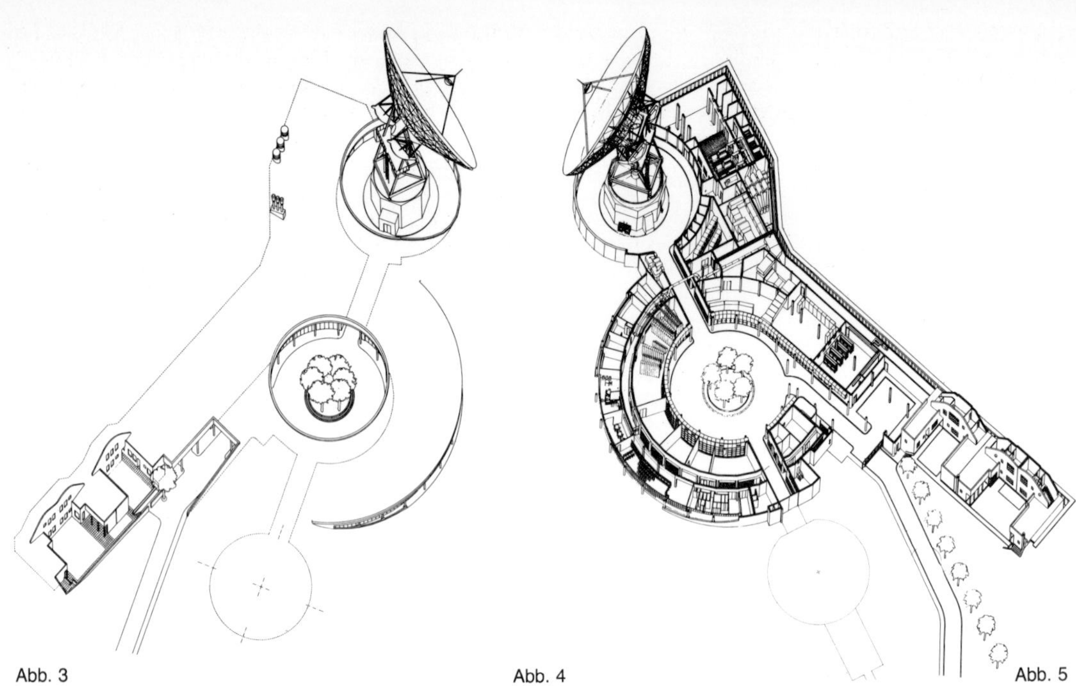

Abb. 3 Abb. 4 Abb. 5

schen Ära zum Sammelsurium wurde, könne außerhalb seines Kontextes wiederverwendet und wieder „zum Reden" gebracht werden. Man nennt die Anwendung verschämt „Zitat". Zitiert wird manchmal geistreich, manchmal geistreich-ironisch, oft aber plump und vordergründig, für mich zu oft plump und vordergründig. Man bemüht sich, leere, bildhaft besetzbare Formen und Zeichen zu einer Wiederbenützung ganz unverbindlich zu verwenden und ist bestrebt, durch einen neuen Historismus den „gängigen Historismus", die getadelte Allerweltsmoderne, abzulösen. Es wird sicher noch sehr lange darüber debattiert werden, wer oder was schuld ist an der Malaise des sogenannten „Internationalen Stils", der es ja war, der die klassische Moderne in Verruf gebracht hat.

Es werden noch viele Symposien stattfinden und dann wird eifrig weiterdiskutiert werden, warum Mißverständnisse und Fehlinterpretationen die ursprünglichen Absichten der Moderne grob verfälscht haben. Und der Corbusier-Verteidigungsminister Roth wird noch viel zu tun haben.
Bemühen wir uns, den Aufstieg und die Entwicklung der modernen Architektur, die zwischen Ratio und Emotion angesiedelt ist, zu verstehen, so sind für mein Credo vor allem zwei Persönlichkeiten von Bedeutung: Otto Wagner und Sigmund Freud. Es wird sehr viel gesprochen vom Beginn der Moderne; es wird sehr viel gesprochen von der Bauhauszeit, von Corbusier, von der Weißenhofsiedlung. Man vergißt jedoch leicht, daß es Otto Wagner war, der zu Ende des vorigen Jahrhunderts als erster den Begriff „moderne Architektur" prägte, und daß Sigmund Freud durch seine Lehren und Theorien zur gleichen Zeit beträchtlichen Einfluß nicht nur auf die Entwicklung der Psychologie, sondern auch die der Philosophie, Kunst und Architektur nahm. Beide haben mit unterschiedlichen Ansätzen den Beginn der modernen Architektur beeinflußt und deren soziale wie deren technische Bedeutung damals schon erkannt.

Zwei Beispiele: Sigmund Freud schrieb an Otto Wagner: „Kunst ist nichts Gemeines – (wie Goethe und Shakespeare das Wort gebrauchen als Bezeichnung dessen, was dem Durchschnittsmaße der Menschen, den Neigungen und Fähigkeiten jedermanns entspricht).

Abb. 3–5:
Österreichische Erdfunkstelle

Kunst ist die Äußerung höherer Begabung. Sie gewährt Einblicke in das Reich, das nur wenige betreten. Sie ergreift durch eine ungewisse Kraft. Man kann ihre Wirkung nie bis auf den Grund erklären, aber man empfindet sie."
Otto Wagner, Zeitgenosse und Weggefährte Freuds in Wien, formulierte: „Alles modern Geschaffene muß dem neuen Materiale und den Anforderungen der Gegenwart entsprechen, wenn es zur modernen Menschheit passen soll, es muß unser eigenes, besseres, demokratisches, selbstbewußtes, unser scharf denkendes Wesen veranschaulichen und den kolossalen technischen und wirtschaftlichen Errungenschaften sowie dem durchgehenden praktischen Zuge der Menschheit Rechnung tragen – das ist doch selbstverständlich!"
Auffällig und verwunderlich an dieser Aussage ist lediglich, daß sie 85 Jahre alt ist; immerhin 30 Jahre älter als die bedeutende Weißenhofsiedlung. Es war Otto Wagners Moderne nicht „modern" im heutigen Sinn. Für mich besteht kein Zweifel, daß seine Arbeit gültig ist und gültig war. Zweifeln aber muß ich, und ich hoffe, es zweifeln mehrere mit mir, ob die vielpropagierte Camouflage-Architektur von heute durch ideologische Vermarktung und brutalen Rückgriff auf altes Vokabular sich eine Gültigkeit überhaupt erkämpfen kann.
Zunächst stelle ich die Bezeichnung – „die postmoderne Architektur" – semantisch in Frage. Ich halte die Bezeichnung – angeblich eine Erfindung des lustigen Architekturjournalisten Charles Jencks – für unzutreffend und falsch. Die Bemühungen zeitgenössischer Etikettierungsspezialisten, eine Bezeichnung für eine aus dem Unbehagen argumentierende Änderungsnorm zu erfinden, scheint mir noch verständlich. Die moderne Architektur, hervorgegangen aus der klassischen Moderne, jedoch einfach für tot zu erklären und quasi als Nachfolge eine neue, nostalgiegeschwängerte Stilphase folgen zu lassen, erscheint mir suspekt.
Wenn man schon einteilen und vermarkten will, wenn die Etikettierungsfetischisten ein Erfolgserlebnis haben wollen, stehen in Verbindung mit „modern" drei mögliche Vorsilben zur Diskussion: „pseudo", „post" und „para". Das lateinische Wort „post" heißt „nach" oder „hinter", als Beispiele „post-skriptum", „posthum" oder „post-mortem". Die griechische Vorsilbe „para" bedeutet „neben", „bei" oder „abweichend".
Gestatten Sie mir, darauf aufbauend, den Versuch einer These: Es kann ein neu eingeteiltes Architekturbild – eine neue „Richtung" oder „Entwicklung", die parallel

zur zeitgenössischen modernen Architektur eingeordnet wird – nur als „nebenher" oder „nebenbei" und nicht als „nach" („post") bezeichnet werden, da die moderne Architektur sicher nicht als beendet angesehen werden kann. So nenne ich die sogenannte „Post-Moderne" nicht „post" (= „nach"), sondern „para" (= „neben"), eben die „Para-Moderne".
Einige Marginalien zum Nachweis der paramodernen Architektur: Eine aus, vielleicht berechtigtem, Aufbäumen gegen Fehlentwicklungen des banalen Internationalen Stils der letzten Jahrzehnte entstandene Sucht nach Neuordnung und die Tätigkeit der Süchtigen kann mehrfach mit der Vorsilbe „para" erläutert, verstanden und bewiesen werden. Beobachtet man kritisch die propagierten Ergebnisse der tapferen Stilakrobaten, kommt einem zunächst das Wort „Paraphrase" in den Sinn.

„Paraphrase" nennt man eine Auseinandersetzung mit einem bestimmten Kunstwerk, die Inhalt, Form und Technik verändern kann und die mit oder ohne persönliche Handschrift des nachschaffenden Künstlers eine schöpferische Leistung wiederholt, nachahmt oder verfremdet.
Ein anderer Begriff aus der Welt der dramatischen Kunst: das Wort „Parabase". „Parabase" bedeutet ein wichtiges Bauelement der klassischen Komödie, und zwar die Unterbrechung einer Komödienhandlung. Der Chor und die Schauspieler einer Komödie wenden sich unmittelbar an das Publikum, um zu aktuellen Ereignissen Stellung zu beziehen oder die Absichten des Komödiendichters neu zu interpretieren (Meyers Lexikon).

„Paradox" wiederum heißt „der gewöhnlichen Meinung entgegen", „unerwartet" oder „widersinnig und verwunderlich" (wie es Cicero schon interpretierte).
Letztlich noch der Vergleich „Psychologie" und „Parapsychologie" in Analogie zu „modern" und „paramodern". „Para-Medizin" ist eine Bezeichnung für alle gegenüber der anerkannten medizinischen Lehre abweichenden Auffassungen. Die Parapsychologie ist im Unterschied zur Psychologie die Lehre von okkulten Erscheinungen. Die parapsychologischen Phänomene sind wissenschaftlich nicht anerkannt. Zum Themenkreis der Parapsychologie gehören modische okkulte Überlieferungen genauso wie Phantastereien und Magie.

Womit wir wieder bei den Magiern der gegenwärtigen Kunstszene, der Szene des Augenmaßes, angelangt sind. Die übereifrigen Zwangseinteiler dieser Szene stellen nicht das inhaltliche, sondern das formale Problem – das davon nicht zu trennen ist – in den publizistischen Vordergrund. Sie bejubeln die Virtuosität statt der Kreativität. Wie überhaupt es sehr, sehr Mode wird, das Virtuose anzuerkennen und das Kreative zu vergessen. Was Leon Krier und die vielen kleinen „Kriercheń" heute machen, ist ganz sicher hervorragende Virtuosität. Es ist ebenso sicher keine Kreativität.

Ob die unterschiedlichsten Protagonisten wollen oder nicht, es wird ihnen der Stempel der Gemeinsamkeit aufgedrückt. Sie werden alle zu Postmodernisten erklärt: der Aldo, der Robert, der Charles (wenn man Moore fragt: er will ja gar kein Postmodernist sein, auch der Hans Hollein nicht). Dann ist da noch der Arata oder der Hans, der Massimo oder der Stanley oder der Oswald Mathias und der Joseph Paul – und Onkel Paolo aus Mailand steht Pate. Von der Zukunft aber ist bei dieser lieben Familie bezeichnenderweise nicht die Rede. „Die Gegenwart der Vergangenheit" ist der Werbe- und Lockruf jener venezianischen „Strada ultima" des Jahres 1980, jener Ansammlung von Vergangenheitsresterln, dargebracht als wollüstige Zitateninszenierung einer Conferencier-Architektur – die Conferencier-Architektur dekoriert und geschminkt. Die Architekten werden zu Visagisten.

Zu diesem vielzitierten, viel gelästerten und viel gelobten Mythos der Postmoderne fällt mir nun folgendes ein:

Bei der Verbrennung der Bibliothek von Alexandria überlegte Kalif Omar folgendermaßen: Wenn Schriften mit dem Koran übereinstimmen, sind sie unnütz, und wenn sie nicht mit dem Koran übereinstimmen, sind sie schädlich. In jedem Fall also sollten sie verbrannt werden. Logiker nennen dies als Beispiel für ein Dilemma. In so einem Dilemma befinden wir uns jetzt in Sachen Moderne.
So meine ich, sollte das unsinnige Etikett der Postmoderne nicht mehr länger verwendet werden. Es lebe die Para-Moderne!
Als Post-Skriptum oder besser als Post-Diktum, zeige ich Ihnen noch einige Zeichnungen zur paramodernen Modenschau.

1 Post-Revolutionäre (Tatlin 1920, Ledoux 1780)
2 Post-Wagnerianer (Otto, Wien 1905)
3 Post-Modernist (Leonardo da Vinci, 1552)
4 Ionischer Volutenspezialist (Antike)
5 Neo-Monumentalist (Albert Speer, 1935)

Paramoderne Modenschau

Diskussion mit Gustav Peichl und Gottfried Böhm

Diskussionsleitung: Gerhard Schwab

Joedicke: Meine Damen und Herren, ich habe nicht gewußt, was kommt, aber was kommen konnte, das war klar. Zur Diskussion: Wenn wir von der Vergangenheit reden, von der Moderne – da ist vieles gesagt worden: Funktion, Konstruktion, auch Peichl hat eben davon geredet. Man wirft ja der Moderne vor, sie habe keine Symbole gehabt – die hat sie durchaus gehabt: den Dampfer, die Maschine – bei Corbusier. Und als ich jetzt Peichls Kläranlage gesehen habe, da kam mir die Erinnerung an den Dampfer als Symbol. Den kann man ja zweifach deuten: als Flucht oder als Aufbruch in eine neue Zeit.

Peichl: Man kann ihn auch überhaupt nicht deuten!

Joedicke: Aber Herr Peichl, da Sie auch gedeutet haben, dürfen wir auch deuten. Nun zur Diskussion. Gerhard Schwab wird das machen.

Schwab: Nach zwei so grundsätzlich verschiedenen Vorträgen ist ja Diskussionsstoff in Hülle und Fülle da. Wer möchte den Anfang machen?

Ein Zuhörer (anonym) gibt ein Statement ab:
Ich habe versucht, fünf Punkte zu formulieren. Es nennt sich „kleines Manifest", geschrieben im Juni 1979.

1. Nach der Moderne und der Postmoderne kann es weder pseudofunktionale Bauten, noch Rückkehr zu klassizistischer, rationaler oder irgendeiner anderen Architektur geben. Bauen muß wieder Architektur werden, eine selbstbewußte Architektur, die kulturell Erreichtes transformiert und darüber hinausgeht. Banal ist die Manifestation dessen in einem Stil.

2. Architektur ist auch absolut. Seit ihrem Bestehen hat sich Wesen und Sinn der Architektur nicht verändert und wird sich nicht verändern, solange der Mensch Mensch ist.

3. Architektur muß lesbar und mehrdeutig, bedeutungsvoll und anspielend sein.

4. Weder Kultur- noch Bewußtseinsindustrie können über die Notwendigkeit einer disziplinierten und starken Architektur hinwegtäuschen, noch können und sollen sie eine solche forcieren.

5. Architektur kann nur Architektur sein, wenn sie die Erinnerung an die Vergangenheit in sich trägt.

Frager (anonym): Ich hätte eine Frage an Herrn Böhm. Sie hatten im Vortrag Bezug genommen auf einen Entwurf von Herrn Robert Krier, den Sie „gar nicht schlecht" fanden. Ich wollte Sie jetzt fragen, ob Sie in Ihrer Architektur Berührungspunkte zur Auffassung eines Krier sehen oder gar Gemeinsamkeiten, oder wo Sie sich abgrenzen würden – und dies vor dem Hintergrund des Vortrages von Herrn Peichl.

Böhm: Wenn ich Sie recht verstehe, möchten Sie wissen, wie ich zur Postmoderne oder wie ich zu den Rationalisten stehe. Oder wollten Sie nur wissen, wie ich zu dem einen Entwurf stehe?

Ich kann es nicht so radikal sehen, aber nehmen Sie es um Gottes willen nicht wieder als Bescheidenheit an. Ich kann das nicht so radikal sehen wie Herr Peichl, und was ich auch nicht ganz verstehe, ist, daß er es auf der einen Seite ablehnt und auf der anderen Seite dann den Otto Wagner bringt, den ich übrigens auch sehr schätze. Aber wenn Sie sich ein ganzes Buch über Wagner ansehen, das ist nicht auszuhalten. Da ist ein derartiger Kitsch dabei, das ist furchtbar! Ich kann vielleicht folgendes sagen: Ich war ja in dieser Jury in Tegel drin (Anmerkung: Tegeler Hafen), wo Leon Krier einen Entwurf gemacht hat. Ich fand den Entwurf von Leon Krier den weitaus besten Entwurf, deshalb, weil er nicht, wie Peichl meint, nur etwas nachmacht. Ich meine, daß er, sehr kreativ, es wirklich verstanden hat, die Stadt Tegel weiterzuentwickeln, nicht losgelöst, wie es alle gemacht haben. Er hat dort nicht sogenanntes Wohnen am Wasser gemacht, sondern Krier hat richtig die Stadt bis ans Ufer geführt, mit einer herrlichen Folge von Straßen und Plätzen, die ich ganz großartig finde . . . Daß er nun meint, alle Ecken „verschinkeln" zu müssen, dafür habe ich kein Verständnis; ich meine, man könnte genauso gut diese markanten Punkte – die er meint, nur mit Schinkel besetzen zu können – auch mit heutigen Mitteln und daraus entstandenen Formen machen.

Peichl: Darf ich kurz Stellung nehmen, nicht zu Otto Wagner, es würde zu weit führen. Otto Wagner ist ausdiskutiert. Wenn man natürlich viel Otto Wagner ansieht, hat man ganz sicher nicht nur Otto Wagners Probleme, sondern eigene Probleme. Das meine ich ganz wertfrei, die habe ich auch, wenn ich mir verschiedene Dinge ansehe.

Aber zum zweiten: Ich habe gesagt – und das möchte ich präzisieren – Leon Krier ist in all seinen Arbeiten der virtuose Meister. Ich habe gesagt: die Virtuosität. Ich will das nicht abwerten. Ich will es nur zurechtrücken, weil die Wiederholungen und die virtuos vorgebrachten, rein grafischen Blätter für mich, sagen wir mal vorsichtig, zu wenig kreativ sind. Wenn Leon Krier, so wunderbar und herrlich er seine Zeichnungen macht, die Zeichnungen noch und noch publiziert, sehe ich einfach eine Gefahr der Wiederholungen, besonders jener jungen Leute, die das übernehmen, die nicht die Fertigkeit des Leon Krier haben. Er ist ja ein Guru, und das ist die Gefahr, und das möchte ich aufzeigen mit meinem Satz: Virtuosität gegen Kreativität. Robert Krier, glaube ich, sollte man da nicht so einbeziehen, denn Robert Krier ist bemüht um Realisation, nicht Leon Krier, der sich rein auf eigenständige, grafisch wunderbar ausgearbeitete Zeichnungen verlegt. Das vielleicht zur Präzisierung, daß nicht etwas falsch liegt.

Posener: Direkt hierzu: Ich möchte den Wunsch, die Bitte aussprechen, daß die Worte Kreativität und Virtuosität in dieser Versammlung nicht mehr gebraucht werden. Sie sind viel zu vage, und jeder versteht darunter, was er allein darunter versteht, und benutzt sie, um sein eigenes Urteil in einer Form zu untermauern, die in Wahrheit keine Untermauerung ist. Sorry, Mr. Peichl!

Peichl: Eine zweite Sorry-Antwort, Verehrter!
Verehrter Herr Posener, in jedem Lexikon ist geklärt, was Virtuosität heißt, und so gebrauche ich es.

Roth: Ich habe soeben den französischen Dictionnaire Larousse konsultiert. Und da finde ich bei dem Begriff „modern" weder „post-" noch „para-" noch weiß ich was. Lassen wir doch das Ding weg, dieses „post" und dieses „para" und dieses etcetera, etcetera. Vielleicht führt demnächst die Entwicklung zu einer Reinigung dieses heute so mißverstandenen Begriffes der Moderne. Dann zweitens, lieber Herr Kollege Peichl, der Sie mich als Le Corbusier-Verteidigungsminister bezeichnen, ich finde in Ihrem Referat die Einheit so schön zwischen dem, was gezeigt wurde, die Bilder zu dem, was Sie gesagt haben, mit viel Esprit und Humor und, ich glaube, tiefer Gläubigkeit!

Schwab: Jetzt wäre natürlich zu fragen, Herr Roth: Kann man überhaupt nur von „Moderne" sprechen, nach dem, was heute so passiert. Deshalb hat Peichl ja diese ganz klare Unterscheidung vorgenommen.

Bill: Ich wollte einen Vorschlag machen zur Sprachreinigung, die Herr Roth vorgeschlagen hat: Wollen wir doch bitte auch den Begriff „modern" endlich streichen!

Frager (anonym): Herr Peichl erscheint mir im Lichte eines unverdächtigen modernen Architekten. Ich möchte aber die Behauptung in den Raum stellen, daß er, wenn er auch versucht, seine Projekte sehr funktional herzuleiten, eigentlich ein Architekt ist, der im Geiste einer technischen Romantik – der Ozeandampfer-Ästhetik – entwirft und baut. Er hat also auch zitiert aus der modernen Architektur und kommentiert.

Peichl: Ich zeige lieber eigenes und rede lieber über anderes, das wird mir immer vorgeworfen. Zum Zitieren: Ich glaube, daß jeder Architekt, ob jung oder alt, egal welcher Richtung, gar nicht auskommt ohne Studium von

Formen oder Funktionen, die vor ihm da waren. Es muß nur immer eine eigene Verarbeitung, eine eigene Handschrift beim sogenannten Zitat dabei sein, denn sonst ist es ja kein Zitat, sondern ein Plagiat, das noch dazu angewendet wird.

... Ich weiß ja, warum hier so wenig gefragt wird, dieser unerotische Raum läßt keine Kommunikation zu!

Jaeger: Eine konkrete Frage an Herrn Peichl: Als er diese Kläranlage gebaut hat, hat er sich sicher auch andere Gedanken gemacht als den dieses Ozeandampfers. Ist Ihnen möglicherweise in einem früheren Stadium eine andere Form der Kläranlage eingefallen, eine, die „Kläranlage" verdeutlicht und nicht das Sinnbild dieses Ozeandampfers, also eine Bedeutung, die nicht drinsteckt – dies ist ja gerade ein Zitat und „post-" oder „para-"modern. Günther Behnisch hat einmal gesagt zu solchen Dingen: Architektur wie eine taube Nuß. Ist diese Kläranlage wie eine taube Para-Nuß?

Peichl: Zur tauben Para-Nuß: Ich glaube, es gibt kein Bild, kein Erscheinungsbild, kein Vorbild einer Kläranlage. So, wie es um die Mitte des vorigen Jahrhunderts kein Vorbild für eine Eisenbahnstation gegeben hat, so gibt es heute für eine Phosphat-Eliminationsanlage kein Vorbild. Und der Vorgang war, daß sich die Form rein aus der Funktion ergeben hat. Die Form ist das Ergebnis und nicht der Ausgangspunkt.
Mich hat Böhms letztes Projekt, das hier gezeigt wurde, besonders beeindruckt, weil hier Form-Arbeit geleistet wurde im Bereich der Technik: die gläsernen Ausblas- und Ansaugöffnungen, wo Sie so nett meinten, die mußten eben schön gestaltet werden. Ich glaube, daß das ein ganz wichtiger Beitrag ist, über den wir alle nachdenken sollten; denn, wenn wir – die Architekten – nicht die technischen Dingen, die in der Architektur erforderlich sind, die überhand nehmen, wenn wir die nicht lösen, wenn wir hier nicht Beiträge liefern, werden wir den Technokraten ausgeliefert. Wir werden schöne Bilder zeichnen, und die Technokraten, die das ja aus Geschäft machen, werden uns alle überflügeln, und das sollten wir uns nicht gefallen lassen. Es sollte jeder Architekt zur Technik, zur Funktion, den Beitrag liefern. Und so gesehen, habe ich das sehr schön gefunden, was der Kollege Böhm gezeigt hat.

Frager (anonym): Ich glaube, daß in den zwanziger Jahren, in der klassischen Moderne, oft von Funktion gesprochen wurde und eigentlich Form gemeint war. Ist es nicht ähnlich bei Ihren Entwürfen, Herr Peichl?

Peichl: Ich bemühe mich, die technischen Vorhaben zu überlegen und zu behandeln. Dann wird mir sehr oft vorgeworfen, ich sei ein Formalist. Ich bekenne mich auch dazu, weil ich glaube, daß ein Architekt, der sich von der Form distanziert, kein Architekt ist.

Jaeger: Herr Böhm hat bemängelt, daß in Bonn die Regierungsgebäude nicht an einer Magistrale stehen wie in anderen Regierungshauptstädten. Ist das denn sinnvoll? Ist es wünschenswert, für unseren Staat so eine Magistrale zu errichten? Ist es nicht gescheiter, die Bauten stehen irgendwo versteckt, so daß man die Festungen und Panzerwagen nicht mehr sieht, die drumrum stehen müssen?

Böhm: Ich meine, unsere Staatsform ist eine demokratische, aber die braucht man genauso wenig zu verstekken, wie jegliche andere Staatsform. Im Gegenteil, wir müßten eigentlich stolz darauf sein. Vielleicht ist unser Entwurf in seiner Art zu absolut, es käme auf die Ausführung an. Er müßte jedoch einen starken Bezug zur Stadt haben. Man kann solche Gebäude nicht abseits von der Stadt erstellen und behaupten: das hat Bezug zum ganzen Land. Der Bezug zum ganzen Land kann nur hergestellt werden, wenn es auch Bezug zur Stadt hat.

Frager (anonym): Warum hat Herr Peichl zwei Projekte gezeigt, die sich im Boden verstecken? Herr Peichl hat nichts zu verstecken! Z. B. seine Fernsehstudios (Linz, Salzburg) verstecken sich nicht, sind aber meiner Meinung nach wesentlich besser.

Peichl: Ich glaube, daß bei dem Verstecken ein gewisses Raffinement dabei war: Es wird dadurch, daß es versteckt ist, mehr beachtet, als wenn es irgendwo oben stehen würde.

Bill: Ich möchte auf die Frage von Falk Jaeger zurückkommen. Es ging Herrn Jaeger wohl weniger um die Staatsform, die ihre Bauten zu verstecken habe, als vielmehr um die Frage, ob nicht vielleicht angesichts der Drahtverhaue, mit denen sich die Demokratie festungsartig umgeben muß, ein Regierungsviertel zu verstecken sei, Anlagen, die also aus Sicherheitsgründen oder technischer, militärischer Notwendigkeit entstehen müssen. Es ist die Frage, inwieweit diese Notwendigkeiten von uns akzeptiert werden, und ich möchte eine Brücke schlagen, zu dem was Herr Peichl sagte: Wir müssen die Technik bewältigen. Also müssen wir auch den Stacheldraht gestalterisch bewältigen. Frage: Wo sind die Grenzen dessen, was wir an den technischen Vorgaben zu bewältigen haben, oder reagieren wir auf alles, was uns vorgegeben wird? Haben wir nicht selbst auch eine sittliche Verpflichtung, Dinge vielleicht nicht zu akzeptieren, sie vielleicht ganz bewußt von der Gestaltung auszunehmen?

Peichl: Ich gehe ganz mit Ihnen konform und sage ein Beispiel: Ich bin ein tätiger Kämpfer gegen die österreichischen Kernkraftwerke. Daß Zwentendorf nicht gebaut wurde, darf ich zu einem Teil mir anrechnen, mit meiner publizistischen Tätigkeit, mit meiner Lehrtätigkeit. Und heute noch bin ich mit aller Schärfe gegen diese Kernkraftwerke.

Frager (anonym): Herr Peichl, mich wundert, warum Sie Herrn Behnisch mit der herrlichen Vokabel „Camping-Architekt" bezeichnen, weil er immerhin einen Architekten darstellt, der mit verschiedenen Projekten versucht hat, eine gewisse Gegenposition zu diesem „para" und „post" aufzubauen. Und Ihre Position bekommt so ein bißchen esoterischen Charakter: der kriegt Hiebe, der kriegt Hiebe. Synthese: Ich komme hier ganz fein heraus. Warum machen Sie das?

Peichl: Auf so eine Frage habe ich schon gewartet. Es ist klar, daß man mit einem Referat, das man halten soll, die eigene Meinung, den eigenen Standpunkt verkaufen will. Ich will das, was ich mir denke, transportieren; allerdings ist es mir wesentlicher, Sie anzusprechen, als Sie zu überzeugen. Und zum zweiten: dazu bekenne ich mich auch, daß man sich bei einem Referat auf einem Podium, vor einem Mikrofon, wenn auch vorbereitet, Gags bedienen muß. Und einer dieser Gags, im Manuskript hier nicht eingefügt, ist der „Camping-Architekt" Behnisch. Der zieht immer, auch dazu bekenne ich mich. So negativ besetzt ist ja der „Camping-Architekt" wiederum auch nicht! Behnisch hat in München diese Zelte gebaut, die von mir, in einem anderen Referat, als technischer Beitrag zu unserer Architektur gewürdigt wurden. Daß Behnisch in seinen weiteren Diskussionen immer die Demokratie vorschiebt und seine Architektur als demokratisch bezeichnet, das habe ich nicht verstanden, und da haben wir Schwierigkeiten miteinander; deshalb mein Satz, daß Otto Wagner schon vor 85 Jahren demokratisch gebaut hat.

Frager (anonym): Ich möchte etwas zu drei Begriffen sagen, und zwar zu den Begriffen „Seriosität", „Fröhlichkeit", „Spaß", im Gegensatz zu „Unfug" und „Unseriosität". Können Sie etwas dazu sagen, Herr Peichl, daß Sie, wenn Sie bauen, sehr ernsthafte, schöne, sehr seriöse Sachen bauen? Und wenn Sie so etwas wir Ihren Vorschlag zur Weißenhofsiedlung machen, dann einen sehr spaßhaften Vorschlag machen, nämlich die Reste der Biennale in Venedig mit hineinzuwerfen? Und Zeichnungen dieser Art, die bei vielen Leuten vielleicht nicht mehr Spaß sind, sondern eine Architekturvorstellung widerspiegeln? Deshalb frage ich Sie, ist Ihr Vorschlag Spaß oder ist er schon unseriös, wie stehen Sie dazu?

Peichl: Das ist ganz leicht zu beantworten. Mir geht es darum, Dinge zu transportieren, und im Spaß darf man bekanntlich auch die Wahrheit sagen. Das werden Sie im politischen Witz finden oder bei einem kulturpolitischen Beitrag. Zu meinem Beitrag Weißenhofsiedlung: Es war mir einfach unmöglich, einen ernsthaften Beitrag, also ein Bauwerk, dorthinzustellen. Vielleicht war ich nicht tapfer genug, vielleicht bin ich ausgewichen. Ich wollte aber einen Beitrag liefern, das habe ich Jürgen Joedicke versprochen, und so, bitte, sehen Sie meinen Beitrag an: als Ironie! Die Menschen, die heute Architektur ganz ernst nehmen, reden ja auch so viel von Ironie, nur machen sie keine Ironie, sondern sie nehmen es ernst, und darin sehe ich Gefahren. Ich hoffe, mit meinem Spaß neben der Architektur soweit zu kommen, daß ich mir auch Spaß in der Architektur leisten kann.

Joedicke: Nachdem das Mißverständnis, diese Zeichnungen könnten ein Sanierungsvorschlag zur Weißenhofsiedlung sein, ausgeräumt ist, kommt ein neues Mißverständnis: Es war unsere Bitte, nicht ein Gebäude zu zeichnen, es gab auch kein Programm – nichts dergleichen! Es war unsere Bitte, die Vorstellung von Architektur, sei es in verfremdeter, sei es in realer Form, in Zusammenhang mit diesen Häusern zu setzen, um einen Beziehungspunkt für die Diskussion zu haben. Herr Peichl braucht sich nicht zu entschuldigen. Ich finde, er hat das hervorragend gelöst. Diese Zeichnungen sind sein Kommentar zur heutigen Architektur!

Es folgt eine Frage zu Gustav Peichls Tätigkeit als Karikaturist.

Peichl: Ich bin der Meinung, daß die Architekten sich zu ernst nehmen, und bin deshalb bemüht, in meinen Arbeiten das Humorvolle oder den Witz oder die Ironie zu verarbeiten. Die große Gefahr dabei ist, daß man heute die Grenzen nicht ganz erkennt. Für mich ist die Karikatur ein Ausgleich; andere gehen halt zum Psychiater, und ich zeichne mal etwas weg. Es ist ein Freimachen für mich; denn Witz oder Ironie zu machen ist ja eine verdammt ernstzunehmende Angelegenheit, nicht für den Konsumenten, sondern für den Produzenten. Die Vermengung von Architektur und Karikatur ist etwas sehr Schwieriges; ich gebe Ihnen aber recht, daß man das weiterverfolgen sollte.

Pininski: Normalerweise nehme ich nie an Diskussionen teil. Einmal muß man wohl damit beginnen. Wenn man meine Werkschau, mein Gebäude und mein Referat mißverstanden hat, dann habe ich es wohl so schlecht gemacht, daß es die Diskussion nicht verbessern kann. Trotzdem, mir hat es sehr gefallen, wenn nach meinem Referat jemand zu mir gekommen ist und gesagt hat: „Es war so viel Poesie und Lyrik in den Entwürfen, die Sie gezeigt haben!" Oder Herr Peichl hat gesagt: „Phantastisch war Ihre Kritik!" Die Sachen, die ich absichtlich nicht betont hatte in meinem Referat, waren also verstanden worden. Ein Zeppelin ist auch nicht nur ein Witz, ein Zeppelin bedeutet auch Tränen, ein Zeppelin bedeutet auch Lyrik. Alles ist nicht so blauweiß, ich meine schwarzweiß. Ich möchte zu meinem Referat nicht viel ergänzen: Entweder die von mir gezeigten Entwürfe überzeugen Sie, oder sie tun es nicht. Ich sehe das Spektrum sehr breit, deshalb habe ich versucht, darzustellen, wie das Visuelle mit der Verantwortlichkeit, den Umweltproblemen des Architekten verknüpft ist. Und wenn ich in meinem Entwurf ein Haus auf den Kopf stelle, dann will ich zeigen, daß man unsere architektonische Sprache verbreitern muß, daß sie vielschichtiger werden muß. Es muß Scherz geben, Lyrik, Kritik usw. Mehr sollte Herr Peichl darüber sagen.

Böhm: Ich meine, zum „Spaß" müßte man noch etwas sagen: Ich bin sehr dafür, daß man mit Witz baut, wenn man das richtig versteht, daß man also ein Gebäude macht, daß man es anschaut, und daß man es gerne anschaut. Aber ich würde doch sehr warnen, spaßig bauen zu wollen. Das führt zu diesen verfremdeten Zitaten, die uns noch mehr kaputtmachen.

Ein Zuhörer bemängelt, daß Gustav Peichl mit seinen Solitärbauten eine Antwort auf die Frage nach dem „Wohin" der zeitgenössischen Architektur geben will, obwohl doch gerade der bauliche Kontext, die Einpassung, das derzeitige Problem in der Architektur darstellt. Auf die Frage des Kontextes habe Herr Peichl keine Antwort gegeben.

Peichl: Ich finde diese Frage sehr berechtigt; ich gehe ganz mit Ihnen konform, wenn Sie sagen, daß die Bauaufgaben oder die Aufgaben der Architekten weit mehr in anderen Gebieten zu suchen sind als bei Solitären, Einzelkörpern. Das ist völlig klar, und das ist richtig, nur: Wenn Sie jetzt die Phosphat-Eliminations-Anlage ansprechen oder auch mein Funkhaus, das an verschiedenen Plätzen steht, dann sind die Aufgaben, die mir gestellt sind oder die ich mir aussuche – das ist ja auch möglich –, auf einen Bereich begrenzt und beschränkt, und daher arbeite ich zunächst daran und löse sie. Ich warte noch auf jene Aufgaben, die in anderen Bereichen sind. In Wien gibt es die; das Wohnen in Wien ist ganz im argen, die Wohnbauten sind ganz im argen. Wir diskutieren nun Stadterneuerung oder Stadterweiterung, einen ganz wichtigen Komplex, der in der Zukunft noch wichtiger werden wird. Ich muß ihn nur ausklammern, weil es das Thema sprengt. Wenn ich ein Bauwerk als Solitär mache, kann ich nicht noch die anderen Begriffe hineinbringen. Meines Dafürhaltens ist eine Schwierigkeit bei so einer Tagung das Thema, das ja eigentlich überall hinpaßt und kein ausschließliches Einzelthema ist, das hier diskutiert werden kann; wie mir überhaupt abgeht, die Diskussion – Herr Joedicke, das vielleicht nicht als Kritik, sondern als Anregung – die Diskussion in kleineren Gruppen! Ich würde gerne mit einer Gruppe Studenten ein Problem durchdiskutieren, ob die mir glauben oder nicht, einmal mit denen reden. Das ist bei so einer Tagung eben nicht möglich, da müßte man vielleicht andere Formen finden. Anregung und nicht Kritik!

Joedicke: Dazu möchte ich etwas sagen: Es ist auch an uns herangetragen worden, ob wir das nicht im kleinen Kreis machen sollen, was bedeutet hätte, daß natürlich die Vorträge nicht in diesem großen Forum hätten stattfinden können, oder daß sie hätten reduziert werden müssen. Wir und die Architektenkammer Baden-Württemberg waren der Meinung, man solle es in dem großen Rahmen machen. Alfred Roth hat genau dasselbe gesagt. Das könnte man in einer zweiten Phase machen. Ich bin auch der Meinung, daß Diskussionen nur im kleinen Kreis und sehr konzentriert auf ein Problem sinnvoll sind.

Architektur für die Architekten oder Architektur für Menschen!

Eberhard Zeidler, Toronto

Meine architektonischen Theorien spiegeln sich in meinen Werken wider und vielleicht klärt das, warum meine Bauten nicht einem starren logischen Prinzip folgen. Ich denke, daß in jedem Entwurf, den ich anfange, ein Widerspruch zwischen der logischen Notwendigkeit und der gefühlsmäßigen Beantwortung liegt. Eine Logik, die soweit wie möglich getragen werden muß, um sich mit all den Dingen zu beschäftigen, die wir wissen können, jedoch auch eine Logik, die ihre Grenzen kennt und die zugibt, daß da ein Punkt ist, ab dem Gefühl und Unbewußtes übernehmen müssen. Wir müssen vorsichtig sein, daß unsere Logik nicht das Fenster zu solchen Gefühlen schließt.

Ich habe keine Architektur, die ich mit mir tragen kann und die überall hinpaßt. Fotos reißen Gebäude aus ihrem Zusammenhang und vergleichen sie außerhalb ihrer Realität. Ein Konferenz-Zentrum in den Gatineaux Hills in Quebec ist vollkommen verschieden von einem multifunktionalen Gebäude in der Mitte einer Großstadt. Die gefühlsmäßige Erwiderung, die wir in dem einen Gebäude suchen, muß beim nächsten anders sein. San Francisco ist verschieden von Toronto, und seine Gebäude drücken das aus.

Wie fange ich einen Entwurf an? Wie ich gesagt habe, ich fange von diesen beiden widersprüchlichen Polen gleichmäßig an. Auf der einen Seite versuche ich, das Gefühl des Ortes, den Geist des Gebäudes, die emotionale Qualität, die er haben sollte, zu erfüllen, und auf der anderen Seite suche ich nach der logischen Konsequenz der Technologie und der funktionalen Notwendigkeit sowie den ökonomischen Begrenzungen. Die Schlacht hat angefangen. Man kämpft auf beiden Seiten, bis dann langsam die Formen ans Tageslicht kommen, die aus der Vielfalt der Möglichkeiten die Lösung in einer Gebäudeform erkennen lassen. Das ist die Art, in der ich meine Gebäude erklären möchte.

EBERHARD ZEIDLER, 1926 geboren, hat in der Nachkriegszeit in Weimar studiert, war anschließend im Büro von Egon Eiermann tätig und ging von dort nach Kanada. Er ist heute Leiter eines der bedeutendsten Architekturbüros in diesem Land. Von ihm stammt das Mc Master-Health-Science-Center, ein völlig neues Modell des Krankenhauses. Eberhard Zeidler gehört zu jenen Architekten, die sich kritisch mit der Architektur der Vergangenheit auseinandergesetzt haben und daraus nach möglichen Wegen einer kommenden Architektur suchen. Aufschlußreich für seine Architekturauffassung ist der Titel eines Artikels: „Architecture: The Fine Art of Survival“.

Abb. 1 u. 2:
Riverside School 1964

Abb. 1

Abb. 2

Abb. 3

Abb. 3:
Beth Israel Synagogue
Abb. 4:
Century Place
Abb. 5–9:
McMaster Klinikum 1968

Abb. 4

Abb. 5

Abb. 6

Abb. 7

Abb. 8

Manchmal erläutere ich die eine Seite – manchmal die andere. Jedoch sollte man verstehen, daß jede Idee der einen Seite immer wieder durch die Einflüsse der anderen Seite verändert wurde, selbst wenn ich nicht besonders darauf hinweise.

Abb. 9

Riverside School 1964

Die Einpassung eines Gebäudes in seine Umgebung. Es ist in seiner Konzeption immer noch sehr stark ein modernes Gebäude aus der skulpturellen Einheit und der skulpturellen Funktion, jedoch ist es ein Versuch, Räume zu bauen, die den emotionalen und sozialen Notwendigkeiten der Studenten entsprechen.

Abb. 10

Beth Israel Synagogue 1963

Ein Versuch der spirituellen Konzeption in der Umschlossenheit und die Idee der Progression. Die symbolische Bedeutung des Gitters als eine Station des Durchganges für das jüdische Volk: das Rote Meer.

Century Place 1974

Ein Einkaufszentrum. Die Freude, Licht in ein Gebäude zu bringen, und die herrliche Veränderung, die man dadurch erreichen kann.

Abb. 11

McMaster Klinikum 1968

Eine Veränderung in meinem Denken. Die fünfte Dimension der Architektur. Ich hatte Giedion gelesen, jedoch die Aufgabe, die hier vor mir stand, hatte meine architektonischen Ideen stark verändert.

Wie soll man ein Gebäude entwerfen, das die Funktion ausdrückt, in dem jedoch die Funktion nur ein zeitweiliger Gast ist? Die fünfte Dimension, eine Veränderung der Zeit in der Zeit. Die Lösung war das Servo-System, das hier zum ersten Mal in der Welt eingesetzt wurde. Ein Gebäude wurde in zwei Systeme geteilt: das primäre System, das etwa 60% des ursprünglichen Kapitals verbrauchte und das niemals verändert werden muß, und die sekundäre Ausfachung, die sich immer wieder verändert, wie in einer Stadt, um neuen Notwendigkeiten zu dienen. Wie behandelt man solch ein System, wie kann man mit ihm spielen, wie kann man zu der Erfahrung kommen, daß Systeme nicht das Ende, sondern der Anfang der Architektur sein können? Die

Abb. 12

Abb. 10:
New Brunswick Klinikum
Abb. 11 u. 12
Universitäts Krankenhaus
Edmonton

Abb. 13

Abb. 13:
Ottawa Civic Klinikum

Abb. 14–19:
Ontario Place, 1968

Abb. 14

Abb. 15

Abb. 16

Abb. 17

Abb. 18

Abb. 19

Abb. 20

Schaffung von Situationen, die den Menschen ansprechen und den Sinn der Orientierung abbilden. Der Raum, in dem man ankommt, der Platz, wo man warten muß, Räume, in denen man studieren kann, und zum Schluß auch eine neue Umwelt der Pflege, die eine neue Verbindung zwischen Krankenschwester und dem Patienten ergibt, die sich nicht auf die physische Separation beruft, die das vergangene Krankenhaus einführte. Das Universitäts-Krankenhaus in Edmonton, Alberta, ist ein völlig neues Konzept, um die endlos scheinenden Krankenhaus-Korridore in einen Stadtraum zu verwandeln, ein Atrium, das das Fußgängernetz des Krankenhauses sichtbar macht und es in eine grüne Oase umwandelt, was besonders erfreulich ist in einer Stadt, die acht Monate im Winter lebt.

Ottawa Civic Klinikum 1978

Umwandlung eines alten Gebäudes. Die Fotografie zeigt den jetzigen Zustand – immer noch unberührt. Der Eingriff will nicht zerstören, was da ist, sondern er will nur ein verbrauchtes Inneres in einen Platz umwechseln, der für Menschen da ist. Ein alter Korridor wird in eine Einkaufsstraße umgewandelt und soll das Rückgrat des Verkehrsnetzes des Krankenhauses werden. Dieses Verkehrsnetz soll nicht nur eine funktionale Notwendigkeit sein, sondern auch ein freudiges Ereignis während seines Benutzens.

Ontario Place 1968

Ein verlassenes Ufer, das nicht von Fußgängern benutzt wurde und nur von einer Autobahn begrenzt war, wurde durch Landauffüllung in einen Park umgewandelt. Image durch den Gebrauch der Technologie.

Vorbilder: der Öl-Drillturm, die konstruktive Perfektion des Eiffelturmes, die Idee der Spannkraft. Alle Teile des Ausstellungsgebäudes sind unter Spannung, das bewirkt die größte Leistungsfähigkeit im Stahl und schafft eine konstruktive Ökonomie, die in sich selbst zum Ausdruck wurde.

Abb. 21

Abb. 20 u. 21:
Sayers House, 1976

Abb. 22:
Beaumont 1968

Abb. 23:
Jarvis Street 1978

Abb. 22

Abb. 23

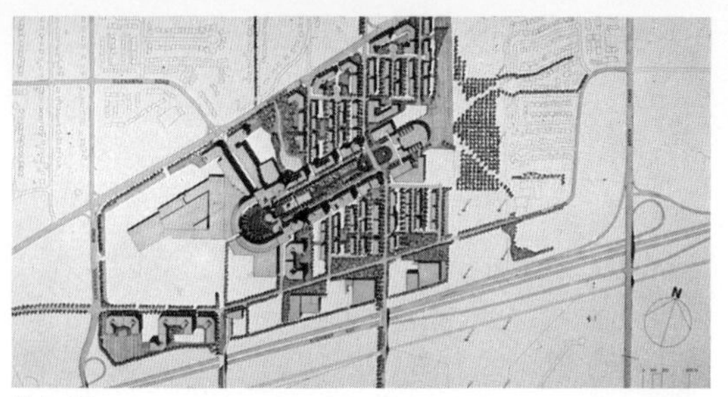
Abb. 24

Abb. 25

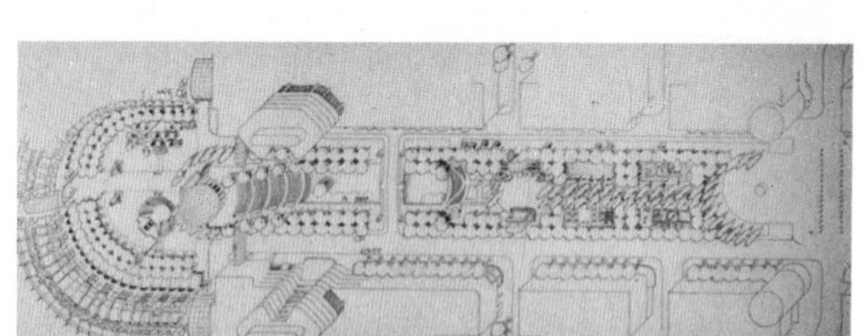
Abb. 26

Abb. 24–26:
Pickering 1977

Abb. 27 u. 28:
Wettbewerb National Gallery, 1977

Abb. 27

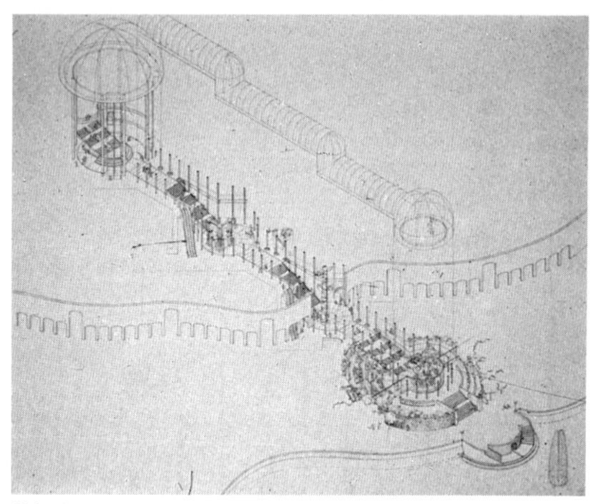
Abb. 28

Abb. 29

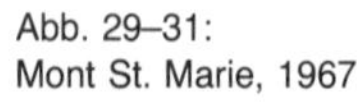
Abb. 29–31:
Mont St. Marie, 1967

Abb. 30

Abb. 32–34:
Eaton Centre, 1962

Ontario Place zieht im Jahr mehr Menschen an als die Niagara-Fälle. Spaß mit Formen, Farben, Licht und Wasser. Erstellung von Skulpturen auf einem Spielplatz; ein Platz, in dem Symphonien gespielt und andere Vorstellungen gegeben werden können.

Sayers House 1976

Ein Haus im kanadischen Wald, in dem die Erinnerung an die ursprünglichen Siedler weiterlebt. Die Stämme sind über Jahre vom Besitzer gesammelt worden, von alten Blockhäusern, bis er eines Tages mit 7000 m Blockstämmen und dem Wunsch kam, ein Haus zu bauen.

Beaumont 1968

Wiederverwendung eines alten Hauses in der Mitte der Stadt. Dieses Gebäude lebte nur mit sich selbst und dem wunderbaren Flußtal. Ich wollte, daß es wieder Teil des Tales wurde und aus ihm wuchs und nicht als ein einsamer Kasten alleine dastand.

Jarvis-Street 1978

Eine andere Art, Gebäude wieder zu benutzen. Verschieden, da es im inneren Stadtkern ist. Stadthäuser, die als Appartement-Gebäude wieder verwandt wurden und die versuchen, zu erhalten, was einmal war.

Pickering 1977

Entwurf eines Stadtplanes für eine Gemeinde außerhalb Torontos, eine Suburb, die ohne Herz gewachsen war. Eine andere Einfühlung in das Gewebe der Stadt, der Versuch, ein architektonisches Gerüst zu bauen für eine städtische Demokratie. Dem einzelnen Freiheit zu geben, jedoch innerhalb der Ordnung.

Im „National Gallery Wettbewerb 1977" versuchte ich, die historische Sprache zu benutzen, um einem solchen Gebäude Ordnung und Orientierung zu geben. Eine „Rotunda" wurde als Eingangshalle, eine „Galle-

Abb. 31

Abb. 32

Abb. 33

Abb. 34

ria“ als ein verbindendes Element zwischen den einzelnen Ausstellungsräumen, die auf verschiedenen Ebenen des Hauses angeordnet sind, vorgesehen. Das Felsufer des Flusses wurde wieder hergestellt, indem das Gebäude in den Hang gebaut und jeder Galerie eine Terrasse vorgesetzt wurde, die den Felskonturen folgte. – Erinnerungen an Sanssouci. Das Verwaltungsgebäude war der einzige Bauteil, der als wirkliches Gebäude ausgedrückt wurde.

Mont St. Marie 1967

Ein Konferenzraum in den Bergen des Gatineaux in Quebec, ein Konzept, das versucht, nicht die Natur zu zerstören, sondern ein Dorf zu entwickeln, welches sich an das französische Landgut anlehnt, ohne es jedoch zu kopieren. Formen, die den Bergen folgen und die Räume erschaffen, die das Gefühl des Bergdorfes haben, das Gleichgewicht in sich selbst und mit der umgebenden Natur schaffen.

Eaton Centre 1962

Ein fast endloser Prozeß der Entwicklung, öffentlicher Verhandlungen und des Widerstandes, um die man herumbauen muß. Über 400 000 Quadratmeter, in denen fast alle Nutzungen, inklusive Wohnungen, vorhanden sind. Ein Gebäude, das sich nicht von der Straße abwendet, sondern Erzeugung einer Fassade, die dem „strip character“ der Straße entspricht. Die Konzeption einer „Galleria“, nach historischen Vorläufern des 18. Jahrhunderts. Die Idee einer wirklichen Straße, die man mit Komfort in einem Klima benutzen kann, in dem sechs Monate Winter herrscht und in dem der Sommer fast tropisch wird. Proportionen der Straße, die Details vielleicht teilweise jedoch auch für eine andere Rolle benutzt, zum Beispiel um eine Brücke in ihrem Eindruck zu vermindern, die in Stahl zwischen zwei schwere Betongebäude gesetzt wurde. Der Widerstand des Dachgewebes zum Betongebäude, der Spaß und die Komplexität, in der man Details sich ausdrücken ließ, ohne sie in stromlinienförmige Konventionen zu zwingen.
Konzeption einer Einkaufsstraße. Wie man den Wunsch des Architekten, eine 20 m breite Straße zu schaffen, mit dem Wunsch des Developers, der nur eine 10 m breite Straße ökonomisch tragen konnte, verbindet. Beide Wünsche wurden erfüllt. Kleine Details, Balkone, auf denen man sitzen kann, von denen man die Welt betrachten kann, aber auch Balkone, die entzückende Ornamente wurden. Säulen, die an die klassische Ordnung erinnern.

Das Interesse, in solch einem Raum zu sein, wird auf vielen Wegen gestützt. Die Fahrstühle, die von der Garage kommen, werden als Orientierungsmittel benutzt, aus denen die ganze Länge des Glasdaches der „Galleria“ sichtbar ist.

Das Gebäude ist weder ein „high-tech“ Bau noch ist es ein historisches Abbild, jedoch, wenn man anfängt, die verschiedenen Räume zu studieren, ihre Details, wie alles auf den Menschen abgestimmt ist, dann denke ich, gehört es doch zu einer Architektur, die nicht versessen ist, ihre Herkunft zu beweisen, sondern die sich mit Menschen beschäftigt.

Sie fragen, was die Architektur der Zukunft sei und dann bezweifeln Sie, was die Zukunft der Architektur wäre.

Im Lichte der Erfahrung, die wir heute haben, kann die Antwort nicht mit dem Optimismus gegeben werden, den Bruno Taut gehabt hat, als er in seinen Träumen die schimmernde Glasstadt der Zukunft sah, die, die Morgensonne widerspiegelnd, sich aus dem Nebel erhob. Der moderne Gral Parsifals, sichtbar gemacht!

Seitdem ist viel geschehen, die Glasstadt ist Wirklichkeit geworden, besonders in Nordamerika, jedoch ist sie nicht der Heilige Gral, anders als in Teleaufnahmen für Architekturzeitschriften. Die Nahbetrachtung weist die Probleme auf, die wir heute in der amerikanischen Stadt finden. Je höher die Bauten wuchsen, desto höher wurde das Elend, das unten gelassen wurde. Das Versagen der modernen Architektur! Viele ihrer Jünger widerrufen ihre Thesen.

Eine Zeit der Verwirrung. Jedoch auch eine Zeit der neuen Propheten. Werden diese nun einen besseren Weg in die Zukunft zeigen können? In welche Richtung geht unsere Architektur? Wenn wir die Geschichte der Architektur untersuchen, dann werden wir finden, daß wir unseren Prophezeiungen nicht viel Vertrauen geben dürfen. Es ist uns kaum gelungen, Voraussagen über die unmittelbare Gegenwart zu machen. Jedoch ist jeder architektonische Entwurf zur selben Zeit auch eine Voraussage, wie wir später leben wollen, und, nachdem sie im Gebäude versteinert worden ist, wie wir später leben müssen.

Heute, 500 Jahre später, hat Alberti immer noch eine Bedeutung für uns. Besonders Wittkowers Interpretationen seiner Prinzipien haben starken Einfluß auf die gegenwärtige Generation junger Architekten. Sie könnten sagen, daß ich mir widersprochen hätte: Erst habe ich gesagt, daß wir uns in unserer Voraussage verfehlt hätten, und dann gebe ich ein Beispiel, das die Macht, die solche architektonischen Prophezeiungen über Jahrhunderte haben können, bestätigt. Ich möchte weitergehen und versuchen, eine Eigenart aufzuweisen, die aller architektonischen Voraussage unterliegt.

Als ich ein kleiner Bub war, im Vorkriegs-Deutschland, verschlang ich mit Vorliebe populärwissenschaftliche Bücher. Ich erinnere mich noch immer lebhaft an ein besonderes Buch, das über die Zukunft der Bodenschätze der Welt sprach. Eine Statistik zeigte, daß der Kohlevorrat der Erde innerhalb von 50 Jahren erschöpft sein würde, und prophezeite als Konsequenz eine Erde, die in Kälte und Nacht erstarren mußte. Das Datum war für 1985 angesetzt. Die Kohlenindustrie in Nordamerika hat Schwierigkeiten, jedoch nicht, weil die Vorräte erschöpft sind, sondern weil eine Veränderung unserer Technologie andere Energieträger beansprucht. Heute haben wir jedoch eine andere Energiekrise, und wir wissen, daß diese wirklich ist – oder wissen wir es wirklich? Ich glaube nicht, daß wir eine Energiekrise haben: Wir haben einen Mangel an nicht ersetzbaren Energiequellen und eine Krise unserer Technologie, und vielleicht auch unserer Moral. In der Vergangenheit und auch noch heute haben wir, je nachdem, wie wir uns gefühlt haben, entweder den Untergang oder das Paradies prophezeit; und manchmal hatten wir recht, doch meistens nicht. Jedoch all solche Voraussagen haben sich auf historische Vorgänge gestützt. Die Geschichte erschien uns als eine Progression, die sich von einem Festpunkt zum nächsten Festpunkt entwickelte. Es schien, daß eine Fackel von einem Helden zum nächsten gereicht wurde, und wir konnten an scheinbaren Tatsachen solchen Fortschritt verfolgen. Es erschien logisch, daß man diese Linien in die Zukunft verlängern könnte. Wenn man jedoch ein paar Jahre später wieder einmal dieselben Geschehnisse ansah, wenn es plötzlich andere Leute geworden waren, die dieselben Fackeln hielten – oft verwischte auch der Rauch die Gesichter – dann wurde man skeptisch.

Wir haben in den letzten Jahren unsere Einstellung zur Geschichte der modernen Architektur völlig verändert. Giedion und Benevolo scheinen über völlig verschiedene Ereignisse zu berichten, jedoch in Wirklichkeit sind es dieselben. Ada Louise Huxtable schrieb einen brillanten Bericht über den betrüblichen Zustand der heutigen amerikanischen Architektur. Sie gab eine bestechende Einsicht in diese scheinbare Verwirrung. Sie gab zu, daß vielleicht durch solche Konflikte ein Fenster zu einer neuen Architektur geöffnet werden könnte, jedoch ihr gefiel nicht, was sie durch dieses Fenster sah. Ich denke, daß sie einen wesentlichen Punkt übersehen hat, der natürlich in dieser Verwirrung nicht leicht zu erkennen ist. Es ist unsere veränderte Anschauung über den gefühlsmäßigen Einfluß bei der Gestaltung der architektonischen Form. Diese veränderte Einstellung ist vorhanden, selbst wenn der Grund dafür nicht völlig verständlich ist.

Der formale Eklektizismus, der durch die moderne Architektur abgelöst wurde, ging davon aus, daß Stil und Ornament alle Schwierigkeiten verdecken können, ohne sich mit den funktionellen und technischen Veränderungen auseinandersetzen zu müssen. Man dachte, daß die architektonische Form ihre eigenen Regeln hätte, die natürlich unabhängig von den praktischen Erwägungen der Konstruktion und Funktion wären. Die moderne Architektur war eine Revolution gegen diese Einstellung. Das Pendel schwang nun in die entgegengesetzte Richtung. Form konnte nur als „wahrhaft" empfunden werden, wenn sie die Notwendigkeiten der Konstruktion und der Funktion ausdrückte. Es war eine lineare, logische Entwicklung.

Die alte Ordnung mußte vernichtet werden. Als Loos 1910 das Steinerhaus baute, war das für uns der Anfang eines neuen architektonischen Zeitalters. Später sahen wir ein, daß es auch das Ende eines Denkprozesses war, aus dem sich ein modernes Dogma entwickelte, das so machtvoll wurde, daß es endgültig alle Fenster schloß, die nicht in seiner Richtung lagen. Form durfte nur logisch erfaßbaren Erfordernissen Gestalt geben, ohne Begründung wurde jegliche Gestalt als Unrecht empfunden. Ästhetik wurde mit Ethik verwechselt.

Siebzig Jahre sind eine lange Periode für jeglichen Stil. Wir können nicht verneinen, daß die moderne Architektur ein Stil geworden ist, trotz gegensätzlicher Versicherungen, daß moderne Architektur die logische Konsequenz einer heutigen Notwendigkeit sein sollte. Heute jedoch scheinen wir uns in einer Periode vollkommener Verwirrung zu befinden. Es scheint, als ob da wenig Gemeinsames in den verschiedenen Richtungen wäre, in denen sich die heutige Architektur verloren hat. Manche meinen, daß alles, was heute geschieht, „postmodern" wäre, viele verwenden andere Namen für die verschiedenen Richtungen, „Postfunktionalismus", „high-tech", „Supermannerism" usw.

Abb. 35

Abb. 36

Abb. 37

Abb. 38

Abb. 35–38:
Eaton Centre, 1962

Abb. 39–41:
Discovery Bay, Hong Kong, 1981

Abb. 39

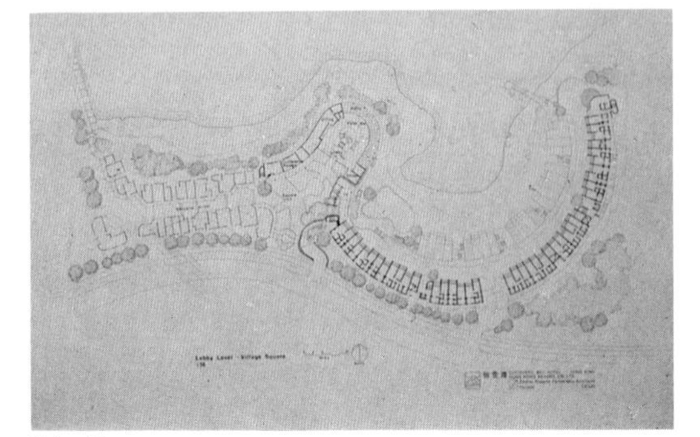
Abb. 40

Abb. 41

Charles Moore und seine Piazza d'Italia, Foster und sein Sainsbury Centre, Venturi und sein Oberlin Museum, Johnson und das AT + T-Gebäude und Rem Koolhaas und seine Träume – was haben sie alle gemeinsam (selbst wenn einige verweigern würden, daß sie etwas Gemeinsames mit den anderen hätten)? Ich glaube, es ist der Wunsch der logischen Sequenz, daß Form einer Funktion folgt, einen emotionalen Widerstand entgegenzusetzen, der die logische Form in eine gefühlsmäßige umändert.

Der Schlüssel ist die „postmoderne" Ablehnung des linearen logischen Prozesses und sein Ersatz durch einen Prozeß des Widerspruchs – Emotion oder Gefühl gegen die Logik. Die nur gefühlsmäßig erfaßbaren Elemente einer kulturellen Erbschaft, psychologische Reaktion usw. auf der einen Seite gegen die logische Ausnützung der Technologie, Wissenschaft, Funktion usw. auf der anderen Seite. Dieser Widerspruch wird zur architektonischen Transzendenz führen, zu einer Lösung des Konflikts. Große architektonische Werke waren immer solche Transzendenzen. Die Gefahr jedoch, die viele der heutigen Versuche in sich tragen, ist, daß sie das notwendige Gleichgewicht, das den beiden Seiten gegeben werden muß, abweisen. Ohne die Beachtung der Erfordernisse beider Seiten kann eine Transzendenz der architektonischen Form nicht stattfinden. Die neue Richtung scheint oft jegliche Bedingungen der Funktion oder der Konstruktion völlig abzuweisen und beschränkt sich auf eine Rezitation des historischen Eklektizismus.

Als Anfang muß man eine solche Anschauung loben, als Lösung jedoch ist sie falsch. Wir sind durch ein Zeitalter gegangen, in dem wir annahmen, daß es möglich wäre, durch die Wissenschaften alle Rätsel der Welt zu lösen. Sir Francis Bacon sagte, daß in wenigen Jahren alle Fragen durch den logischen Prozeß wissenschaftlichen Denkens beantwortet werden würden. Seine Prophezeiung wurde natürlich nicht wahr, jedoch die Idee, daß es einmal möglich werden könnte, das zu erreichen, hat man nie losgelassen. Architektonische Theorien folgten solchen Annahmen. Zuerst war es der Ingenieur, der durch seine wissenschaftliche Erfassung der materiellen Kräfte eine neue Welt erschaffen sollte, und als er versagte, wurden andere Wissenschaftler herbeigerufen. Zum Schluß war es die Aufgabe der Psychologen, den unerklärlichen Widerstand des Menschen gegen seine moderne Umwelt auf wissenschaftlicher Ebene zu ergründen.

Wir nähern uns jetzt langsam unserem Dilemma. Die Fähigkeiten des Menschen, zu verstehen und sich zu erfüllen, haben sich seit Plato nicht grundlegend verändert. Wir scheinen uns immer noch gemütlich in Häusern zu fühlen, die vor Hunderten von Jahren erbaut worden sind. Es ist auch wahr, daß wir uns oft tatsächlich in diesen Häusern besser fühlen, als in manchen modernen. Der Grund ist natürlich, daß wir unsere Umwelt nur durch unser Gehirn aufnehmen können. Trotz der großartigsten Leistungen, die das Gehirn vollbracht hat, ist es von der Natur nur beschränkt programmiert worden. Viele Dinge können wir einfach nicht aufnehmen, zum Beispiel Unendlichkeit, oder – „den Urknall", „The Big Bang", wenn das der Anfang der Welt war, was geschah davor?

Nach einem Jahrhundert, in dem wir nur an Fortschritt geglaubt haben, fangen wir jetzt an, die Grenzen unserer Fähigkeiten zu erkennen, die Grenzen unseres Wachstums in der Welt, die „limits of growth", jedoch auch die Grenzen unseres Denkvermögens. Wir erkennen, daß wir immer noch Platos Höhlenmenschen sind, die nur die Reflexion der Realität sehen. Als Menschen leben wir nicht allein in uns selbst, sondern – in Worten Köstlers – leben in uns immer noch das Pferd und das Krokodil. Die Neocortex des menschlichen Gehirns mit ihrer logischen Kraft hat nur sehr beschränkte Kontrollmöglichkeiten. Emotionen und ihre unabhängige Existenz, außerhalb logischer Kontrolle, haben eine Bedeutung in der Architektur, die wir suchen müssen. Sie liegt verborgen in verschiedenen Ebenen der kulturellen Erbschaft des Individuums und seiner Gesellschaft, im historischen Präzedens, in der gefühlsmäßigen Reaktion der Umwelt und in der individuellen psychologischen Erwiderung. Alle diese Faktoren beeinflussen die architektonische Form. Man muß nur an den Einfluß denken, den die dorische Säule in der abendländischen Kultur ausgeübt hat und immer noch ausübt. Es kann keine konstruktive oder funktionelle Erklärung für diese Phänomene gefunden werden, die über 4000 Jahre gültig waren, wenn wir die vordorischen Säulen von Beni Hassan einbeziehen. Die Antwort für dieses Phänomen könnte nur auf verschiedenen Ebenen gefunden werden, vielleicht im emotionalen „Imprint" (Einprägung). Möglicherweise können wir auch eine Erklärung finden, wenn wir die Architektur mit der Sprache vergleichen. Jedoch müssen wir vorsichtig mit einem solchen Vergleich umgehen. Auf der einen Seite finden wir viele hilfreiche Ähnlichkeiten, wie Syntax, Grammatik und das Konzept einer gemeinsamen Verständigung. Anders ausgedrückt, Sie können sich nur mit Leuten unterhalten, die Ihre Sprache verstehen. Eine große Lehre für Architekten. Wenn wir jedoch den poetischen Vergleich überschreiten, müssen wir erkennen, daß Architektur und Sprache auf völlig verschiedenen Ebenen laufen. Die Anerkennung des gefühlsmäßigen Elements innerhalb der Architektur läuft parallel zu der Entdeckung der funktionellen Anatomie des dreieinigen menschlichen Gehirns. Solche Anerkennung jedoch öffnet wieder ein Fenster für unsere Architektur.

Ich möchte hier nicht mißverstanden werden: Ich behaupte nicht, daß die moderne Architektur Emotionen völlig abgesagt hat, das würde nicht den Tatsachen entsprechen; jedoch fühlte sich die moderne Architektur immer befangen, wenn sie für solche „emotionellen" Ideen keine logischen Gründe aufweisen konnte. Selbstgefühl mußte wissenschaftlich durch Umweltpsychologie gemessen werden. Die moderne Architektur war nicht ein Zustand, der außerhalb eines Historismus lag, wie man annahm, und die einzige und wirkliche Wahrheit ausdrückte. Sie war nur ein Zyklus, eine Periode wie jede andere. Ein Zyklus, der nun auch eines Tages zum Ende kommen muß. Verschiedene architektonische Historiker glauben, daß man unseren heutigen Zustand mit dem Manierismus vergleichen könnte. Der Manierismus folgte der langen Herrschaft der Renaissance und war noch sehr mit ihr verschmolzen, bis er dann durch das Barock abgelöst wurde. Der Manierismus brauchte die Regeln der Renaissance, um mit ihnen spielen zu können. Ohne dieses Spiel hätte der Manierismus seine Bedeutung verloren. Giulio Romano und sein Palazzo del Tè, Michelangelo und seine Biblioteca Laurenziana können nur so als eine Verschiebung der klassischen Sprache der Renaissance verstanden werden. Viele der heutigen Ankündigungen des Postmodernismus können nur durch solch einen Vergleich mit dem Manierismus verstanden werden – als eine Verschiebung der klassischen Sprache der modernen Architektur. Wir sollten jedoch auch nicht vergessen, daß nur durch Verschiebung der Regeln allein die Wunder des Römischen Barocks sich nicht entwickeln konnten. Solche, für manche witzigen, Verschiebungen sind aber notwendig, um die Fenster wieder aufzustoßen und die Welt wieder richtig zu sehen.

Ein wichtiger Teil solcher Verschiebungen hängt natürlich mit Anspielungen auf historische Formen der Architektur zusammen. Ada Louise Huxtable nennt diese Anspielungen eine hausbackene Geschichte, der die Verfeinerung fehlt, die zum Beispiel ein Luytens gehabt hat. Das ist richtig. Viele der Beispiele zeigen eine Perversität in ihrer Annäherung an das geschichtliche Vorbild, jedoch dürfen wir nicht vergessen, daß die geschichtliche Metapher heute anders genützt wird als Luytens sie anwandte. Man versucht, durch das bekannte Vorbild eine neue Realität einzuführen. In Luytens Hand wurde es nur auf der Ebene des schon Bekannten gebraucht; selbst wenn es ganz raffiniert und sehr verfeinert angewandt wurde, hat Luytens niemals in seinen Werken die Ebene des Bekannten verlassen.

Ganz kurz möchte ich noch auf die politische Metapher der Architektur hinweisen. Wir dachten, daß sich die moderne Architektur über die Politik erheben könnte und nicht durch sie gebunden wäre. Die Verwirrung, die das hervorgerufen hat, ist unglaublich. Wenn wir unseren Blick über die Geschichte der Architektur schweifen lassen, müssen wir doch anerkennen, daß sie immer – selbst oder vielleicht besonders in ihren schönsten Zeiten – eine Metapher, ein bildlicher Ausdruck der zeitlichen Herrschaft war. Die fast kindliche Naivität, mit welcher man die Architektur benutzen wollte, um soziale und politische Probleme zu lösen, war fast unglaublich. Corbusiers Ville Radieuse und ihre wirklichen politischen Konsequenzen sind fast undenkbar. – Selbst ein Orson Welles könnte es nicht schildern – jedoch verfolgte man solche unmöglichen Konzeptionen mit unglaublicher Beharrlichkeit.

So, wo sind wir jetzt?
Vielleicht hat uns das alles nicht weit gebracht. Unser Bruch mit der modernen Architektur, unser Weg aus ihr heraus, der uns erlaubt hat, wieder zurückzuschauen und unseren Gefühlen wieder freien Lauf zu geben, hat vielleicht nur einen Kreis beschrieben, und wir sind wieder dort, wo wir vor langer Zeit gewesen sind. Vielleicht ist das jedoch nur so, wenn man das von oben ansieht, von der Seite gesehen sind wir vielleicht auf einem höheren Plateau, und es war nicht ein Zirkel, sondern ein Helix.

Wotton übersetzte die Worte des Vitruvius: „Well building means commodity, firmness and delight." „Bauen heißt Nutzbarkeit, Festigkeit und Freude", und diese Aussage ist immer noch richtig. Jedoch deuten wir sie heute auf drei Weisen.

1. Nutzbarkeit, Festigkeit und Freude hängen nicht in einer linearen Konsequenz voneinander ab, wie das die modernen Theorien vorweisen wollen. Jede Aussage hat ihre eigene Kraft, die unabhängig von den anderen ist.
2. Sie wirken nicht selbständig in ihrem Ausdruck. Das hatte der Eklektizismus des 19. Jahrhunderts versucht, und in dieser Weise wollte auch Venturi in seiner „Decorated Shed"-Theorie das Rätsel lösen. Um

Architektur zu werden, müssen sie einen Verschmelzungsprozeß durchmachen (Fusion), der sie verändert.

3. Der Zyklus des Wechselns ist verschieden. Funktionen verändern sie vielleicht am schnellsten und Emotionen am langsamsten. Wie ich schon sagte, die Anatomie des menschlichen Gehirns hat sich seit Plato noch nicht verändert.

Um Architektur zu werden, müssen diese voneinander abhängigen Kräfte zu einer Form verschmolzen werden. Deshalb ist es nur verständlich, daß das, was jetzt geschieht, niemals wieder etwas sein kann, was vorher war, selbst wenn geschichtliche Vorbilder benutzt werden. Selbst wenn die Emotionen sich nicht verändert hätten, die anderen Faktoren haben sich verändert und so muß die endgültige Verschmelzung das Vorbild verändern. Im gleichen Sinne ist es natürlich nicht möglich, historischen Vorbildern zu folgen und gleichzeitig unserer Technologie auszuweichen.

Der Büroturm ist heute da, und es sind bessere Wege zu finden, um seine Fehler zu lösen, als ihn einfach wegzuwünschen. Wir können auch nicht den Komfort wegnehmen, den uns dieselbe Technologie gegeben hat. Jedoch, das Abbild einer hygienischen, funktionellen Badezimmer-Architektur hat niemals die Sprache gesprochen, die von den Menschen verstanden würde. Jetzt sind wir endlich an die Eigenart gestoßen, die allen diesen architektonischen Voraussagen gemeinsam ist: Sie hängt von der Ebene des Wechsels ab, der vorausbestimmt wird.

Auf der Ebene der menschlichen Emotion hat selbst Alberti heute noch große Bedeutung. Für uns jedoch, auf der Ebene der Technologie, ist er, anders als in geschichtlichem Interesse, bedeutungslos. Die Teile der Architektur, die das menschliche Gefühl ansprechen, werden noch in Jahrhunderten Bedeutung haben. Wenn wir jedoch über die Funktionen und die Technologie der Architektur sprechen, werden unsere Vorhersagen manchmal schon veraltet sein, ehe wir sie aussprechen können.

Die neue Richtung, die unsere Architektur heute zu erreichen scheint, zeigt uns wieder den vollen Horizont und nicht nur einen beschränkten Teil. Ja, wir müssen mit unserer Architektur wieder Freude bereiten: Gefühle, die vielleicht in unserer Entwicklung als Menschen 4000 Jahre zurückgreifen und sich mit den verborgenen Bedeutungen unseres kulturellen Erbgutes auseinandersetzen. Wir müssen eine Nutzbarkeit schaffen, die sich auf der einen Seite einem Menschen anpaßt, der sich psychisch während der letzten tausend Jahre wenig verändert hat, der jedoch Komfort verlangt in einem verwirrenden Zustand widersprüchlicher Gegebenheiten, den er selbst durch sogenannten Fortschritt geschaffen hat. Und wir müssen letztlich auch Festigkeit in unserer Architekturform erreichen, so daß sich in ihr Freude und Nutzbarkeit ausdrücken kann, jedoch mit einer Technologie, die mit unserem Space-Age in Verbindung steht.

Sie fragen, was die Zukunft der Architektur wäre? Wir sollten uns an die Worte Hermann Hesses erinnern: „Wohlan denn, Herz, nimm Abschied und gesunde."

Abb. 42

Abb. 43

Abb. 42 u. 43:
Discovery Bay, Hong Kong, 1981

Über das Recht der Architektur auf eine autonome Sprache

O. M. Ungers

OSWALD MATTHIAS UNGERS, 1926 geboren, knüpft mit seinen Arbeiten bewußt an die gewachsene und durch die Zeit geprägte Umwelt an. Sein Werk ist bestimmt durch Respekt und Verständnis für den „genius loci". O. M. Ungers war einer derjenigen, die wohl als erste in den sechziger Jahren in Deutschland Fragestellungen aufgriffen, wie sie heute im Mittelpunkt der Diskussion stehen. Er war zunächst an der TU Berlin tätig, bevor er in die USA ging und in Ithaca als Lehrer wirkte. Nach einer Phase, die ausschließlich von Projekten und Ideen geprägt war, steht er heute vor der Ausführung großer Projekte (Landesbibliothek in Karlsruhe, Deutsches Architekturmuseum und Messegelände in Frankfurt).

Es ist immer schwierig für mich, das richtige Thema zu wählen, weil man, wenn man sich überlegt, was man eigentlich sagen soll, nicht weiß, wie man den richtigen Ton findet, was soll man eigentlich vortragen? Was man dann tut: man geht durch eine Menge alter Schriften, die man gemacht, eventuell Manifeste, die man geschrieben hat, und versucht, aus alledem vielleicht etwas Sinnvolles zusammenzustellen, unter Umständen einige aktuelle Gedanken hinzuzufügen.

An sich hatte Jürgen Joedicke uns gebeten, etwas zur Weißenhofsiedlung zu skizzieren. Ich habe das nicht getan, teilweise, weil ich Bedenken hatte, teilweise, weil ich glaubte, ich sollte mich vielleicht mehr verbal dazu äußern und nicht in einer Zeichnung. Ich habe so viel für Papier produziert, in den letzten 20 Jahren, in allen möglichen Städten, und ich dachte, ich sollte die Papierproduktion einstellen und mich auf konkrete Projekte beschränken, auch wenn ich im Moment in einer Phase bin, wo die Konkretisierung von Projekten so schlimm geworden ist, daß ich auch das vielleicht wieder bedaure. Jedenfalls, als ich mir den Katalog ansah von der Weißenhofsiedlung wurde mir klar: Es ist vielleicht ein wichtiges – es ist das wichtigste Dokument der modernen Architektur, denn hier in Stuttgart sind nicht nur Häuser gebaut worden, nicht nur vielleicht einige Versuche gemacht worden, sondern es sind Manifeste realisiert worden.

Sie alle kennen die Texte der Manifeste, und ich will sie nur ganz kurz andeuten, denn sie sind eigentlich der Ausgangspunkt dessen, was ich sagen möchte.

Mies hat beispielsweise sein Manifest gebaut und hat gesagt, aus wirtschaftlichen Gründen fordere das Bauen von Mietwohnungen Rationalisierung und Typisierung der Herstellung. Die immer steigende Differenzierung unserer Wohnbedürfnisse aber fordere auf der anderen Seite größte Freiheit der Benützung. Und er hat sein Manifest gebaut, indem er gezeigt hat, daß man mit

Rationalisierung auch Freiheit in der Grundrißaufteilung bauen kann.

Es war ein sehr wichtiges Manifest zur damaligen Zeit. Das zweite Manifest war von Gropius. Er hat zu seinem Vorschlag in seiner Schrift „Bauweise zur fabrikatorischen Hauserstellung" gesagt: „Für die Erfüllung des starken Bedürfnisses nach serienmäßig hergestellten, billigen aber einzeln lieferbaren Einfamilienhäusern sollte im vorliegenden Falle durch neue Verfahren nach eigenem Plan eine Lösung gefunden werden." Wir wissen, was für eine Welle das ausgelöst hat, und man kann sich nachträglich über die Tragweite dieses Experimentes klarwerden.

Das dritte Manifest, das gebaut wurde, und das für meine Begriffe sehr wichtig war, war das von Corbusier, indem er zum erstenmal hier in Stuttgart die fünf Punkte einer neuen Architektur zeigte. Fünf Kriterien waren für Corbusier die neue Architektur: der Pfosten, das Domino-Haus, das Skelett, das unabhängig existiert vom Grundriß, der Dachgarten, die freie Grundrißgestaltung, die losgelöst war von der Konstruktion, sowie das Langfenster, weil die Fassade von konstruktiven Belastungen befreit war. Und dann die freie Fassadengestaltung. Aus diesen fünf Punkten heraus hat sich ja dann auch sehr viel in der modernen Architektur entwickelt.

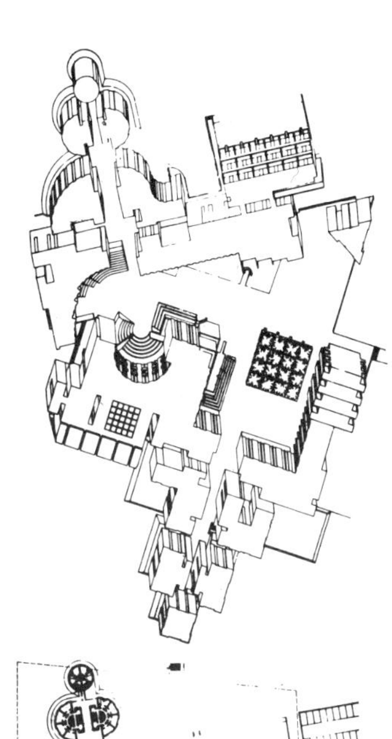

Abb. 1

Diese Manifeste der Wirtschaftlichkeit, der freien Aufteilbarkeit der Grundrisse, einer neuen Konstruktionsmethode haben sicherlich das Bauen lange Zeit beeinflußt – ich will gar nicht vom Funktionalismus reden, der ja dahintersteckte –, und sie sind eigentlich bis heute die Kriterien der Architektur geblieben.

Aber nicht nur deshalb meine ich, daß die Weißenhofsiedlung wichtig sei, denn sie zeigt diese Dokumente in gebauter Form – nicht nur theoretisch –, und wenn Stuttgart ein Erbe zu verwalten hat, dann ist es eigentlich das

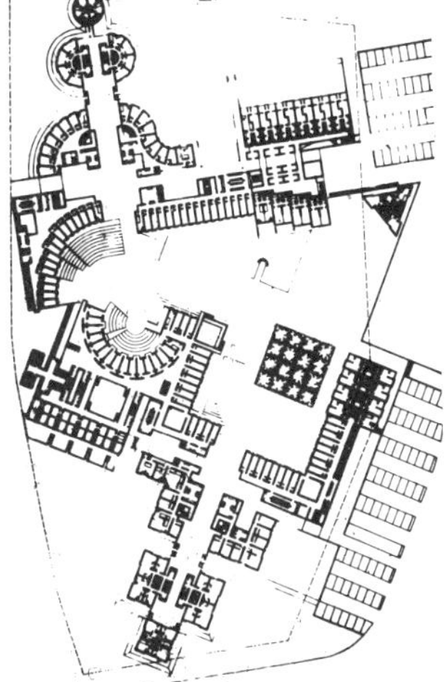

Abb. 2

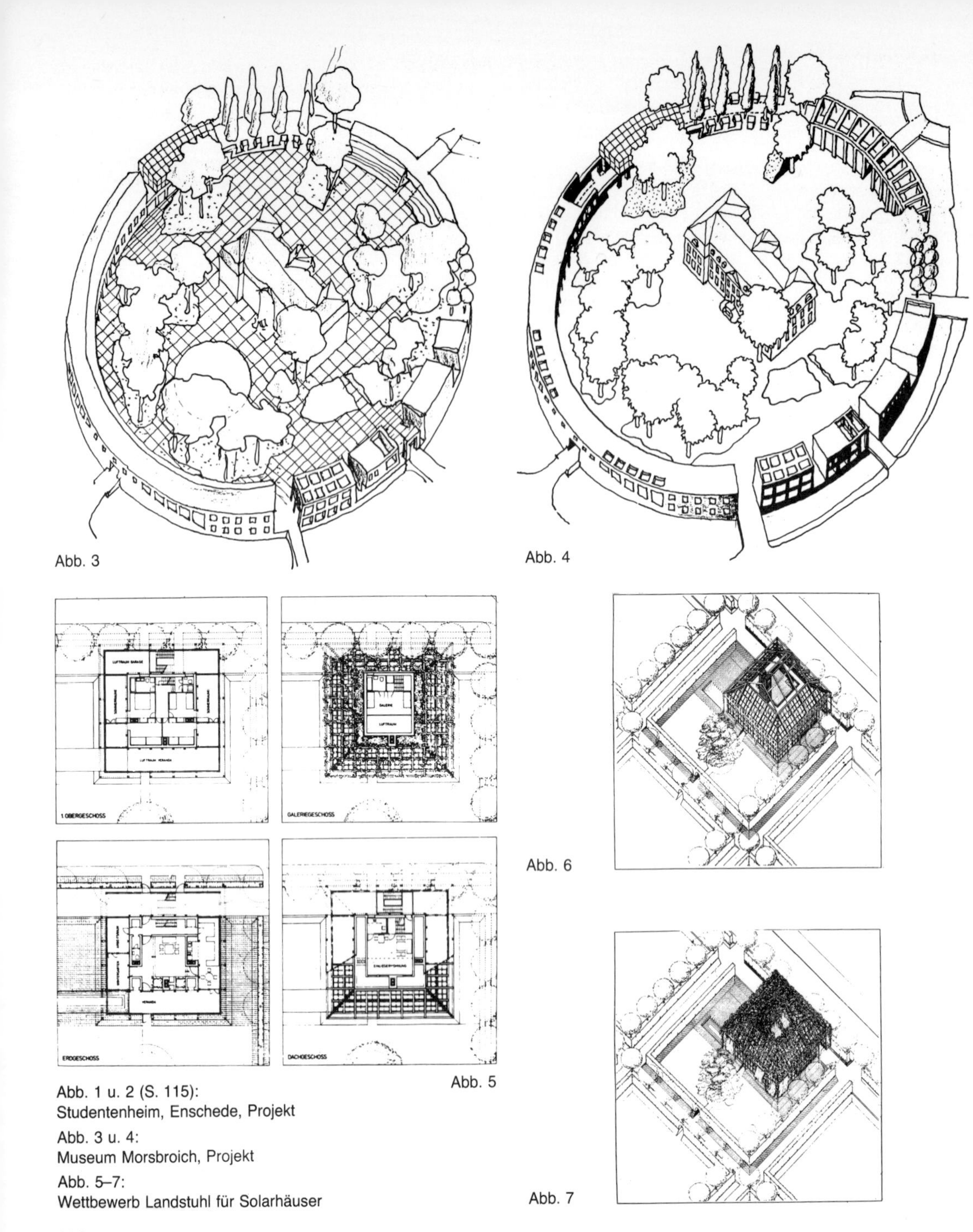

Abb. 3

Abb. 4

Abb. 5

Abb. 6

Abb. 7

Abb. 1 u. 2 (S. 115):
Studentenheim, Enschede, Projekt

Abb. 3 u. 4:
Museum Morsbroich, Projekt

Abb. 5–7:
Wettbewerb Landstuhl für Solarhäuser

beste Erbe, das die moderne Architektur zu bieten hat. Und da liegt meines Erachtens für Stuttgart – und soviel ich weiß, ist die Diskussion hier heftig über dieses Problem – und für das Land eine große Verpflichtung.

Diese Punkte sind nicht meine Punkte. Sie waren es nie, und ich glaube auch nicht, daß ich darüber sprechen sollte. Es gibt sicherlich Architekten meiner Generation, die darüber besser sprechen können, die diese Kriterien viel besser erfüllt haben als ich. Wenn ich ein fleißiger Schüler der Moderne gewesen wäre, hätte ich sicherlich mein Ziel verfehlt. Ich bin mir darüber im klaren, wie wichtig sie waren, aber sie waren nicht Teil meiner Arbeit. Ich möchte deshalb aus einer ganz neuen, gerade fertiggestellten Arbeit fünf Lehren mitteilen, die nicht auf das „Moderne Bauen" zurückgehen, sondern – wie könnte es anders sein – auf fünf Lehren, die ich aus Schinkels Arbeit gezogen habe. Ich setze an den Anfang ein Zitat von Karl Friedrich Schinkel:

„Für das Urteil sind viele ausgebildet, für das Machen wenige, deshalb muß die Meisterschaft geachtet werden."

Es werden sicherlich auch viele sein, die nachträglich über Schinkel urteilen, werden sie aber auch die Meisterschaft erkennen und Lehren aus seinem „Machen" ziehen?

Objektiv, vom Standpunkt der Baugeschichte aus gesehen, ist Schinkels Position als der „deutsche Baumeister" längst abgesichert und mehr als manches Mal der Sache zuträglich dokumentiert. Was heute noch in den meisten Fällen zu sagen übrig bleibt, ist oft nichts anderes als selbstgefällige Darstellungen und gefühlvolle Übungen zum Leben und Werk des großen Architekten. Denn es hat sich längst herumgesprochen: Schinkel ist „in", und das nicht nur hierzulande; auch da draußen. Selbst in Japan sucht man sich in die humanistische Welt der neoklassischen Antike zu versetzen und meditiert über eine Architektur à la Schinkel. Schinkel ist plötzlich in Mode gekommen. Nach der langen Durststrecke formaler Enthaltsamkeit wird sein Architekturvokabular institutionalisiert. Er ist Party-Gespräch zwischen New York und Tokio und füllt die Köpfe und Mappen junger Architekten. Sein Werk ist unerschöpflicher Vorlesungsstoff und akademische Zauberformel. Man trägt Schinkel, fühlt sich bestätigt und hat sicheren Boden unter den Füßen. Die „neue Tendenz" hat endlich ihren Schutzpatron und Säulenheiligen: Karl Friedrich Schinkel.

Der Stil stimmt. Er läßt sich glänzend beschreiben, nachahmen, verändern, zitieren und fortsetzen. Das Spektrum des Meisters ist so komplex, daß sich jeder frei bedienen kann, der klassisch Veranlagte so gut wie der Romantiker, der Technologe so gut wie der handwerklich bewußte Baumeister alten Stils, der unverbesserliche Funktionalist so gut wie der tiefgründige Zeichensetzer. Alle passen sie unter den weiten Mantel des „man for all seasons". Bei ihm finden sie alle Platz. Er ist in allen Stilen, Techniken und Methoden zu Hause und beherrscht alle Prinzipien gleichzeitig.

Das aber ist der Punkt, wo die Ironie sich selbst überholt. Subjektiv gesehen ist Schinkel weder Säulenheiliger noch Monument, weder abgesichert noch institutionalisiert. Ganz im Gegenteil, er ist kontrovers und lebendig wie eh und je. Vorausgesetzt, man läßt sich nicht von der verführerischen Verwendung seiner unterschiedlichen Stilformen verleiten, sondern man ist bereit, allgemeine Lehren aus seinen Ideen und dem sie tragenden geistigen Konzept zu ziehen.

Die Ideen Schinkels nämlich sind unabhängig von dem jeweiligen Ambiente und der zeitlichen Bedingtheit. Sie betreffen die Grundprinzipien der Architektur. Wen außer einigen polemisierenden Kritikern kann es noch interessieren, das Genie Schinkel oder darüber hinaus Fragen der Architektur im Gegensatzpaar von Antike und Gotik, von Klassik und Romantik, von organischem und rationalem Ausdruck, von Form und Funktion, von demokratischem Bauen und monumentaler Architektur, von fortschrittlichem oder historischem Bauen zu diskutieren? Als ob man über die Komplexität des Bauens und vor allem über das Phänomen Schinkel noch etwas aussagen könnte, wenn man sich in Antagonismen erschöpft.

Wenn man eine Lehre aus dem Werk Schinkels ziehen soll, dann ist es gerade die von der Einheit in der Gegensätzlichkeit. Es ist die Lehre von der „coincidentia oppositorum", von dem „Zusammenfall der Gegensätze", wie sie Nikolaus Cusanus als Antithese zur dogmatischen Lehre des Mittelalters, an der Schwelle zur Aufklärung und am Anfang einer geistigen Erneuerung geprägt hat. Dieser Begriff, der die Vereinigung der Gegensätze in einem Ganzen umfaßt, ist der eigentliche geistige Hintergrund, vor dem das Werk Schinkels steht. Es ist nicht die Harmonie des antiken Stils im Gegensatz zur Vergeistigung des gotischen Ausdrucks, die symmetrische Strenge im Gegensatz zur relativierten Ordnung, sondern die gegenseitige Bedingtheit von Klassik und Romantik, von Ordnung und Zufall, von absoluter Strenge und völliger Freiheit. Der „Zusammenfall der Gegensätze" und nicht deren Isolierung ergibt erst die vollkommene, die lebendige Gestalt. Nicht die Ideologisierung der Begriffe schafft

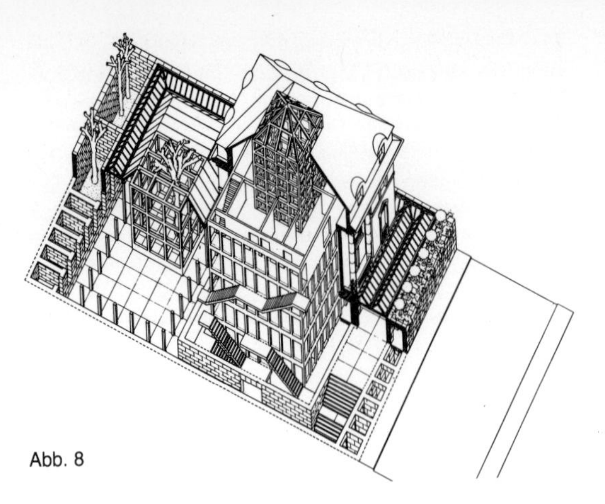

Abb. 8

Abb. 9

Abb. 10

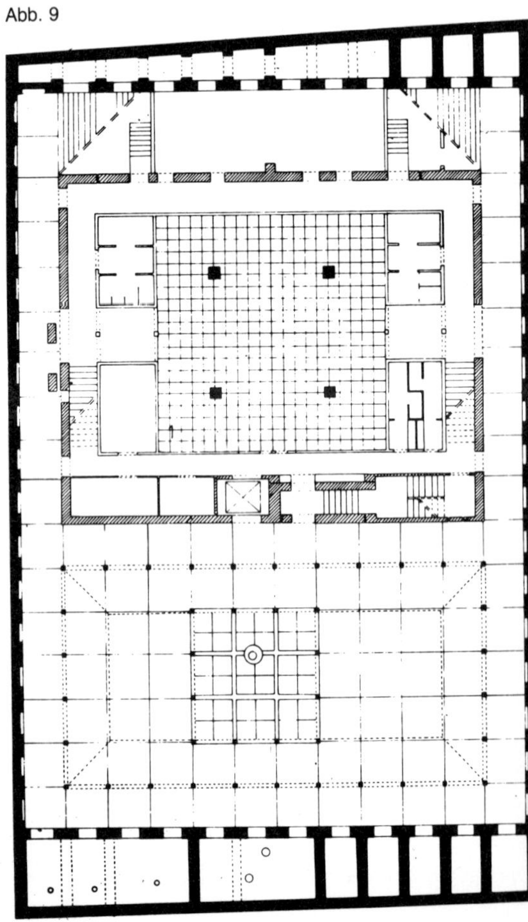

Abb. 11

Abb. 8–11:
Projekt Deutsches Architekturmuseum Frankfurt

die Einheit des Ganzen, sondern deren geistige Abhängigkeit und Bedingtheit. Das dialektische Prinzip ist das eigentliche Gestaltungsprinzip in Schinkels Werk, und das ist die erste Lehre, die sich daraus ziehen läßt. Es ist die geistige Einheit der Dinge in ihrer formalen Unterschiedlichkeit.

Diese Einheit der Dinge setzt zweierlei voraus: einmal die Kontinuität der Geschichte, zum anderen die Kontinuität der Ideen. Architektur war für Schinkel keine geschichtliche Abfolge von Stilen von der Antike zur Gotik zur Moderne und – fortgesetzt – zur post-Moderne und post-post-Moderne und so fort. Für Schinkel und seine Zeitgenossen war Geschichte die Geschichte von Ideen und deren allmählicher Entwicklung in These und Antithese bis zum höchsten Grad der Vollendung. Deshalb auch paßt Schinkels Werk nicht in eine abgeschlossene Stilkategorie, sondern führt weiter von Station zu Station, von einer Position zur nächsten in der Entwicklung und Vervollkommnung von Ideen in der Architektur. Der Stil bedeutet nichts. Er ist nur Ornament, nachträglich aufgesetzt und eingefügt. Er ist austauschbar, zeitbedingt und vergänglich. Die Idee ist alles. Sie ist beständig. Und das ist die zweite Lehre aus dem geistigen Erbe Schinkels. Es ist die Einsicht in die Dinge und die Erkenntnis des Grundprinzips, das der Gestaltung zugrunde liegt. Ohne dieses Grundprinzip, ohne die Idee, ohne das Thema und ein geistiges Konzept bleibt die Architektur an der Oberfläche, im formalen Ornament versandet. Sie bleibt dann Applikation, Aperçu, historisches Zitat und schlimmstenfalls ein Witz.

Die Idee aber ist es, die ein Bauwerk über die unterschiedlichen Zeitströmungen und Moden hinweg lebendig erhält. Sie kann nicht veralten, unmodern werden, sondern bleibt neu und frisch wie zu der Stunde, in der sie geboren wurde. In ihrer Klarheit überdauert sie auch den politischen Mißbrauch und läßt sich weder von einem einzelnen noch von Systemen korrumpieren.

Jeder Bau, der sich nicht selbst zum Thema hat, ist geistig gesehen eine Trivialität. Er mag zwar durchaus notwendige Zwecke und Bedürfnisse erfüllen und auch berechtigten technischen Ansprüchen genügen, wenn er sich aber nicht über die reine Zweckerfüllung hinaus auch als eine Idee darstellt, bleibt er vom Anspruch der Architektur als einem Ausdruck geistiger Universalität her ganz einfach eine Banalität. Schinkel jedenfalls ging es bei seiner Architektur nicht nur um die Erfüllung der Bedürfnisse, sondern zuerst und vor allem um die Universalität der Gedanken.

Eine Architektur, die auf diesen Anspruch verzichtet und sich nur im Alltäglichen bewegt, bleibt zwangsläufig in technischen Zwängen und schließlich im Chaos stecken. Ein geistiges Konzept aber ist verwandlungsfähig. Es ist flexibel und paßt sich an die jeweiligen Bedingungen des Ortes und der Zeit an. Und das ist die dritte Lehre, die uns durch Schinkels Arbeiten übermittelt wird. Es ist die Lehre von der Transformation der Dinge, von etwas Vergangenem in etwas Kommendes, von Bestehendem in Neues, von der Vergangenheit in die Zukunft. Es ist die Transformation, die mit den Mitteln der morphologischen Verwandlung das Bestehende verändert.

Mit der Architektur verhält es sich wie mit der Natur. Sie hat wie sie die Fähigkeit, sich von einer Gestaltform in eine andere zu verwandeln. Gestaltformen sind niemals abgeschlossen, sie enthalten immer auch ihr Gegenteil. Gemeint ist hier der Prozeß der Formation und Transformation von Gedanken, Forderungen, Objekten und Bedingungen, von einem Zustand in einen anderen. In Wirklichkeit bedeutet es den Prozeß des Denkens in qualitativen Werten statt in quantitativen Gegebenheiten. Ein Prozeß also, der mehr auf der Synthese als auf der Analyse basiert. Das darf man jedoch nicht so verstehen, daß das analytische Denken überflüssig sei, sondern eher, daß Analyse und Synthese alternieren, so natürlich wie das Ein- und Ausatmen, um ein Wort Goethes zu zitieren.

So wie die Bedeutung eines ganzen Satzes sich unterscheidet von der Bedeutung einer Summe von einzelnen Wörtern, so ist der schöpferische Gedanke die charakteristische Einheit, eine Reihe von Tatsachen zu erfassen und nicht nur zu analysieren als etwas, das zusammengesetzt ist aus einzelnen Teilen. Das Bewußtsein, daß die Realität durch die Imagination erfaßt werden kann, ist der eigentliche schöpferische Vorgang, weil dies einen höheren Grad von Ordnung kreiert als die einfache Methode des Testens, Prüfens und Kontrollierens. Alle physischen Phänomene sind Gestaltformen in ihrer Metamorphose von einem Zustand in einen anderen. Dieses Denken in morphologischen Verwandlungen ist der Übergang des Denkens im metrischen Raum zum visionären Raum der kohärenten Systeme, von Konzepten gleicher Beschaffenheit zu unterschiedlichen Gestaltkonzepten.

Dieses Prinzip der morphologischen Transformation ist das eigentliche Gestaltungsprinzip im Werk Schinkels. Hierdurch werden Begriffe geschaffen, die über die historische Bedeutung hinaus als schöpferisches Prinzip lebendig bleiben. Deshalb auch dachte Schinkel nicht daran, das „Alte" durch das „Neue" zu ersetzen. Er sah seine Aufgabe darin, das Bestehende weiterzuführen und zu ergänzen. Er wollte vollenden, was bereits begonnen war, und die Physiognomie des Ortes, die Poesie des Ortes entdecken. Es war die Suche nach der Idee von Berlin, die Schinkel veranlaßte, das alte Berlin nicht durch ein neues zu ersetzen, wie es spätere Generationen immer wieder versucht haben, bis hin zu Hilberseimers Vorschlag der totalen Stadt und vielleicht ähnlichen Bestrebungen in jüngster Zeit, wenn auch mit anderen formalen Mitteln. Schinkel suchte nach der Identität der Stadt und nicht nach dem formalen Prinzip. Er wollte das vielleicht nur in den Grundzügen vorhandene Gesicht in ein anderes transformieren, die vorhandenen Spuren entdecken und weiterführen. Sein Bestreben war es, die Sprache des Ortes fortzuführen, gewissermaßen den Dialog mit der Gegebenheit zu führen und den „genius loci" zu erkennen.

Das bedeutet aber auch das Akzeptieren der Vergangenheit und mehr noch die Präsenz der Geschichte. Es ist nicht die Verneinung der Bedeutung historischer Vorgänge und deren Ablehnung aus falsch verstandener Progressivität. Und das ist die vierte Lehre, die das Wirken Schinkels vermittelt. Es ist die Lehre von der Geschichte als einer lebendigen Tradition.

Ohne ein geschichtliches Bewußtsein läßt sich eine Architektur nicht für den Ort, für den sie geschaffen ist, denken. Sie lebt aus dem Ort, an dem etwas gewesen ist. Eine Architektur, die auf die historischen Bezüge verzichtet, bleibt abstrakt und theoretisch, sie wird niemals sinnvoll und lebendig. In der geschichtlichen Tradition liegen die Wurzeln einer neuen Gestaltung, und es ist dieses humanistische Bewußtsein, das den schöpferischen Anlaß gibt, aus dem heraus eine Architektur des Ortes entsteht, allein nur ihm zukommt, wie es Schinkel in seinen Schriften formuliert hat.

Erst aus dem Sinn der Geschichte und dem Bewußtsein von Geschichte kann eine neue Entwicklung fortgesetzt werden. Voraussetzung ist natürlich, daß Geschichte nicht zum Reservoir von Formen und Stilen pervertiert wird, aus dem man sich je nach Lust und Laune bedienen kann. Es würde bestenfalls eine Travestie der Geschichte sein, ihre Produkte in einem Katalog von Klischees und stereotypen Beispielen zu erfassen. Will man aus der Geschichte schöpfen, so kann es nur darum gehen, die metaphysischen Werte und die Grundprinzipien hinter den äußeren Erscheinungsformen zu erkennen. Die Geschichte ist kein Kochbuch der Rezepte, sondern ein enzyklopädisches Lexikon der Entwicklung des menschlichen Geistes. Dieses Lexikon enthält das Vokabular der schöpferischen Auseinandersetzung mit der Realität. Es enthält aber auch den Schlüssel für die Herausforderung durch die Aufgaben der Gegenwart. Eine Architektur, die auf diesen geistigen Fundus verzichten will, kann selbst auch nicht Träger geistiger Werte sein. Jede schöpferische Architektur ist eingebunden in ein geschichtliches Kontinuum, aus dem heraus sie ihre eigentliche Bestimmung erhält. Im Bewußtsein dieses zeitlichen Kontinuums liegt die wesentliche Erkenntnis des Humanismus. Erst dieses humanistische Bewußtsein hat uns in die Lage versetzt, die Dinge in ihrem geistigen Zusammenhang zu sehen und nicht in ihrer dogmatischen Vereinzelung. Deshalb auch ist jede dogmatische Architektur geschichtsfeindlich, denn sie existiert aus einem Ausschließlichkeitsanspruch ihrer eigenen Dogmen. Dabei ist es gleichgültig, ob es sich um die sogenannte „moderne Architektur", um die Architektur des Absolutismus oder um eine dogmatisierte Populärarchitektur handelt. Sie alle verstehen sich in ihrer Ausschließlichkeit als alleinseligmachende Lehre. Demgegenüber ist jede geschichtlich orientierte Architektur offen und anpassungsfähig, da sie die Relativierung als Prinzip anerkennt.

Aus dem Prinzip der Ausschließlichkeit erklärt sich auch, daß die auf einem Dogma basierende Architektur puristisch, eindimensional und lebensfeindlich ist. Die historische Architektur dagegen ist reich, widersprüchlich und lebensnah. Sie ist komplex und umfassend. Sie verbindet, wo das Dogma trennt. Sie schafft Zusammenhänge zwischen Realitäten, wo das Dogma isoliert. Sie sucht die Einheit der Teile in einer Komposition, wo das Dogma sich nur mit dem Teil selbst und dessen Systematisierung beschäftigt. Die historische Architektur sucht die Gestalt, die dogmatische die Funktion.

Und das schließlich ist die fünfte Lehre Schinkels. Es ist die Lehre von der Einheit in der Verschiedenheit. Sie betrifft die Einheit von Natur und Kultur, von Gewachsenem und Gebautem, von Umwelt und Architektur.

Schinkels Entwürfe und Bauten sind nicht nur Teil der geistigen Welt der Ideen, sondern sie amalgamieren sich auch mit der organischen Welt der Natur. Sie sind nicht konzipiert im Gegensatz zu ihrer natürlichen Umgebung. Sie wollen sich nicht gegen die Landschaft behaupten, in der sie stehen, und kämpfen nicht dagegen an. Statt sich von der Natur loszulösen, verbinden sie sich mit ihr zu einem morphologischen Ganzen, so daß sie ein Teil der Natur werden, wie umgekehrt die Natur Teil des Gebauten wird. In dieser Verbindung drückt sich das Konzept der Verschmelzung der Gegensätze nochmals in einer unbeschreiblichen Steigerung aus. Es zeigt sich in einer Bereicherung, in der eine äußerste Erfüllung harmonischen Denkens erreicht wird. In ihr werden die höchsten Glücksmomente der Kunst sichtbar.

So wie sich in einem langsamen Prozeß der allmählichen Befreiung die Höhle in den Steinbau und schließlich in das vollkommene Gehäuse des Pantheon transformiert, so spiegelt die Architektur Schinkels die Stufen dieser Entwicklung wider. Sie umspannt das ganze Spektrum vom Archaischen bis zum Vollendeten. Sie ist Natur und Kultur, Höhle und Filigran, Stein und Gerüst, Wand und Gitter, Erde und Luft, Geschlossenheit und Auflösung, Materie und Geist zugleich. Sie verbindet die Extreme im Konzept der Morphologie, in dem alle Stufen, die höchste und die niedrigste, eingebunden sind, der Traum so gut wie die Wirklichkeit, die Form genauso wie die Ahnung. Das vielleicht ist das tiefste Geheimnis Schinkels und zugleich sein schönstes und wertvollstes Erbe.

Nach diesem Aufsatz über die fünf Lehren aus Schinkels Werk möchte ich mit aller Zurückhaltung einige meiner eigenen Arbeiten erläutern, die diese theoretischen Gedanken zeigen. Zumindest den Hintergrund; denn ich habe eben Schinkels Werk dazu benutzt, einiges von den Ideen zu erklären, die ich aus den Arbeiten lernte. Und das war eigentlich in einer Zeit, in der wir in den 60er Jahren in Berlin abends zusammen arbeiteten – das sind Gedanken, die wir damals gemeinsam ahnten, zum Teil deutlicher oder weniger deutlich formulierten, die aber tragfähig waren für unser Arbeiten in den letzten zwanzig Jahren.

Es sind vier Themen, über die ich mich aussprechen möchte: Das eine ist das Thema der Transformation. Das andere ist das Thema des Fragments oder der Stücke. Das nächste ist das Thema der Einblendung in den Ort. Und das vierte Thema, das mich beschäftigt – ganz besonders in der Architektur –, ist das Thema der Verschachtelung, das Thema der Puppe in der Puppe, des Hauses im Haus.

Das Thema der Transformation in einer sehr frühen Arbeit: Es ist die Veränderung von eigentlich drei Grundformen. Es handelt sich um ein Studentenheim (Enschede 1964). Die Veränderung von drei Grundformen, dem Quadrat, dem Kreis und dem Dreieck, die transformiert werden von der „reinen Form" über die „zusammengesetzte Form" bis zum „Komplex". Vom Einzelhaus über die Straße mit dem Reihenhaus bis zum Platz mit der umschließenden Wand. Das gleiche findet in der Veränderung statt: das einzelne Haus, die Straße, der Platz mit den Objekten, die eingestellt sind. Es ist aber das gleiche identisch mit der Art der Benutzung: das Individuelle in diesem Einzelhaus, das Gemeinschaftliche und das Kollektive. Die Grundrisse sind in gleicher Form, vom Individuellen, wo sich alles selbst versorgt, bis zum Kollektiven, wo alles gemeinsam ist, das Essen, das Miteinandersein.

Und das ist eigentlich ein Idealmodell – nicht eines Studentenheimes, sondern einer kleinen Stadt. Es ist ein theoretisches Manifest über die Frage einer morphologischen Transformation – über das Problem, daß alle Dinge, alle Extreme mit allen Zwischenstufen gleichzeitig da sind und dadurch die Reichhaltigkeit und Komplexität entsteht. Es ist nicht eine formale Übung, sondern es ist das Konzept einer überlagerten, reichen, komplexen Situation. Es werden auch einige Sonderformen hinzugestellt, einfach um die Komplexität zu vervollständigen. Es ist quasi ein pluralistisches Modell des Zusammenlebens einer Gruppe von Menschen, in dem jedes Teil zu seinem Recht kommt. Die Verwandlung der Formen, die Transformation der Formen sind keine neuen Erfindungen. Sie gehen auf Durands Katalog von Formen zurück: Verwandlungen vom Kreis über Halbkreis über Stücke von Kreisen, eingeschriebene Kreise in Quadrate, Verwandlung von Quadraten in einzelne Eckpunkte usw. Es ist ein Katalog, den Durand gemacht hat, um die Architektur in ihrer ganzen Vielfalt der möglichen formalen und vielleicht auch technischen Ausbildungen zu erfassen.

Das Thema der Transformation an einem Beispiel in Leverkusen, einem kleinen Museum. Was wir vorfanden, war ein Schloßteich mit dem vorhandenen Schloß, und gebaut werden sollte – es ist leider nicht dazu gekommen – ein Museum. Das Museum ist nichts anderes als eine umschließende Wand, die sich, in Referenz zum Schloß, als Arkade darstellt, nach dem Innenhof gesehen, und als umschließende Wand nach außen. Die Wand verwandelt sich aber von einer völligen Geschlossenheit über Stufen der Auflösung bis zu einem Gitter und schließlich bis zu einem Baumraster, das sich hier in ein natürliches Baumgebilde auflöst. Es ist auch hier der Versuch, den absolut geschlossenen Raum bis zur – vielleicht höchsten Kunstform oder der höchsten artifiziellen Form – natürlichen Auflösung zu führen und damit zur Verbindung von Natur und Kunstform, von Landschaft und Gebautem zu gelangen. Nach der anderen Seite ist die Verwandlung im Funktionalen von mehr formalen Funktionen bis zum Wohnen bzw. einem kleinen Café, das sich zum Garten auflöst, verwirklicht. Der Grundriß zeigt in der ersten Stufe einen völlig abgeschlossenen Grundriß, der nur aus Kästen besteht und der sich auflöst, mit Öffnungen im Kreuz über Wände, über Längswände, über Nischen, über eine Galerie, die doppelgeschossig ist, in einen völlig offenen Raum als Skelett – bis in den Freiraum aus einem Baumskelett. Es ist auch hier der Versuch, in einem relativ kleinen Museum mit einem sehr weitgestreuten Kunstgut

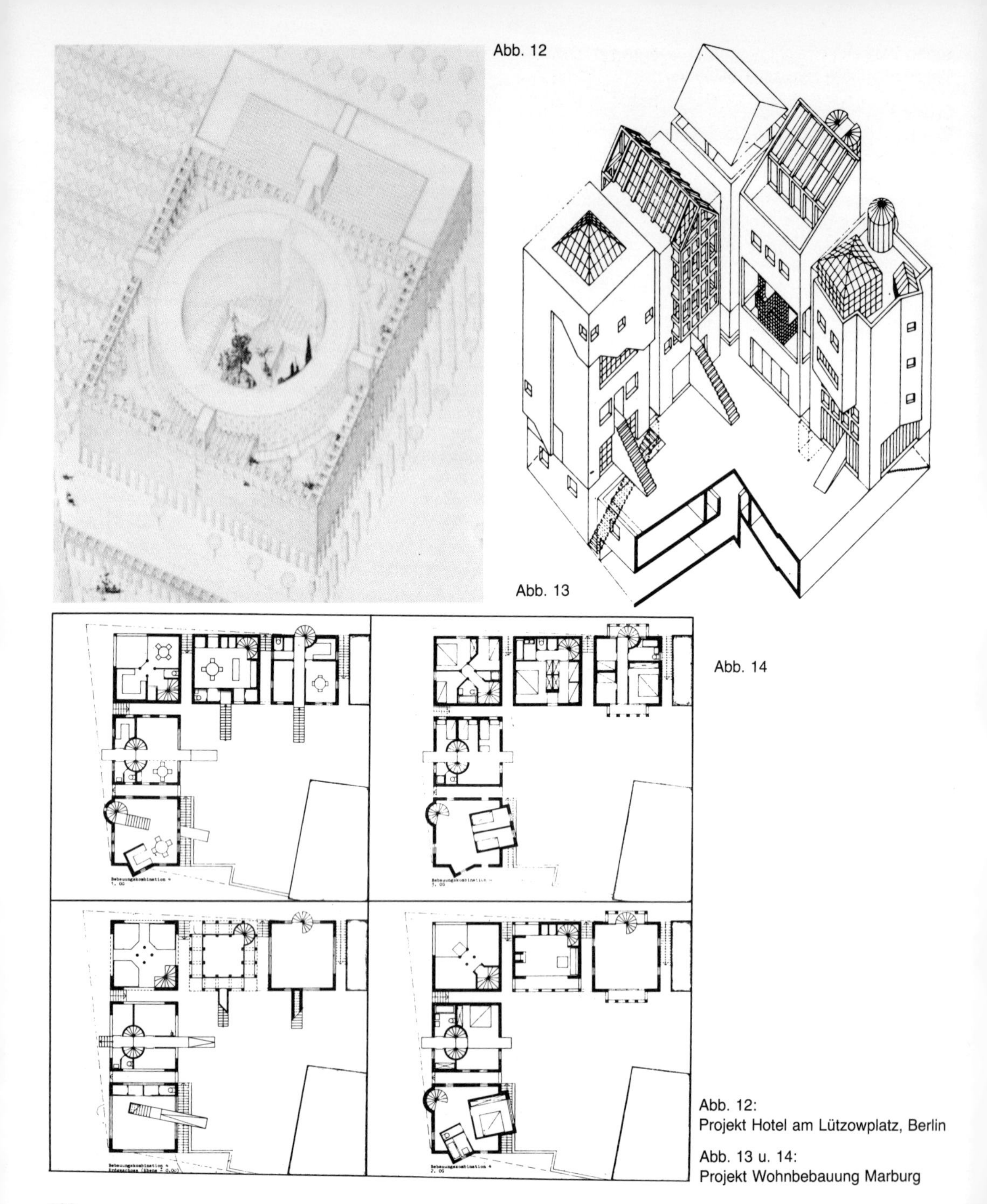

Abb. 12:
Projekt Hotel am Lützowplatz, Berlin

Abb. 13 u. 14:
Projekt Wohnbebauung Marburg

nicht nur eine einzige Möglichkeit des Ausstellens anzubieten – das läßt sich auch vom Funktionalen her erklären –, sondern die Vielfalt der Möglichkeiten von Kunstlicht bis zu völlig natürlichem Licht: Es gibt teilweise Oberlicht, im Erdgeschoß sind Nischen, die Seitenlicht haben. Ein anderes Konzept, das mich beschäftigt, ist das Konzept der Puppe in der Puppe – das russische Osterei. Ein Konzept, das natürlich nicht nur ein architektonisches Konzept ist, sondern auch ein – wie mir Psychologen gesagt haben – immanent psychologisches Konzept. Das Verschachteltsein – die Endlosigkeit – sie sind innen, aber wieder außen, sie sind wieder innen und wieder außen – es findet kein Ende. Dieses Konzept ist nicht zu Ende zu denken, es ist endlos, es hat keine Begrenzung.

Natürlich haben wir uns auch damit beschäftigt, was man heute „energiebewußtes Bauen" nennt, und gerade diese Energie-Gedanken ließen uns zum ersten Mal dieses Konzept in aller Deutlichkeit zeigen, ohne daß man mir gesagt hätte, daß ich ein Formalist sei oder daß ich an der Idee der Architektur, aber nicht an ihren praktischen Auswirkungen interessiert sei. Deshalb gab mir dieser Wettbewerb in Landstuhl für die Solarhäuser den Anlaß, nun wirklich dieses Konzept ganz rational zu vertreten, und dann wird es plötzlich glaubhaft. Es ist ein einfaches Haus, es ist gar nichts Neues. Es hat eine Steinwand mit einem Wohnraum. In dieser Steinwand sind alle Nebenräume, wie die Treppe, WC, Küche und noch ein paar kleine Nebenräume wie Kamin usw. untergebracht. Das ist die innere Zone, das innere Haus. Dann gibt es ein zweites Haus – das ist ein Glashaus –, und an dieser Stelle muß ich Frei Otto Kredit geben, der ja sehr früh, bereits in den fünfziger Jahren, die Idee vom Haus im Haus, von dieser Verschachtelung der Dinge, in seinen eigenen Experimenten dargestellt hat –, meines Erachtens eine sehr avantgardistische und mutige und sehr frühe Tat, wenn man von energiebewußtem Bauen spricht. Denn es wird ja nicht davon gesprochen, daß man Dächer mit Solarzellen bedeckt, oder aber Wärmepumpen macht – das ist Technologie, das kann die Lösung nicht sein, die Lösung muß in der Architektur liegen. Das dritte ist ein „Grünhaus", ein Gitter, praktisch ein Fachwerkhaus. Und das vierte ist eigentlich ein Garten, der Steinwall. Es werden mehrere Häuser ineinandergestellt. Und das ist genau das architektonische Konzept. Das dürfen Sie wissen – wir dürfen es natürlich nie verraten bei einem Bauherrn, sondern wir werden ihm immer erklären, daß das alles sehr praktisch und sehr vernünftig sei. Das Haus atmet mit der Saison. Wenn das Wetter schöner wird, kann es sich ausdehnen, im Winter zieht es sich zusammen. Im Winter wollen wir die Sonne durch das Glas durchlassen, damit Energie gesammelt wird zwischen den Wänden und so das Haus beheizt wird. Im Sommer wollen wir die Sonne weghalten und hoffen, daß das Gitter bewächst, so ein Schattendach in dem Fachwerkhaus gebildet wird und damit eine ganz andere Ansicht des Hauses entsteht. Zusätzlich können Tücher eingespannt werden, wie Vorhänge, die die Sonne abhalten und damit Schatten spenden – die Puppe in der Puppe, die alte Idee. Die gleiche Idee vom Haus im Haus in einem ganz anderen Zusammenhang – aber es ist das gleiche Konzept: für das deutsche Architekturmuseum, das im Moment in eine so heftige Diskussion und Polemik geraten ist. Die Hintergründe sind sehr merkwürdig. Was wir vorfanden, ist ein Grundstück mit einer Doppelvilla, nicht sehr schön in einer relativ beengten Situation am Schaumainkai. Es wurden einige Architekten gefragt, die haben gesagt: Was soll ich alte Villen umbauen, wenn ich das neu baue, wird es viel schöner, reißt doch das Ding ab! Nachdem sich also keiner von den Weltmeistern bereit fand, dieses „Ding" zu übernehmen, fiel mir dann schließlich der Auftrag zu, und ich habe mich bereit erklärt, das Haus umzubauen. Mir ging es dabei um die Sensibilität der Situation, das heißt, ich habe die Situation so wie sie ist akzeptiert. Ich habe vorgeschlagen, eine Wand – das Haus hat einen hohen Steinsockel – um das Grundstück zu ziehen, ein Glasdach darüber zu spannen und das Haus selbst zum Ausstellungsobjekt zu machen. Dadurch wird natürlich die alte Villa in ihrer Bedeutung zelebriert. Wie wird hervorgehoben, wie wird etwas Besonderes? Es wird aus dem Alltäglichen und Banalen herausgehoben in das Gefeierte, in das Besondere. Die Villa wird damit selbst zum Ausstellungsobjekt. Und diese Idee brachte mich auf meine alte Vorliebe für das Haus im Haus. Für mich war wichtig, daß diese Villa an dieser Stelle einen Erinnerungswert hat. Einen kollektiven Erinnerungswert. Wir sahen das Ganze wie eine Stadt, die ja auch quasi eine Puppe in der Puppe ist, jedenfalls so lange die Städte noch nicht so ausgeufert und in die Breite gelaufen waren, wie das heute ist, so lange sie noch eine Begrenzung hatten. Deshalb haben wir die Wand ganz stark gemacht, ganz dicht, mit schweren Natursteinen. Dann gibt es die nächste Wand der alten Villa, die ausgekernt werden mußte, weil die Decken das nicht mehr trugen, und eine Wand, die profiliert ist, die plastisch durchgebildet ist. Als nächste Stufe ein Gitter, das völlig frei hereingestellt wird für das neue Ausstellungshaus, und dann das Filigran eines inneren Hauses, das als Lichthof dient. Es sind also mehrere ineinandergestellte Häuser, und der Wechsel geht von einer sehr schweren Wand, die erst durchgangen werden muß, bis zu einer immer größeren Verfeinerung – bis zum filigranartigen Inneren.

Abb. 15 u. 16:
Wettbewerb Badische Landesbibliothek Karlsruhe

Abb. 17:
Wohnbebauung Schillerstraße, Berlin-Charlottenburg, Projekt

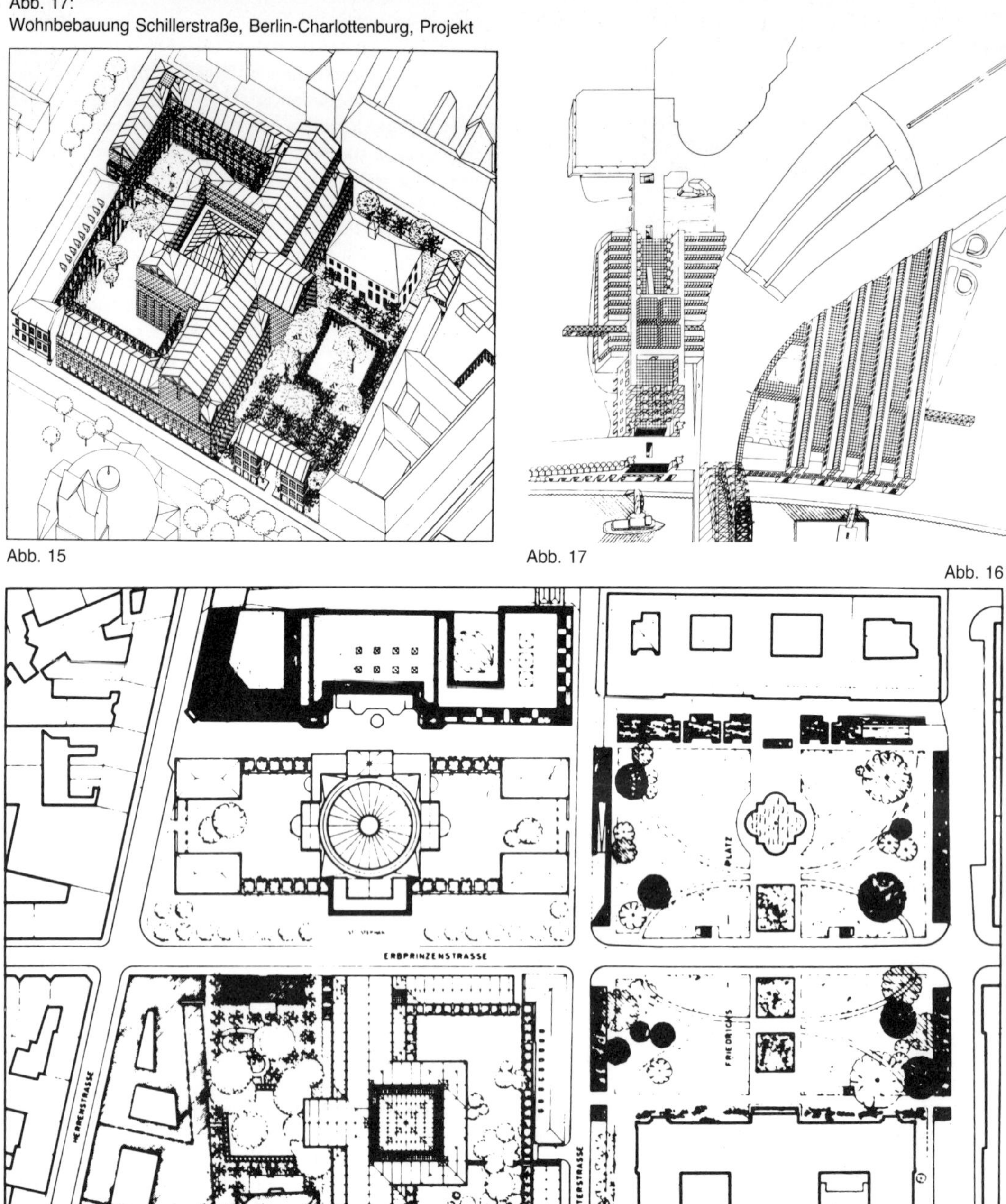

Abb. 15

Abb. 17

Abb. 16

Ein weiteres Projekt, das sich mit dem Haus im Haus, dem Objekt im Objekt, der Puppe in der Puppe, beschäftigt, war das in Berlin geplante Hotel am Lützowplatz. Der ehemalige Lützowplatz hatte eine Diagonale, und es gab einen sehr schönen runden Platz mit einem schönen Brunnen. Das ist nun alles durch große Verkehrslösungen beseitigt worden. Die Idee ist folgende: es ist ein Gebäude wie eine Stadt. Es ist zusammengestellt aus mehreren Gebäuden. Es ist kein einheitliches Gebäude. Zunächst ist es eine Wand, die unten Arkaden hat, durch die man hindurchgeht. In der Wand sind zum Teil auch Läden und natürlich Zimmer – aber es ist wie eine Mauer, die oben auch bepflanzt ist, die einen Umgang erhalten soll. Hineingestellt in diesen Raum ist ein weiteres Gebäude, das in einem ganz anderen Material gemacht werden sollte –, ein zylinderförmiges Gebäude für das Hotel, das Glashaus als Eingangshalle und vier Aluminiumtürme als Treppentürme. Es sind also mehrere Gebäude in den Platz hineingestellt. Der Mikrokosmos einer Stadt, eine kleine, verdichtete Version einer Stadt.

Das dritte Thema, das mich beschäftigt, ist das Einblenden in die Realität, das heißt, das Verbinden mit der Realität. Realität und das Eingeblendete werden eins – oder auch nicht – es kommt darauf an. Das Eingehen auf den Ort – den „Genium loci“. Marburg besteht aus vielen kleinen Häusern, wobei jedes einzelne Haus eine Individualität ist. Jedes stellt sich selbst dar. Jedes hat sein eigenes Gesicht. Die Häuser sind freundlich, sie sind böse, sie lachen, sie tun alles mögliche, es sind „Personalitäten“, es sind Individuen. In dieser Umgebung durften wir fünf Häuser ergänzen, die alle ihre eigenen Gesichter und unterschiedliche Gesten haben. Die Ergänzungen sind aber nun nicht rein zufällig – es sind nicht alles willkürliche Erfindungen, sondern das sind Interpretationen von Dingen, die wir in Marburg entdeckt haben, indem wir den Dialog mit den Häusern führten – natürlich sollte man eigentlich einen Dialog mit den Bürgern führen. Wir haben ihn aber mit den Häusern geführt. Und wir glaubten, daß auch dieser Dialog wichtig sei. Wir wußten nicht, wie wir sonst vorgehen sollten. Die Häuser sprechen ja auch – sie haben eine Sprache, sie haben einen Ausdruck, sie ergeben die Umwelt, sie machen das Ambiente, sie bezeichnen den Ort.

Die verschiedenen Häuser sind immer kleine Häuser von 6 × 6 Metern. Jedes Gebäude ist vom Konzept her anders: Mal ist der Grundriß nur durch Objekte unterteilt, mal sind es im üblichen Sinne geometrisch einfache Raumunterteilungen. Mal wird das Haus – als ob ein kleines Haus innen drin ist – ein „schwangeres Haus“. Mal ist es ein „dickes Wand-Konzept“, mal ist alles aufgereiht an einer runden Treppe, wie ein Schaschlik. Mal ist es über Geschosse versetzt. Mal trägt es ein kleines Haus, das obendrauf sitzt, wie ein Rucksack. Mal ist es geteilt in zwei kleine Häuser. Für alle diese Häuser gibt es Beispiele in Marburg. Alles das findet sich in der Sprache der Architektur, die spontan, die anonym am Ort gewachsen ist.

Die Bibliothek in Karlsruhe.
Als wir dieses Gebäude machten, wollten wir so tun, als ob es schon immer dagewesen wäre. Wir haben versucht, ein Gebäude zu entwerfen, das gar nicht auffallen würde. Und deshalb sieht das so aus, als ob es dazugehört hätte. Wir wollten keine große Geste. Es ist eigentlich eine Dekompensation der Kirche von Weinbrenner. Und das Mittel der Dekompensation ist ein durchaus authentisches Mittel. Wir haben die Kreuzform und die Giebelform mit dem Pantheonraum, der im Weinbrennerbau drin ist, fortgesetzt. Alle Elemente haben wir gefunden über das Dekomponieren eines bestehenden Hauses. Dekomponieren heißt: in Elemente zerlegen. Das haben wir getan. Außerdem haben wir den Block geschlossen.

Dann sagten wir: Wenn die Kirche so wichtig ist – und sie ist wichtig –, dann wollen wir eigentlich hier keine Konkurrenz aufbauen. Das einzige, was wir getan haben: wir haben den Eingang abgewendet. Das ist natürlich eine schöne Geste, wenn man den Eingang abdreht und in den Park hineindreht. Es gibt nicht die Entscheidung, in die Kirche gehen oder zur Aufklärung Bücher benutzen zu müssen, sondern man kann in die Kirche gehen und kann dann im Park noch mal ein bißchen nachdenken und vielleicht dann hereingehen und sich aufklären.

Wir haben dann in Weinbrenners Plänen gefunden, daß er vorgeschlagen hat, vier Häuser hier zu bauen. Wir dachten dann, wir sollten die anderen drei dazubauen, dann sieht das so aus, wie Weinbrenner es gemacht hätte, und das Haus, das jetzt dasteht, macht Sinn. Als wir das Modell sahen, waren wir sehr froh, daß wir gar nicht sahen, wo unser Gebäude ist. Und so sollte es sein. Wir wollten gar nicht mehr auffallen.

Die Isometrie zeigt den hineingedrehten Eingang. Wir wollten, daß diese Objekte als Einzelobjekte erscheinen, während die Plätze gestaltet sein sollten. Deshalb auch der Giebel, der einstöckig ist. Deshalb auch der Weg, den wir von Schinkel geliehen haben und hineingebaut haben, nicht, weil wir historische Dinge – wie immer wieder von den Kritikern behauptet wird – abmalen, sondern weil wir einfach signifikante Elemente einsetzen wollen, die zum Ausdruck bringen, daß hier Einzelobjekte – selbst der Weg wird thematisiert – hineingestellt sind.

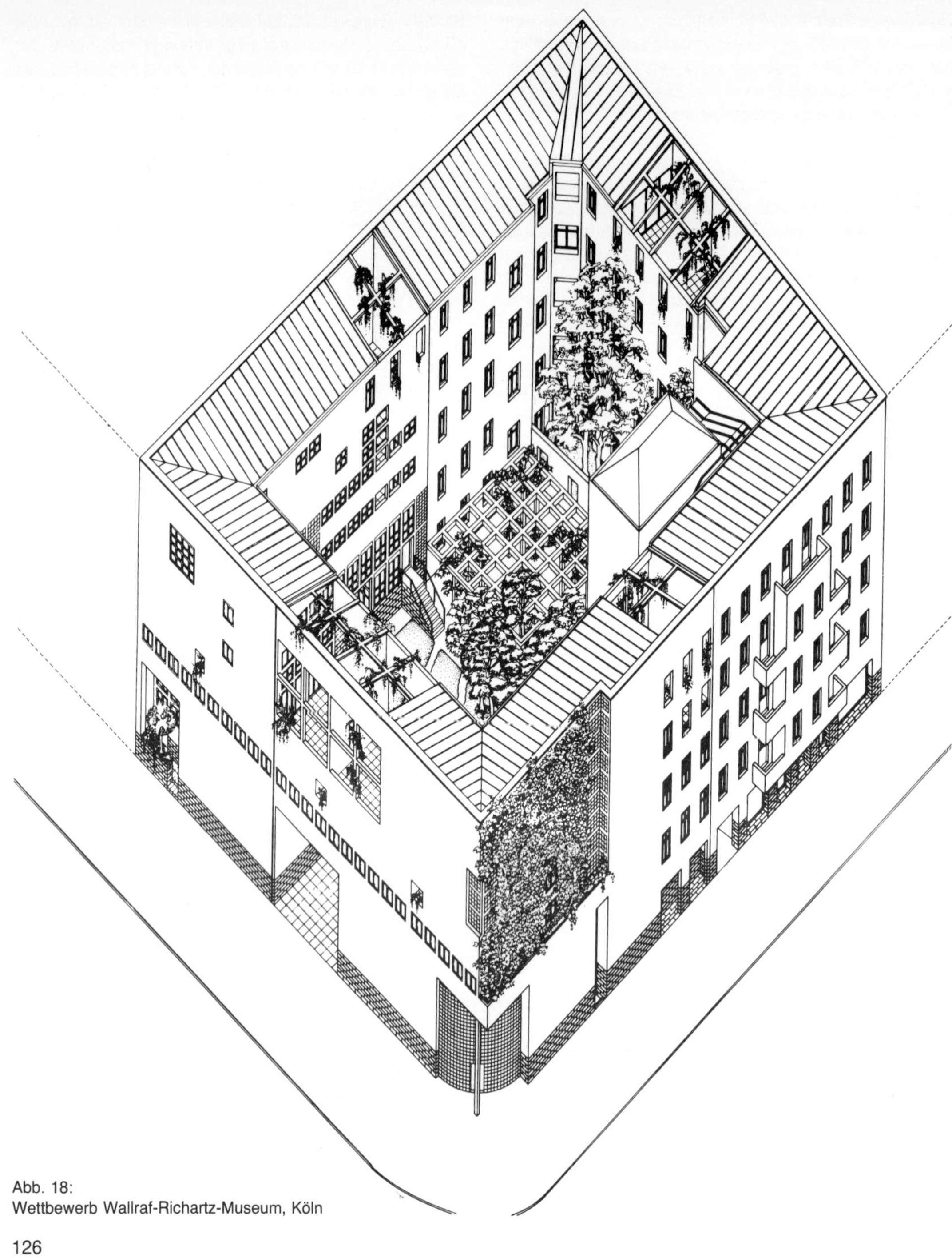

Abb. 18:
Wettbewerb Wallraf-Richartz-Museum, Köln

Der Grundriß selbst ist relativ einfach: Er hat eine Passage, die entlang einer Arkade läuft, entlang der Parksituation. Der Lesesaal im Wettbewerbsentwurf war gleichzeitig der Übergang vom Erd- zum 1. Obergeschoß, es ist ein Pantheonraum, weil er eine Kapsel hat – ein Quadrat mit einem Kreis hineinbeschrieben. Wir wollten, daß man im Lesesaal zumindest die Ahnung von Büchern hat, daß man eben ahnt, daß die Bücher in den Magazinen gelagert sind, das heißt, daß man in einer Bibliothek sitzt und nicht in einem Kaufhaus, wo man Bücher liest.

Es gibt zwei Räume, die mich immer interessieren, die mich auf gewisse Weise faszinieren – ein Pantheonraum und ein Vier-Säulen-Saal, und ich bin froh, daß ich so etwas hier machen konnte.

Zum Schluß, als viertes Thema, die Stücke – die Fragmente – die Teile – das Unfertige: ein Block in Berlin, den wir etwas umorganisiert haben. Wir fassen den Block nicht als einheitlich auf, sondern eigentlich als einen Block, der aus mehreren besteht. Aus einer langen Straße, die bereits da ist, die innen einen sehr schönen Raum hat: das ist der Goetheplatz. Ein Block, der völlig geschlossen ist, der sich aus mehreren „Öhrchen" zusammensetzt. Es ist also auch ein fragmentisiertes Teil. Die Fassade haben wir teilweise übernommen, um den Zusammenhang darzustellen, es gibt gewisse Bezüge, die aufgenommen werden, und der Block ist jetzt geschnitten. Es entsteht plötzlich im Innenhof ein kleines hineingestelltes Haus – eine gewisse Transformation und Veränderung eines kleinen bestehenden Hauses. Das Thema des Blocks ist uns hier eigentlich gegeben worden mit dem Wohnraum über die Diagonale. Der Wohnraum, der hier ausbricht und praktisch eine „Quasi-Travestie" dieser Idee bringt. Es gibt zwei zweigeschossige Häuser mit kleinen Gärten im Erdgeschoß, das ganze Erdgeschoß besteht aus Maisonette-Wohnungen, und die oberen Geschosse sind einfache Wohnungen, im Dach wieder Maisonettes.

Die Kaiser-Friedrich-Straße – die Schillerstraße – eine der verkehrsreichen Straßen Berlins. Der Block hat die ganze Orientierung nach innen, ist nach außen fast völlig geschlossen. Es sieht aus, als seien da zwei Geschosse, das Haus hat aber acht. Diese Häuser sind nach innen orientiert, die Fassaden sind im Inneren des Hauses. Es ist eigentlich eine völlige Verschiebung des Maßstabes. Diese Fassade ist eigentlich die Anregung einer Fassade, die mich immer faszinierte, und sie zeigt auch ein Thema der Architektur: Tür ist da, wenn Sie den Begriff „Tür" als „Eingang" nehmen, objektiviert: Eingang ist ja alles. Nur: ein Eingang kann eine Tür sein, er kann ein Tor sein, und er kann auch ein Portal sein. Ich meine einfach den Gebrauch einer poetischen Sprache in der Architektur. Fenster ist nicht nur Öffnung, eine Tür ist nicht nur Eingang –, es gibt ja mehrere Sprachen, mehrere Gesichter, und das ergibt den Reichtum und die Vielfältigkeit – die Tür neben dem Portal oder neben dem Tor, und jedes Stück, das auf der Fassade ist, ist ein einzelnes Stück, das seine eigene Sprache spricht, eine eigene Identität, einen eigenen Charakter hat. Das verstehe ich unter Pluralismus, die Einheitlichkeit, die coincidentia oppositorum. Einheitlichkeit in der Gegensätzlichkeit, die natürlich meint: die Poetisierung in der architektonischen Sprache. Und man überlege sich mal, wieviel Formen „Eingang" annehmen kann. Wenn man das überlegt, dann wird das Vokabular plötzlich unglaublich reich.

Köln, Wallraf-Richartz-Museum, Wettbewerb: nur Fragmente. Der Riesenbahnhof! Kaiser Wilhelm hat gesagt, er will seine Eisenbahn in der Achse des Kölner Doms sehen, zum Zeichen der Verbindung der weltlichen Macht mit der geistigen, religiösen Macht. Eigentlich wollte ich gegenüber dem Dom gar nichts machen an Architektur. Ich wollte die extremste Form des Gebäudes bringen, das man sich vorstellen kann, und das ist ganz brutal ein Schnitt –, es hat gar keine Fassade gegenüber dem Dom. Und das ist eine Geste der Antithese, des absoluten Gegensatzes gegenüber einem Gebäude, ein Schnitt. Gestaltung ist gar nicht versucht worden. Hier wird das Gebäude durch den Zufall bestimmt, hier wird es Teil eines Fußgängersystems und nur einmal wird es Fassade. Und gleichzeitig ist das Gebäude begehbar und lesbar –, es ist so ambivalent und hat so viele merkwürdige Gesichter, daß man eigentlich gar nicht weiß, was man mit dem Ding machen soll – denn es ist ja weder Gebäude, noch Fußgängersystem noch irgend etwas –, es ist einfach dieses merkwürdige Gebilde innerhalb dieser historischen Situation.

Darüber hinaus gibt es ein anderes Gebäude, ein Hotel –, und es war damals ein ganz anderes Stück gefordert: ein Fragment mit einem davorliegenden Swimmingpool. Den Witz erzähle ich immer, ich mag ihn auch heute erzählen: Es ist der klarste Swimmingpool, in dem das klarste Wasser ist, damit man dort schwimmen kann und merkt, was sauberes Wasser ist, im Gegensatz zu dem, was der Rhein mittlerweile geworden ist. Es ist auch ein Stück der Erinnerung an einen ehemals sauberen Rhein und damit vielleicht eine Provokation.

Das Projekt Messe Frankfurt, das wir im Moment in Frankfurt bauen, ist ein Gewaltobjekt. Wir haben versucht, das Gebäude zu thematisieren insofern, als wir nicht versucht haben, ein einheitliches System zu finden, sondern aus den Stücken und Teilen, die da waren, etwas Neues zu machen. Der ganze Bereich hat vier Teile. Da ist einmal der Park mit den eingestellten Objekten, mit dem wunderschönen Teil der Festhalle. Das zweite ist die Agora, der Messeplatz, der durch eine Arkade gebildet wird und über ein Glaselement mit der neuen Messehalle 4 verbunden ist. Im sogenannten Garten gibt es als anderen Erlebnisraum als vierten Teil eine „Galleria" oder überdeckte Straße mit dem neuen Messehaus. In Verwendung mit Altem, und neu geplant: ein Eingangstor zu Frankfurt. Die Agora, wie wir sie nannten – natürlich wieder der historische Vergleich, der „Marktplatz" der Messe, um damit auch dort eine Identität zu schaffen und nicht einfach Gebäude herumstehen zu lassen. Die Bäume sind zum Teil vorhanden, hier können Pavillons stehen, in der Verlängerung können Konzerte und sonstige Veranstaltungen stattfinden – ein großer Platz.

Wir haben hier einige Vergleichsgrößen gebracht: von der Paxton-Galerie (Kristallpalast in London), die ungefähr die gleiche Dimension hat. Das Innere der Galerie stellen wir uns auch vor als Verbindung zwischen Stadt und Messe, als öffentlichen Raum mit Ausstellungen und speziellen Veranstaltungen – ein Raum innerhalb der Stadt. In der Galerie sind alle Restaurants und Büros und ein 6-geschossiges Messegebäude.

Wir sind also bei diesem Bau jetzt an den Fundamenten. Wir hatten eine Planungsvorlaufzeit von drei Monaten für ein Objekt, das in der Größenordnung von etwa 1 Million Kubikmeter, also rund 200 Millionen DM liegt, und ich kann sagen, da hat sich zum ersten Mal meine Theorie bewährt: Kein Mensch kann in drei Monaten ein so großes Haus planen, es war nur deshalb möglich, weil wir das große Gebäude in fünf kleine Gebäude, die wie Stücke zusammengesetzt werden, zerteilt haben. Dadurch hatten wir fünf Gebäude und konnten eines in der Entscheidung sehr weit treiben, während die anderen in der Entscheidung noch weit zurückgeblieben sind. Und mit fünf Gebäuden kann man dann besser leben als mit einem einzigen, bei dem sämtliche Entscheidungen getroffen werden müssen.

Zum Schluß zwei Bilder: einmal die Teufelsbrücke von Stühler in Glienicke – eine Ruine. Die Brücke ist keine Ruine geworden – sie ist von Stühler als Fragment geplant worden. Und sie besteht aus Teilen, wie beispielsweise einem ganz archaischen Stück, aus einem rohen Mauerwerk und einem feinen Mauerwerk mit Geländer. Sie hat einen Rest von Pfeilern – es sind überall Stücke, Fragmente, die ja doch dem Denken einen wichtigen Ansatz geben, die nicht auf das Komplettieren, sondern auf den Zusammenfall der Gegensätze, auf das Unvollendete und damit auf das Zukünftige gerichtet sind. Und es gab eine Zeit, wo sämtliche Kunsthistoriker glaubten, daß diese Brücke restauriert werden müßte. Und sie wurde restauriert und vervollkommnet und dann als ein fertiges Stück hingestellt.

Ich überlasse es jedem selbst, sich auszudenken, welche Mentalität, welches geistige Konzept dahintersteht, daß eine ganze Generation von Kunsthistorikern derart verirrt sein konnte, nicht zu erkennen, daß eine ganz andere Absicht, eine Weltidee oder eine Idee von Kunst dahinterstand – und versucht hat, alles in ein einheitliches Konzept zu pressen.

Diskussion mit O. M. Ungers

Diskussionsleitung: Jürgen Joedicke

Falk Jaeger: Ich habe den Eindruck, daß nicht alle Leute hier im Saal dem Herrn Ungers alles unbesehen abnehmen, was er so zu sagen hat. Eins wollen wir ihm nicht abnehmen, jeder einzelne, vielleicht aus unterschiedlichen Gründen, nämlich, daß dies sein letzter Vortrag gewesen sei, theoretischer Art.

Ungers: Das dürfen Sie mir wirklich glauben!

Jaeger: Noch ein paar Fragen zu theoretischen Dingen: Schinkel muß ich vielleicht in Schutz nehmen vor Ungers. Und zwar geht es um die Stilfrage Schinkels. Wenn ich es richtig verstanden habe, dann begreift er Schinkel als eine Art Historisten, der mit den Stilen umgeht, so wie er es gerade lustig findet, daß ihm aber eigentlich die Idee der Architektur das Wichtigste war, wird nicht klar. Ich möchte in diesem Zusammenhang auf die Schinkel sehr beschäftigende Frage nach der Gotik als dem ursprünglichen deutschen Baustil, wie man damals gedacht hat, hinweisen. Zum zweiten möchte ich Schinkel demontieren: Schinkel und sein Verhältnis zur Natur. Ich stelle die Frage, ob Schinkel nicht vielleicht die Natur als Bühnenbild zur Inszenierung seiner Bauten mißbraucht hat.

Eine dritte Sache: Es geht um die Weißenhofsiedlung. Herr Ungers, lassen Sie uns nicht mit dem Widerspruch im Herzen nach Hause gehen, daß die Weißenhofsiedlung das Wichtigste in Deutschland ist, was die moderne Architektur betrifft, selbst vielleicht halb Dessau in den Schatten stellend; und daß andererseits aber der geschichtliche Kontinuismus, also das Wissen um die Geschichte, die Grundlage jeder Architektur ist, wie sie mit der Ihnen so geläufigen Ausschließlichkeit behauptet haben. Gropius hat seinen Schülern mehr oder weniger untersagt, sich mit Baugeschichte überhaupt zu beschäftigen.

Ungers: Ja, Herr Jaeger, was soll ich persönlich dazu sagen, ich danke Ihnen für die freundlichen Belehrungen. Erstmal, was Schinkel betrifft, habe ich ja gesagt, das sind meine Lehren, die ich aus Schinkel gezogen habe. Ich bin sicher, daß Sie andere ziehen werden und können. Es sind meine Lehren, die ich aus Schinkel gezogen habe. Und so interpretiere ich ihn, oder: so hab' ich gelernt von ihm. Und was Sie vorhin anmerkten: ich meine, Lernen ist eine ganz persönliche und individuelle Angelegenheit. Ich möchte das gar nicht objektivieren. Ich bin überzeugt davon, ich würde mich auch gar nicht in die Situation hineinbegeben, Schinkel kunsthistorisch interpretieren zu wollen. Ich kann ihn nur interpretieren von meiner ganz subjektiven Position aus. Nun hab' ich das gar nicht gesagt, was Sie sagen, aber wir brauchen das nicht noch zu vertiefen. Ich will auch gar keinen akademischen Streit darüber haben. Und ich habe ausdrücklich gesagt, daß es nichts als meine ganz persönliche Interpretation ist, wovon ich gelernt habe. Ich habe auch gesagt, daß unter Umständen Dinge hineininterpretiert – das kann ich Ihnen gerne zugeben – hineininterpretiert werden von mir, die vielleicht gar nicht da sind, die sich auch kunsthistorisch gar nicht aufrechterhalten lassen. Aber das müssen Sie mir zugestehen, daß ich ja doch sowohl mit Geschichte, als auch mit Schinkel – Schinkel ist ja quasi institutionalistische Geschichte – nur so umgehen kann, wenn ich das mal so ungeschützt sagen darf, in einer kreativen Form. Daß also für mich Stimulanz für meine kreative Tätigkeit aus diesen Dingen sich ergibt. Ich kann wohl nicht akademisch damit umgehen und will das auch nicht. – Was die Weißenhofsiedlung angeht, so bin ich durchaus der Meinung, daß gerade der Weißenhof insofern wichtig war, als hier Manifeste gebaut wurden. Es wurden ja nicht nur Wohnungen gebaut, sondern es wurden Manifeste gebaut. Und das, meine ich, ist das Wichtigste an der Weißenhofsiedlung. Jeder einzelne, der dort gebaut hat, hat sein Manifest dargestellt. Und deshalb meine ich, müßte man das auch respektieren.

Jaeger: Es ist vielleicht mißverständlich so herausgekommen in Ihrer Rede. Und was den Weißenhof betrifft: Sie meinen also wirklich, er sei vielleicht trotzdem Architektur?

Ungers: Da bin ich überzeugt davon, ich liebe die Weißenhofsiedlung, und auch das war für mich eine Pilgerstätte, als ich in Karlsruhe studierte. Und ich bin also auch ganz sicher und gebe auch gerne zu, daß ich von der Weißenhofsiedlung viel gelernt habe. Es hat sich aber das Bild meiner Architekturauffassung – Sie wissen, ich habe bei Eiermann studiert, Sie wissen, daß ich sehr viel in Stuttgart war, in den späten Vierzigern, ich hab' 1950 Diplom in Stuttgart gemacht – geändert, als ich nach Berlin kam, in der Begegnung mit dem deutschen Humanismus oder mit der deutschen Aufklärung. Das kann ich Ihnen also ganz offen sagen, und das war eine andere Situation für mich, und dann wurden viele Dinge, die das Moderne Bauen für mich als ein junger Mann als Credo mit sich brachte, verändert im Wert. Ich bewundere die Weißenhofsiedlung noch heute als ein wichtiges Dokument der Architektur.

Jaeger: Also gilt diese Ausschließlichkeit nur für Sie und Ihre Architektur?

Ungers: Sehen Sie, wie soll ich's anders machen? Ich meine, es gibt berufenere Leute, wie Herrn Posener und so weiter, die sind Kunsthistoriker. Ich bin kein Kunsthistoriker! Ich mache mich nur über diese Dinge verständlich, was meine eigene Arbeit angeht, weil ich glaube, ich könnte sie Ihnen damit in einem solchen Vortrag verständlich machen. Ich kann natürlich nur sprechen über Eingang und Ausgang und wie die Verteilung der Funktionen ist, aber ich dachte . . . Sicherlich, für mich war es wichtig, Ihnen zu sagen, welche Gedanken eine Rolle spielen, wenn ich entwerfe, oder wenn ich mich mit einer Aufgabe auseinandersetze. Und ich will Ihnen noch eins sagen: Solche Vorträge sind insofern unter Umständen ein kritisches Medium, weil sie ja in einer kurzen Zeit nur Mißverständnisse erzeugen können, die Sie nur über Jahre hinweg abbauen können. Und das habe ich ja nun persönlich lange Zeit erlebt. Ich kann natürlich über sachliche Dinge ganz einfach reden, wenn ich Ihnen beweisen könnte, daß alles das, was ich sage, richtig ist, aber das kann ich Ihnen gar nicht beweisen, sondern ich spreche über ganz persönliche Erfahrungen, die können leicht mißverstanden werden. Sie können vielleicht auch in der Wahl des Tons, den ich bringe, unter Umständen nicht gerade den richtigen Ton sehen. Aber das ist ja sicher gar nicht das Entscheidende dabei. Mir scheint es wichtig, daß man über die Arbeiten spricht in bezug auf das, was man eigentlich gedanklich damit gewollt hat. Und nicht, was man gemacht hat und damit nur Ergebnisse darstellt. Und das muß man mir dann zugestehen, daß ich dann unter Umständen bei einigen viele Mißverständnisse erzeuge, was öfter passiert ist.

Frager (anonym): Herr Ungers, Sie haben den Begriff des Humanismus in den Raum gestellt. Ich habe eine Frage dazu. Sie haben ganz kurz diesen Begriff gestreift. Sie haben eine Formensprache hier verwendet, die vielleicht gewisse Parallelen hat zu Zeiten des Humanismus, wie ist Ihr Menschenbild? Wofür bauen Sie? Ich habe in Ihren Entwürfen nur Geometrie gesehen. Ich habe mich gefragt, wo steht dort der Mensch?

Ungers: Darf ich Ihnen dazu ganz schnell sagen: Er steht im Mittelpunkt, und ich glaube, daß die geistige Entwicklung des Menschen im Mittelpunkt steht, und wenn Sie meine Auseinandersetzung mit Architektur verfolgen, dann kann ich Ihnen nur sagen, daß dies – ich kann es also nur mit Hegel sagen – der Versuch einer dialektischen Auseinandersetzung mit dem Problem ist zu einer immer weiteren Vervollkommnung dessen, was an geistiger Möglichkeit und Potenz da ist. Das ist meine Auseinandersetzung, und deshalb sage ich Ihnen, daß der Mensch im Mittelpunkt steht. Ich weiß aber, daß Sie was anderes meinen, aber da wollte ich im Moment nicht darauf eingehen.

Derselbe Frager: Ich halte das für sehr abstrakt, was Sie da sagen.

Ungers: Es ist nicht abstrakt; denn Sie haben als Mensch nur eine einzige Verpflichtung, wenn ich das mal sagen darf: Nur Verantwortung ist, daß das, was Sie tun, in der verantwortlichsten Weise getan wird. Das ist Ihre Verantwortung. Und die müßten Sie tragen, da können Sie auch nicht heraus. Und die bin ich bereit, als Architekt, anzunehmen. Und ich glaube, daß das, was bisher meine Auseinandersetzung mit Architektur, in bezug auf eine geistige Entwicklung, die sicherlich mit einigen, auch – ich will gar kein Mitleid haben oder irgendwas – persönlichen Opfern verbunden war, aber mit sehr viel Ernsthaftigkeit und Intensität betrieben worden ist, Verantwortung spiegelt. Aber es ist doch meine Verantwortung, daß ich zunächst einmal das Bestmögliche tue. Nun sagen Sie mal ein konkretes Beispiel, von dem, was ich gesagt habe, wo Sie die Möglichkeiten der Adaption durch den, wenn Sie wollen, Benützer oder den anderen Menschen, den Partner, den ich habe, wo das nicht möglich wäre!

Frager (anonym): Vielleicht wäre der Dialog mit den Bürgern, das hatten Sie kurz auch erwähnt, eine ganz gute Anregung. Ich habe gerade in bezug auf Marburg eine Frage: Woran messen Sie den Aufbau Ihrer Häuser, den Sie gezeigt haben mit den Treppen, woran messen Sie die Berechtigung dieser Treppen, woher nehmen Sie das Recht, z.B. die Treppen in einem Geschoß hochzuführen, in einem nächsten Geschoß weiterzuführen? Glauben Sie, daß das, was Sie in Marburg so vorgefunden haben, den Bedürfnissen der Menschen entspricht?

Ungers: Das glaube ich, das will ich Ihnen mal sagen, das Ganze müssen Sie als Prozeß verstehen. Es ist folgendes passiert in Marburg: Ich habe nur einige Beispiele gezeigt, dann zunächst eine Sprache für Marburg entwickelt. Das war die erste Generation von Entwürfen. Dann haben wir eine zweite Generation von Entwürfen entwickelt, wo wir Möglichkeiten darstellten, natürlich zunächst einmal Möglichkeiten, wie ein solches Gebäude in unterschiedlichster Weise benutzt werden kann. Diese Möglichkeiten – zu einer dritten Generation ist es leider nicht gekommen, dafür gibt es andere Gründe – sollten dem zukünftigen Benutzer für die Gebäude angeboten werden, damit weitere Modifikationen dazukommen würden, damit zunächst einmal von unserer Seite aus Anregung, Stimulans gegeben wurde, denn Sie können nicht erwarten, daß das, was Sie im Gespräch vom Benutzer haben wollen, daß die Ideen, Gedanken, Möglichkeiten von dem Benutzer kommen. Sie müssen ja zunächst einmal anbieten, damit er reagieren kann. Das ist doch Ihre Aufgabe, und dann müssen Sie das Spektrum so weit fassen, wie es nur irgendwie geht und ihm sagen: das sind die Möglichkeiten. Und damit eröffnen Sie den Dialog und das Gespräch. In Marburg ist es deshalb zur dritten Generation der Häuser nicht gekommen, weil aus politischen Gründen die Häuser nicht verwirklicht werden. Und zwar aus politischen Gründen deshalb: die Häuser haben eine sehr starke Diffamierung in der deutschen Presse erfahren, und kein Politiker heutzutage würde ein Ding bauen, was in der Presse diffamiert worden ist. Ich mußte zuerst die ganze Bandbreite anbieten, um den Dialog in Gang zu setzen. Anders geht es nicht. Wie wollen Sie den Dialog machen, Sie können sich doch nicht mit dem „Human Engineering" hinsetzen und sagen: Gut, ich bin der Architekt, nun sagt mal was ihr wollt. Sie müssen sagen, was möglich ist, und dann kann Ihr Partner reagieren und kann sagen: Warum geht das nicht, warum geht jenes nicht, und dann können Sie weitermachen.

Frager (anonym): Aber wenn Sie alles anbieten, dann kommt man in die Gefahr, daß man irgend etwas anbietet und dies Verwirrung stiftet und man sich wirklich nicht mehr vorstellen kann, was sinnvoll ist.

Ungers: Das ist mir bisher noch nicht passiert. Die Gefahr wäre das: Sie können alle möglichen Welten konstruieren, alle möglichen Hypothesen konstruieren.

Frager (anonym): Ich will da bitte jetzt nicht noch einen Dialog produzieren und will auch zurück von der Werkschau zu der Neuen Zeit und Schinkel zurückkommen, weil einiges, was Sie da als ganz persönliche Lehren herausgezogen hatten, meinen schlichten Horizont etwas überstiegen hat, und deshalb mein Versuch, das einfach konkreter nachzufragen. Da gibt es z.B. Entwürfe von Schinkel zu einer Kirche, die führt er einmal als gotisch mit zwei Türmen, einmal gotisch mit vier Türmen, einmal römisch und einmal, glaube ich, griechisch aus. Ich stelle mir die Situation so vor, daß irgend jemand ihm mal den Auftrag gegeben hat, jetzt da passende Entwürfe zu produzieren, eigentlich ein ganz normales Verfahren, so wie es ja letzten Endes heute auch vorkommt. Ich frage mich jetzt nur, um da ein bißchen auf die Spur Ihrer persönlichen Lehren zu kommen, welche Idee sich eigentlich verstofflicht und welcher genius loci da am Werke ist, den man einmal als gotische Kirche zweitürmig, einmal viertürmig, einmal als römischen Kreisbau, einmal als griechischen Tempel darstellen kann. Mir kommt das eben doch ziemlich beliebig vor, und möglicherweise hat Schinkel das nicht nach Lust und Laune gemacht, aber spätestens der Auftraggeber hat dann eben nach Lust und Laune zwischen diesen Stilen gewählt, und es ist keine Grundlage, glaube ich, auf der man heute argumentieren kann.

Ungers: Für mich persönlich ist nie die Diskussion gewesen, ob Flachdach oder Steildach, die einmal Generationen getrennt hat und zu erbitterten Kämpfen Anlaß gegeben hat. Das sei dazu gesagt: Es geht mir um die Gemäßheit der Mittel, und ich glaube nicht, ich nehme an, Schinkel hat das nicht angewandt in einer banalen Leichtsinnigkeit, weil er damit sein großes Talent beweisen wollte, sondern auch da ging es um die Gemäßheit der Mittel an einem ganz bestimmten Ort. Ich habe auch versucht zu sagen, ich hoffe, daß es deutlich geworden ist, daß jede Art von Idealisierung in der einen oder anderen Richtung nicht richtig ist. Ich würde weder die moderne Architektur, noch die historische Architektur, noch irgendeine dogmatische Geschichte zu ideologisieren versuchen, da es Möglichkeiten gibt, wo ich mit Bürgern arbeite, um darauf zurückzukommen. Es gibt aber andere Möglichkeiten, wo das unmöglich ist. Ich kann mir vorstellen, daß ich eine Architektur mache, wie in Karlsruhe, wo ich eine Architektur mit einem Dach mache, während ich an einer anderen Stelle, in Köln z.B., eine andere Architektur gemacht habe. Es ist wirklich die Frage, und die war auch sicherlich bei Schinkel der Fall, der Entideologisierung dieser Architektur, der Entdogmatisierung der Dinge, und darum geht es mir doch. Und

wenn überhaupt von Pluralismus oder so etwas die Rede ist, dann muß man das doch vielleicht sehen. Ich will ja gar keinen neuen Stil bauen, ich will ja gar keine neue Umwelt schaffen, ich will, wenn es geht, das was da ist, verbessern. Ich will gar keine neuen Städte mehr planen, ich will die, die da sind, unter Umständen etwas in der Umwelt verbessern. Nur das will ich.
Es gibt ganz bestimmte Räume in der Architektur, die immer wieder zu verschiedenen Zeiten anders interpretiert worden sind, z. B. der Viersäulensaal ist ein Raum, der einen unglaublich starken Eigencharakter hat und der über die ganzen Epochen und in der ganzen Architekturgeschichte immer wieder anders interpretiert worden ist. Ich könnte Ihnen einen anderen Typ nennen: das Atrium-Haus ist immer wieder neu interpretiert worden. Es gibt gewisse Archetypen, gewisse Grundtypen, die immer wieder anders interpretiert worden sind. Es sind nicht neue Erfindungen, aber andere Interpretationen von Archetypen. Ich versuche, meine Dinge zurückzuführen, manchmal auf solche archetypischen Räume, und will diese neu interpretieren. Ich sage, gerade vier Säulen, das ist für mich unglaublich, ein unglaublich schöner, faszinierender Raum – das ist eine Liebe, die ich dazu habe, denn wenn Sie mich fragen, warum ich meine Frau liebe, die Liebe ist jetzt seit dreißig Jahren, wieso fragen Sie mich? – Ich kann es nicht beantworten, ich liebe sie einfach.

Frager (anonym): Ich finde, daß der Vortrag von Herrn Ungers gerade das Dilemma hier im Publikum, jedenfalls bei mir persönlich, ausgelöst hat, das Herr Posener in seinem Einführungsvortrag an das Ende gestellt hat, nämlich die Entscheidung für das eine oder das andere.

So sehr ich sagen muß, daß mich dieser intellektuelle Höhenflug begeistert hat, habe ich doch das Gefühl, daß Ihre Architektur, Herr Ungers, dazu tendiert, keine Sinnlichkeit zu haben, der Erotik zu entbehren, und der Beweis dafür scheint mir der zu sein, daß fast, ich möchte sagen fast, um das wieder einzuschränken, keines Ihrer Gebäude benutzt werden kann, ohne daß man die Gebrauchsanweisung des Architekten dafür hat.

Ungers: Darf ich Ihnen ganz persönlich etwas sagen. Es interessiert mich insofern, wenn das der Eindruck ist, finde ich das interessant: Genau das ist aber die Frage, daß die Architektur Erotik hat. Genau das ist es, daß die Ambivalenz da ist, wo die Dinge anfangen, nicht mehr benennbar zu werden, daß die Architektur mehr kriegt, als daß sie nur ein Gebäude oder nur diese Dinge sind, daß eben diese Dimension der Erotik dazukommt. Ich dachte, darum hätte ich mich bemüht, und zwar bemühe ich mich sehr ernsthaft darum. Es kann sein, daß das nicht so deutlich wird. Ich meine, sie sei sehr sinnlich.

Projektstudien

Zur Ausstellung „Konzepte“

Jahrzehntelang wurden die Gedanken des Neuen Bauens, wie sie vor allem in den zwanziger Jahren entwickelt und formuliert worden waren, als bevorzugte und weithin gültige Grundsätze angenommen.
Das Symposium sollte dazu dienen, kritisch Bilanz zu ziehen, das heißt, in den vergangenen Jahrzehnten aufgestellte und oft unbesehen übernommene Grundsätze zu hinterfragen und nach Ansätzen und Möglichkeiten künftiger Architekturentwicklungen in einer Zeit veränderter Voraussetzungen zu suchen.
Die Teilnehmer dieses Symposiums haben in Vorträgen und Diskussionen ihre Architekturauffassung dargelegt und zu diesen Fragen Stellung genommen.
Um einen gemeinsamen Bezugspunkt für die Diskussion der unterschiedlichen Standpunkte zu finden, sollten die Teilnehmer ihre Auffassung über Architektur anhand von Ideenskizzen darlegen. Da das Neue Bauen in Zustimmung oder Ablehnung einen zentralen Bezugspunkt der heutigen Architekturdiskussion darstellt, und da zum anderen in Stuttgart noch einige der Pionierwerke des Neuen Bauens auf dem Weißenhof erhalten sind, wurden die Teilnehmer gebeten, ihre Skizzen in den Kontext zu jenen noch erhaltenen Bauten auf dem Weißenhof zu stellen.
Es ging um eine rein hypothetische Aufgabenstellung und nicht um konkrete Sanierungsvorschläge für den Weißenhof.

Zur Situation der Weißenhofsiedlung

Die Stadt Stuttgart und der Deutsche Werkbund eröffneten im Jahr 1927 eine Bauausstellung „Die Wohnung“ auf dem Weißenhofgelände in Stuttgart. Mit dieser Mustersiedlung verhalfen sie dem Neuen Bauen zu seiner ersten großen gebauten und damit anschaulichen Manifestation seines Gedankengutes. Viele Widerstände von seiten konservativer Architekturauffassungen und von seiten der Politik mußten überwunden werden, und nur ein vehementes Engagement für die Ziele des Neuen Bauens hatte das Unternehmen möglich gemacht. Trotzdem haben die Initiatoren nicht ahnen können, daß die „Weißenhofsiedlung“, wie sie später allgemein genannt wurde, in der Folgezeit international eine derart zentrale Bedeutung erlangen würde und stellvertretend für das Baugeschehen einer ganzen Epoche stehen sollte.
Mehrere Häuser der Siedlung wurden während des Krieges zerstört und später in ganz anderer Form wiederaufgebaut. Vielfältige Umbauten haben in das Erscheinungsbild eingegriffen.

Konzepte

Wir unterstellten, daß auf dem Weißenhof nur jene Gebäude stehen, die sich noch weitgehend im ursprünglichen Zustand aus dem Jahre 1927 befinden, obwohl auch hier im Detail Veränderungen vorgenommen wurden, die das heutige Bild trüben.
Vor dem Hintergrund dieser Häuser, welche so augenfällig die Zielsetzungen des Neuen Bauens verkörpern, in ihrer direkten Nachbarschaft und optischen Beziehung, sollten in Entwurfsskizzen die eigenen Vorstellungen der Teilnehmer aufgezeigt werden.
Wir waren uns darüber im klaren, daß dieses Vorhaben ungewöhnlich war, wissenschaftlichen Ansprüchen nicht standhalten konnte und für praktische Sanierungsvorschläge wenig geeignet ist.
Wir erhofften uns jedoch davon einen Vergleich unterschiedlicher Architekturauffassungen und einen konkreten Bezugspunkt für die Diskussion gegensätzlicher Standpunkte während des Symposiums.
Wenn darüber hinaus das Interesse einer breiteren Öffentlichkeit für die international bedeutende Bautengruppe in dieser Stadt wieder geweckt werden konnte, würden wir uns über diesen Nebeneffekt unserer gemeinsamen Arbeit freuen.

Jürgen Joedicke, Egon Schirmbeck

Max Bill

Ich glaube, ich habe mich schon exakt geäußert zu dem, was ich hier vorgeschlagen habe. Das, was ich vorgeschlagen habe, ist der Versuch einer ganz realistischen Lösung für diesen Freiraum, nämlich den größten dieser kleinen Siedlungsbauten, die da so ähnlich wie ein Villenquartier dagestanden haben, zu nutzen, und zwar ohne die Struktur, die eigentlich die Gesamtsiedlung hat, zu verändern. Das heißt, mein Versuch ist es, so eine Zeile zu bauen mit Einzelwohnungen, die Ausgang in den Garten haben, die aber so tief gelegen ist, daß die Häuser von Mies van der Rohe nicht verdeckt werden, daß die Aussicht eigentlich noch bestehen bleibt. Und dann hat es noch ein Konglomerat von verschiedenen ineinandergeschachtelten Wohnungen. Es wird der Versuch gemacht, eine Entwicklung, die seither entstanden ist und die sich heute im Rahmen des Wohnbaues vollzogen hat, zu berücksichtigen. Das ist ganz selbstverständlich. Das ist nicht etwa so, wie Herr Förderer gemeint hat, wir seien jetzt wohl ein bißchen älter geworden, aber wir hätten immer noch die Kinderschuhe an. Und ich glaube, dagegen müssen wir uns ganz energisch wehren, denn er weiß ja gar nicht, was ich heute alles betreibe. Er weiß das auch nur von weitem. Er stellt sich das vor, er glaubt, ich sei ein Doktrinär, den man überhaupt nicht von seinen Doktrinen wegbringe. Er vergleicht mich z. B. mit Giedion, schmeißt mich mit Giedion in den gleichen Topf, dabei habe ich mit dem konstant Krach. Also, ich meine, es gibt da einfach Verwischungen, die man sich vielleicht nicht ohne weiteres gestatten kann, die man auch nicht auf sich sitzenlassen darf. Ich habe geschlossen.

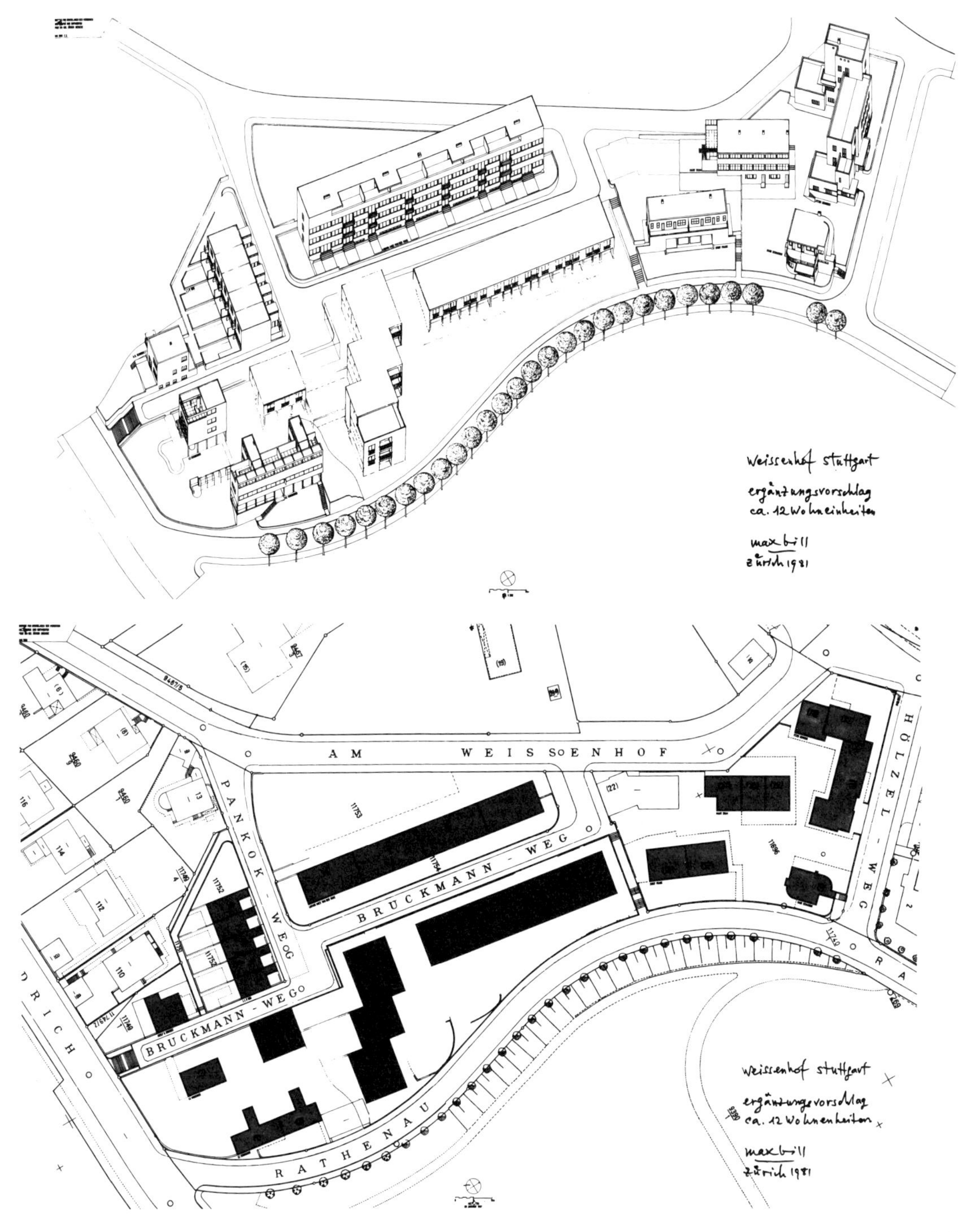
weissenhof stuttgart
ergänzungsvorschlag
ca. 12 wohneinheiten
max bill
zürich 1981
AM WEISSENHOF
PANKOK-WEG
BRUCKMANN-WEG
BRUCKMANN-WEG
RATHENAU
HÖLZEL-WEG
weissenhof stuttgart
ergänzungsvorschlag
ca. 12 wohneinheiten
max bill
zürich 1981

Alfred Roth

Ja, meine lieben Freunde, soll ich auch Witze machen, soll ich mich auch in meinem Projekt darstellen als ein Witzemacher, der zu diesem Projekt etwas beiträgt? Ich habe es anders aufgefaßt, Entschuldigung. Nachdem ich das ja alles mitgemacht hatte, die Weißenhofsiedlung – ich habe sie auch später besucht, war da, als man vor vier Jahren, 1977, das fünfzigjährige Jubiläum feierte. Ich sah, was da alles hingekommen war an Mumpitz usw., diese kleinen Häuschen mit Dächern etc. Ich unterstütze nun heute einmal mehr die Bestrebung der Freunde und Förderer der Weißenhofsiedlung. Was ich gemacht habe, ist etwa folgendes: Ich habe gedacht, einfach die Siedlung in dem Sinn zu ergänzen, daß vor allem junge Leute da heraufgehen. Es hat gar keinen Sinn, diese Weißenhofsiedlung äußerlich noch so gut wie möglich zu restaurieren, wenn da nicht auch in die bestehenden Bauten Menschen hereinkommen, die zu diesen Bauten irgendwelche Beziehungen haben, was heute ja nicht der Fall ist. Ich habe die Corbusier-Häuser vor vier Jahren zum erstenmal seit 27 Jahren wieder besucht, da sind nette kleine Rentner drin; wie das ausschaut, da bin ich fast umgefallen, an Tapeten und Dingen und Möbeln etc. und Ramsch. Entweder geht man daran, die Weißenhofsiedlung endlich richtig in die Hand zu nehmen, zu restaurieren, neu zu beleben, oder man läßt sie eben weiterhin verpläppern und verfallen, und eines schönen Tages wird man das ganze Zeug abreißen. Sie ist ja in die Geschichte eingegangen, in unzähligen Publikationen. Diese zwei Möglichkeiten stehen offen. Wenn ich aber an die Jugend denke, die immer wieder aus aller Welt heraufkommt auf den Weißenhof und sich diese Bauten ansieht, so meine ich, daß man diesen Bauten möglicherweise einige hinzufügen könnte. Das ist mein Vorschlag. Es ist ein realistischer Vorschlag, Sie werden sehen; ich habe da auf den effektiven und geistigen Fundamenten, den Bauten von Gropius, des Bauhauses, eine Gedenkstätte vorgeschlagen, ein kleines Museum, in dem die Dokumentation von damals, der Weißenhofsiedlung und der damaligen Zeit ganz allgemein, zusammengefaßt ausgestellt wird zur Information der alljährlich hinaufkommenden Besucher aus aller Welt an Ort und Stelle. Und dann habe ich weiter vorgeschlagen, Malerateliers, Künstlerateliers, vielleicht Kleinwohnungen usw. für die Jugend einzurichten. Es müssen da lebendige Menschen hinauf, sonst stirbt die Siedlung überhaupt ganz total.
Das ist mein Vorschlag.

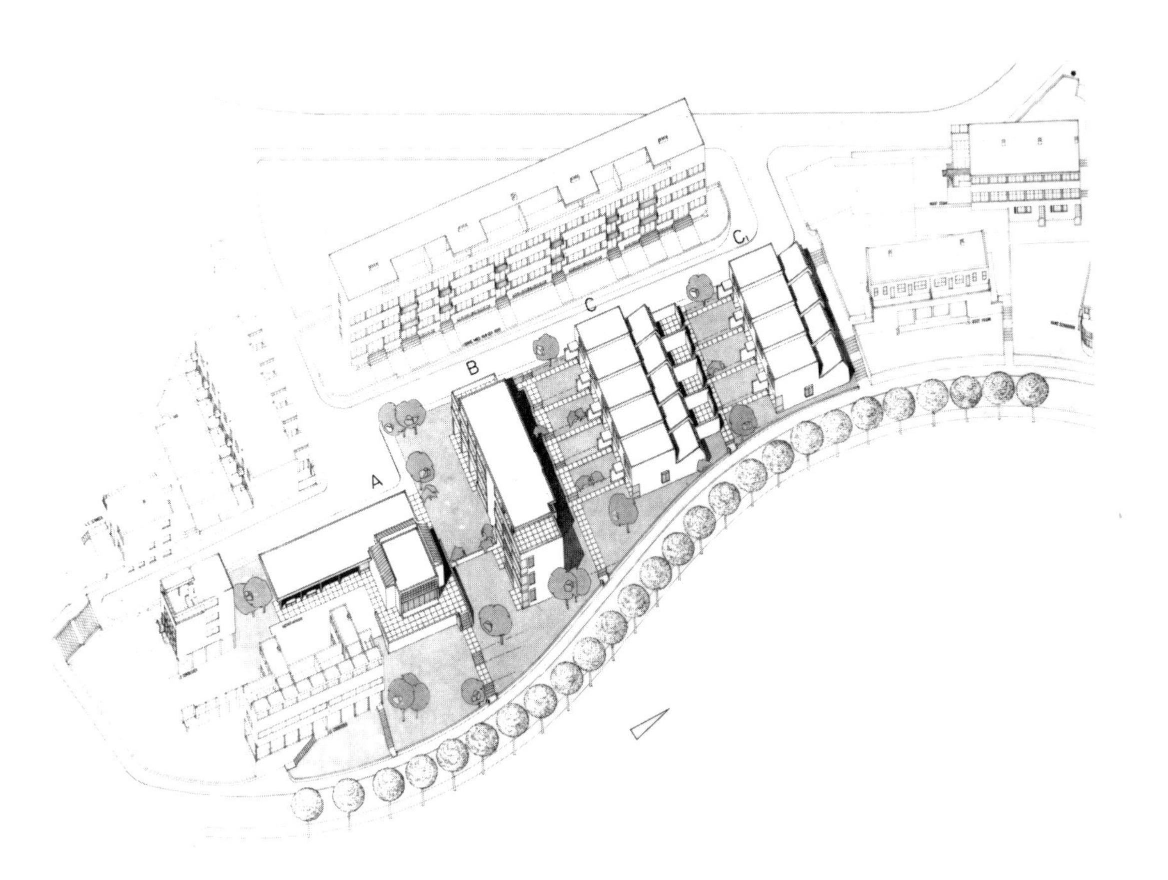
A
B
C
C1

1. Die Bemühungen zur äußeren und inneren Wiederherstellung der noch vorhandenen Wohnbauten gemäß Vorschlag vom „Verein Freunde der Weißenhofsiedlung“ sind zu unterstützen und zum konkreten Ziel zu führen.

2. Als künftige Bewohner kommen Menschen in Frage, die zur Architektur der Siedlung eine innere Beziehung haben: Architekten, Künstler, Intellektuelle, Studierende, generell Vertreter der jüngeren Generation.

3. Das verbleibende Gelände ist von den nach dem Krieg entstandenen Fremdkörpern der privaten Wohnhäuser zu befreien.

4. Zur sinnvollen und rationellen Nutzung des frei gewordenen Areals wird der folgende Vorschlag gemacht:

A. Das „Weißenhof-Haus“

Gewissermaßen auf den baulichen und geistigen Fundamenten des Bauhauses, d. h. der beiden zerstörten Häuser von Walter Gropius, wird als Gedenkstätte ein kleines Ausstellungsgebäude vorgeschlagen. Es enthält eine möglichst komplette Dokumentation über die Siedlung und über die Ausstellung „Die Wohnung“ des Deutschen Werkbundes und der Stadt Stuttgart 1927. Sie vermittelt den jährlich zahlreichen in- und ausländischen Besuchern (Studenten) eine Gesamtinformation an der historischen Stätte selbst. Die Anlage umfaßt den 150 m^2 großen Ausstellungsraum, die Eingangshalle mit Abgang zu Nebenräumen und Toiletten und eine 100 m^2 große offene Halle. Diese dient Besuchergruppen zum Aufenthalt bei schlechter Witterung, aber gleichzeitig auch als Treffpunkt der Siedlungseinwohner, vorab Kindern zum Spielen, daher auch die kleine Spielwiese. Der Kustos wohnt in einem benachbarten Haus.

B. Der dreigeschossige Wohnbau

Er enthält Kleinwohnungen für junge Leute, z. B. der nahen Kunstgewerbeschule:
11 1-Zimmer-Wohnungen
7 1½-Zimmer-Wohnungen
3 2-Zimmer-Wohnungen
Dachterrasse und kollektive Waschküche.

C. Fünf Ateliers mit kleinem Freihof

mit Wohn-Eß-Raum, Küche, im Obergeschoß 2 Schlafzimmer und Bad.
Speziell geeignet für Bildhauer, Architekten, Maler, Designer.

C_1 Vier Ateliers ohne Freihof

sonst wie C.
Speziell geeignet für Maler, Grafiker, Architekten.

5. *Schlußbemerkungen*

Der Bebauungsvorschlag fügt sich organisch in die Siedlung ein und nimmt Rücksicht auf den langgestreckten Wohnbau von L. Mies van der Rohe: die neuen Bauzeilen stehen senkrecht dazu. Der dreigeschossige Wohnbau bildet einen relativierenden Akzent zum Mies'schen Bau und bestimmt den Raum der vorgeschlagenen Gedenkstätte. In den Neubauten sollen die Unterschiede zwischen dem architektonischen Denken und Gestalten von heute und 1927 zum Ausdruck kommen.

Zürich, den 15. Januar 1981 Prof. Dr. h. c. Alfred Roth

atelier – reihenhäuser

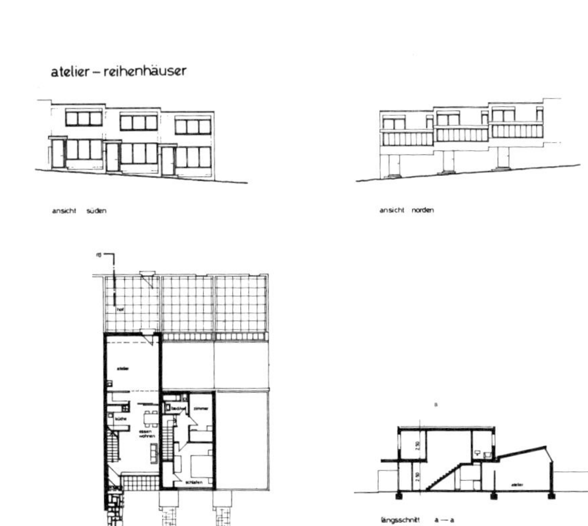

weissenhof – haus

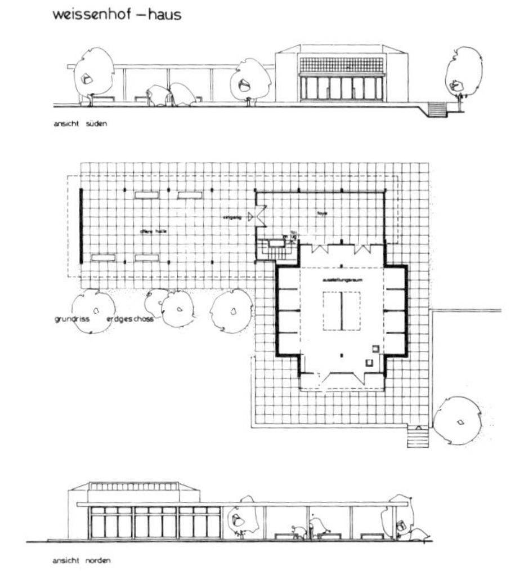

wohnbau 1 – 1 1/2 – 2 zi wg

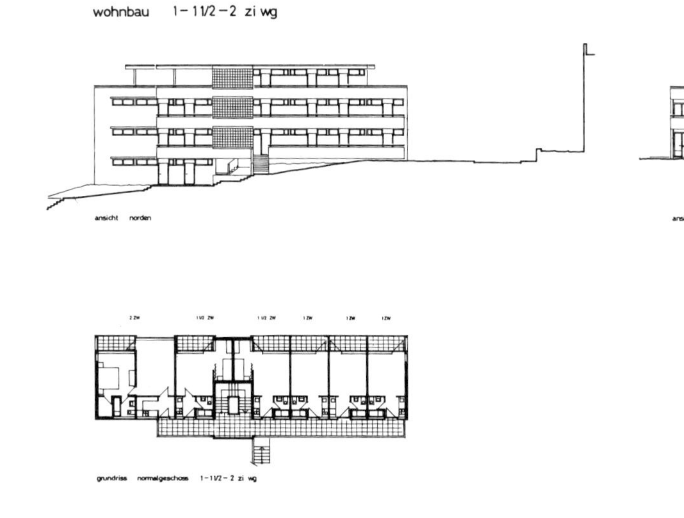

Jakob B. Bakema

21. Oktober 1980

Übersetzung: Norbert Moest

JAKOB BEREND BAKEMA, 1914 geboren, arbeitete zusammen mit J. H. van den Broek in der Architektengemeinschaft van den Broek en Bakema. Seiner Initiative und seinem Engagement sind Ideen und Ansätze zu verdanken, die über die CIAM hinausführten und zur Gründung des TEAM X führten. Die Architektengemeinschaft van den Broek en Bakema hat sich insbesondere der architektonischen Gestaltung städtebaulicher Planungen mit dem kleinsten Element – der Wohnung – verpflichtet gefühlt. Mit einer Vielzahl von Wohnanlagen, z. B. der Wohnsiedlung t'Hool, mit den Bauten der Technischen Hochschule in Delft oder der Lijn-Bahn in Rotterdam als einer der ersten Fußgänger- und Einkaufsstraßen, hat Jakob Bakema die Ideen der Moderne zu realisieren versucht. In einer Reihe von Publikationen, z. B. „Architektur-Urbanismus", hat Bakema seine Vorstellungen dokumentiert. – Jakob Bakema starb am 20. Februar 1981 in Rotterdam.

Ich denke immer noch, daß Architektur niemals ihre primäre Funktion ignorieren kann: das heißt, für den Bedarf des Menschen in einer schönen Art und Weise zu bauen. Mensch sein ist Teil der totalen Existenz. Existenz ist eine Art Energiestrom, und ein Teil davon ist der Mensch, der die Eigenschaft erhielt, über seine Partizipation am gesamten Energiestrom nachzudenken. Gesellschaft ist die Organisation, die gebraucht wurde, um zu kooperieren, so daß Gruppen von Geschöpfen am gesamten Energiesystem teilhaben können.

Unsere Gesellschaft ist eine Anpassung an sich immer wandelnde, allumfassende Umstände. Je mehr jedes Individuum sich selbst anpassen kann, desto freier wird es sich fühlen. Freiheit ist Glück. Je mehr jedes Individuum sich seines Anpassungsvorganges bewußt werden kann, desto mehr können wir von Demokratie sprechen. Es kann sein, daß gewisse Personen oder Gruppen in dem Anpassungsvorgang individuelle Partizipation verhindern. So kommen wir dann zu weniger demokratischen und mehr totalitären Gesellschaftssystemen. Diese Systeme werden Macht in sich selbst und erlauben keine anderen Meinungen über Anpassung, in der Furcht, Macht zu verlieren. Dies kann eine Gesellschaft in gefährliche Situationen bringen. Die Geschichte gab Beispiele dafür.

Faschismus ist eine Ansammlung des lebenslangen Anpassungsvorganges und erlaubt nicht, daß abweichende Meinungen vorgebracht oder auch nur diskutiert werden. Der Mensch arbeitet, weil er dadurch Partizipation in dem Adaptionsvorgang erhält. Für nichts anderes hat er zu arbeiten. Zuviele Produkte (Arbeit) können Ungleichgewicht in den Gesellschaften bringen. Dies ist, was wir im Augenblick weltweit erfahren. Wenn wir nicht begreifen, daß bereits genügend produziert wurde, beginnen wir mit dem zu spielen, was zuviel ist. Dieses Spiel (Spekulation) ist einer der wesentlichen Punkte des Kapitalismus.

uitbreidbaar

uitbreidbaar
schakeling

[illegible]
[illegible]

muziek

huishoudelijk gedeelte

slaapkamers

auto

schakeling

[illegible]
bron van licht

licht

koken
+ eten

principe uitbreid- stabelbaar
uitwerken van ~~[illegible]~~ Friedische

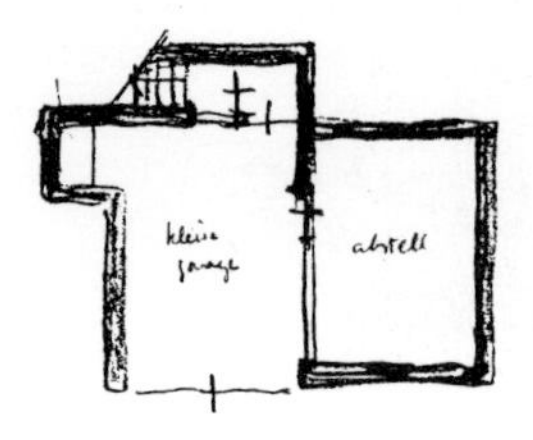

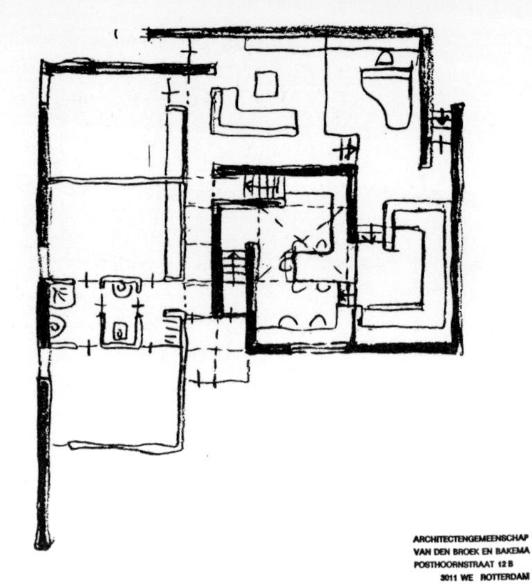

Schneckenhaus
kleinste variante
1:100 / 2-2-'81

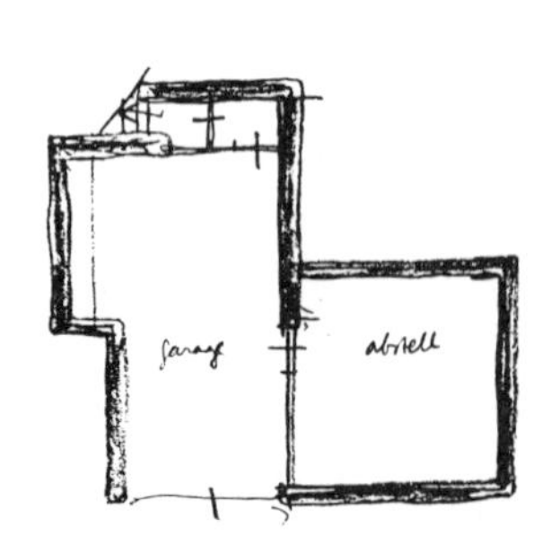

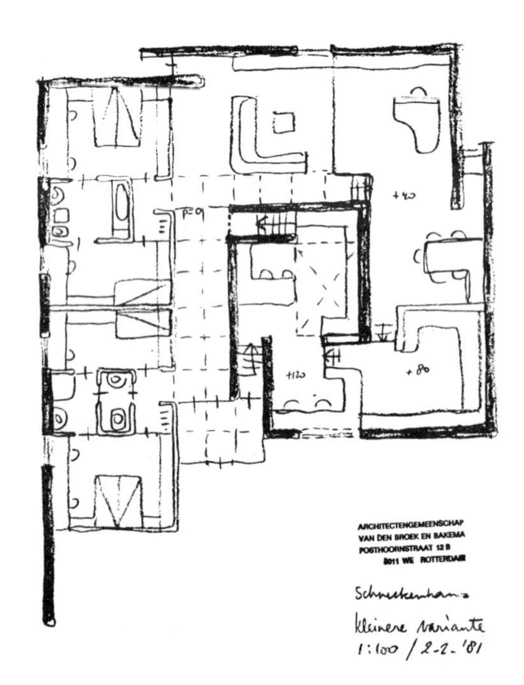

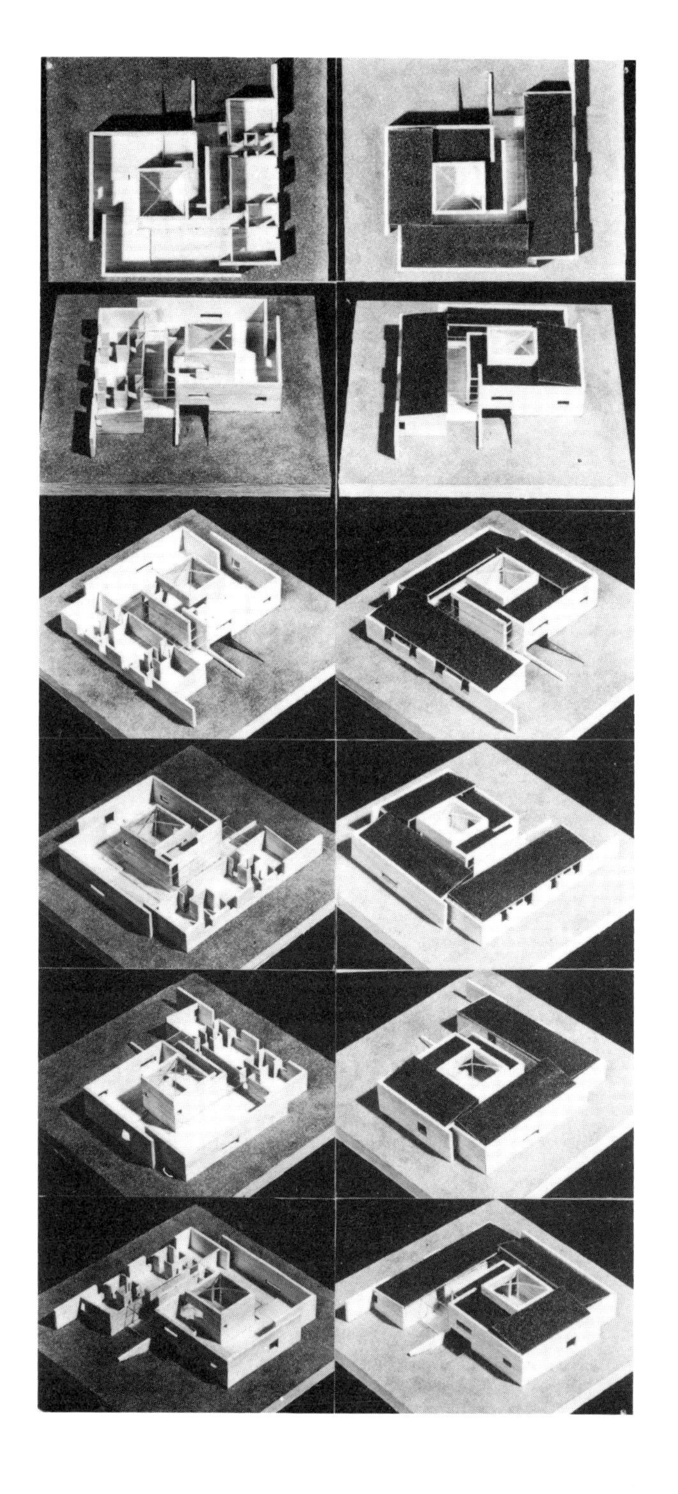

Die tägliche materielle Existenz des Menschen sollte natürlich sein. Während der übrigen Zeit sollte er sich darin üben, selbstbewußt zu werden. Es kann sein, daß zu viel in der Welt getan wurde. In den „westlichen" Ländern sind alle Aktivitäten der Gewerkschaften darauf konzentriert, Arbeit zu schaffen. Aber dies ist Unsinn: Warum sollte der Mensch mehr arbeiten, als nötig? Es könnte eine Art von staatlicher Organisation geben, nur für die grundlegenden Bedürfnisse. Und jeder könnte daran partizipieren. Dies sollte eine Pflicht für jedermann sein. In großen Maschinenhallen könnte der Mensch seinen täglichen Teil beitragen. Schulung wird nie mehr gebraucht. Wenn der Mensch denkt, daß er mehr benötigt als er beschaffen kann, geschieht dies durch eine Freizeitökonomie. Aber das letztere sollte nie mit dem ersteren kollidieren.

Ich schrieb dies in der Avantgarde-Zeitschrift „de 8 en Opbouw" von 1941. Ich denke, daß wir heute diese Philosophie benötigen. In diesem Vorgang ist die Architektur die menschliche Aktivität, die den gesamten Anpassungsvorgang auf eine schöne Art und Weise vor sich gehen läßt. So bewirkt die Architektur, daß der qualitätsbewußte Mensch sich subtiler und sensibler entwickelt – voll von Freude! Im Augenblick gibt es nach vielen modischen Architekturformen eine Rückkehr zum Funktionalismus. Aber der Funktionalismus ist immer eine Art des Denkens, und in der Idee des Funktionalismus vollzieht sich auch ein Wandel.

Es entwickelte sich eine Art einfallsreicher Funktionalismus, das heißt, wenn die primären Bedürfnisse, die erfüllt werden müssen, kein schöneres Ergebnis hervorbringen, gehen wir zurück und schauen, ob vielleicht in der Formulierung der Bedürfnisse etwas geändert werden könnte. Ich wage dies nur zu sagen nach persönlichen Erfahrungen. Ich bin Mitglied der Planungsgruppe von Siemens, die mit der Schaffung eines Verwaltungs- und Computerforschungszentrums in München-Perlach beschäftigt ist. Zu Anfang werden dort 3000 Menschen arbeiten. Aber in Zukunft können es 8000 sein. Jede Phase muß ein gutes Milieu haben, das die materiellen und emotionalen Bedürfnisse des Menschen befriedigt.

Wandel und Wachstum neben Identität und Maßstab waren Teil des Programms einer kleinen Arbeitsgruppe, die nach der Evolution der Ideen forschte, die in C.I.A.M. zum unumstößlichen Dogma wurde. Der Name dieser Gruppe ist TEAM X. In ihm waren unter anderem vertreten Bakema, Van Eyck (Holland), Alison & Peter Smithson (England), Candilis + Woods (Frankreich), Hansen (Polen), Polony (Ungarn), Coderch (Spanien) und Manfred Schiedhelm (Berlin). Die Diskussion, bei der diese Gruppe entschied, weiterhin zusammenzuarbeiten, fand im Otterloo-Museum im Holland-National-Park statt. Die Gruppe trifft sich noch ab und zu und sollte darüber hinaus zusammen eine richtige Arbeit machen, um zu beweisen, ob ihre Ideen und Theorien nützlich sind. Ich persönlich tat mein Bestes, gemeinsam eine solche Arbeit für die I.B.A. 1984 zu leisten, bei der Berlin teilweise (städtisch) erneuert wird. Ich glaube, daß einige Mitglieder eine Einladung zur Beteiligung bekommen werden.

Ich glaube jedoch an die Evolution des Funktionalismus, z. B. durch meine Arbeit in München-Perlach. Die Benutzer fühlen sich „zu Hause". Ich dachte in den letzten Monaten darüber nach, wo ein gemeinsames internationales Bedürfnis sein könnte. Ich denke über das Wort „Freiheit" nach und über eine Broschüre darüber, die von Paul Eluard und Fernand Leger, die ich im Institut „Maison de la penseé Francaise" fand. (Das Institut war kommunistisch orientiert.) Es muß gleich nach der Befreiung Europas vom Faschismus gewesen sein (1945?). Diejenigen, die es verstehen, werden auf einer kreativen Ebene sehr bewegt sein. Wie stimuliert man diese individuelle Suche (Anpassung) nach dem Leben? In dieser Broschüre findet man Hoffnung auf eine universale, internationale Freiheit, aber später wurde diese Hoffnung durch politische Doktrinen festgeschrieben. Es scheint, daß klar wurde, daß es nicht so weitergehen kann. Organisationen wie die U.I.A. dienten immer der Freundschaft zwischen Architekten, und später weiteten sie dieses Ziel aus, indem sie architektonische Qualität durch Wettbewerbe und Treffen von speziellen Gruppen stimulierten. Ursprünglich geschah dies eher durch die C.I.A.M., durch ihre internationalen Kongresse und in einem beschränkten, eher familiären Rahmen wird es immer noch vom TEAM X getan. Es scheint mir, daß die tatsächliche Situation nach einem anderen Kampfgeist fragt. Das Ziel heutzutage ist Freiheit.

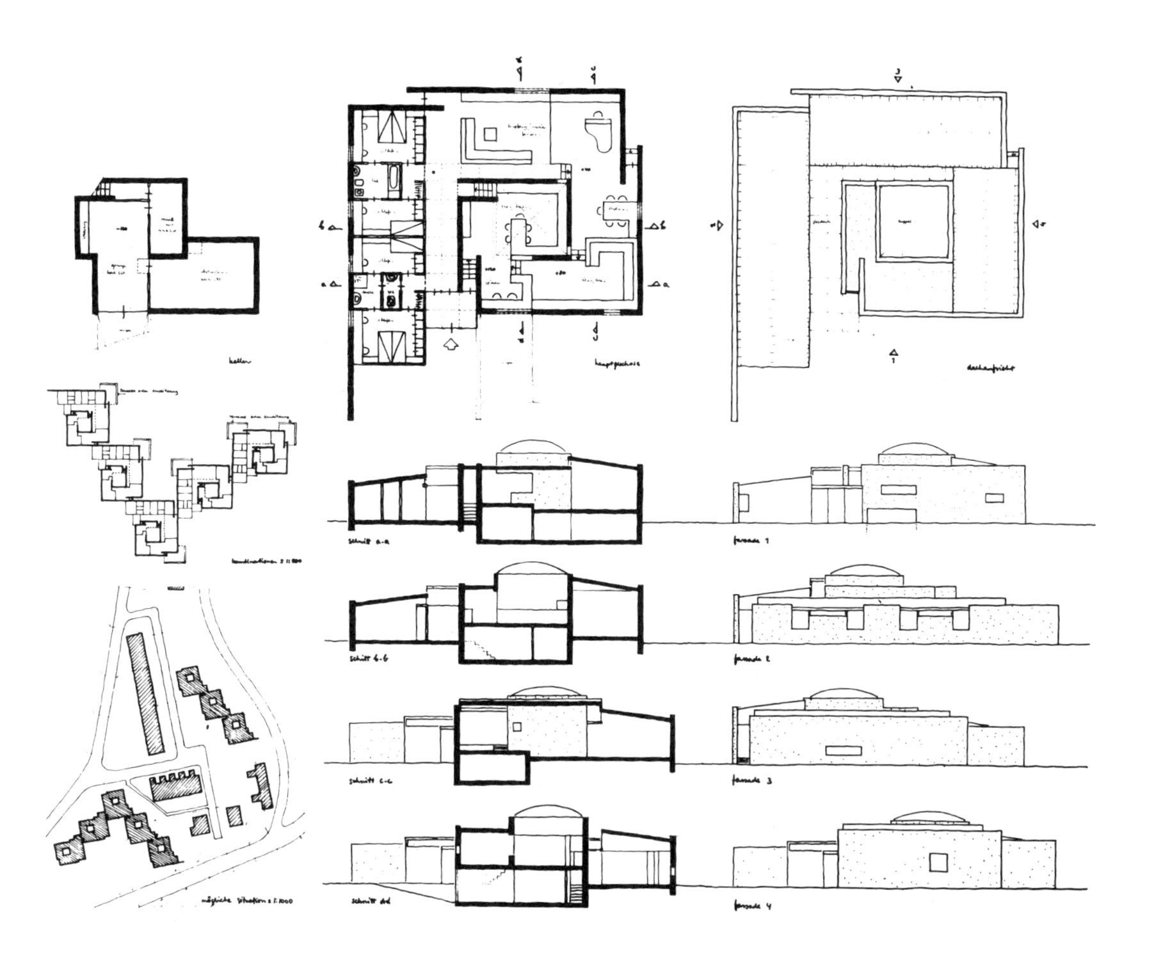

Anmerkung:
Die Projekt-Studie
von Charles Moore
ist auf den Seiten 54–70
erläutert und abgebildet

Walter Förderer

Ich danke Herrn Joedicke für seine Bemühungen, die er im Interesse einer notwendigen Weiterentwicklung der Weißenhofsiedlung in die Wege geleitet hat. Wie ich meine, ist der Ansatz – ich sage das jetzt gleich im vorweg, obwohl ich eigentlich dazu nicht aufgerufen bin – ein anderer, den ich in meine Arbeit hineingelegt habe, als der, der als Vorgabe gegeben worden ist. Ich habe die Meinung, es wäre nicht gut, wenn wir diese geschichtlichen Geschehnisse, die da droben im Hinblick auf die Reinheit der Weißenhofsiedlung zu Unrecht geschehen sind, mit weiteren Bauten oder mit Änderungen von Bauten abseits der originalen Szene beseitigen würden.

Ich habe deshalb versucht, eine freiräumliche Umgrenzung dieser gegebenen Zutaten – wenn Sie so wollen – zu verwirklichen, die es erlaubt, auf das normale Umbau- oder Abbruchgeschehen nicht warten zu müssen und trotzdem eine Szene zu schaffen, die der Weißenhofsiedlung gut täte. Die Weißenhofsiedlung hat einen Mangel, meine ich festgestellt zu haben, nämlich eine ungute oder eine nicht genügend vertiefte Auseinandersetzung mit den Freiräumen. Von der freiräumlichen Entwicklung her ist sie eine ganz popelige Siedlung, und ich habe nie verstehen können, wie man ein Haus, z.B. das von Mies van der Rohe, so einer Fahrstraße zuordnen konnte. Und ich glaube, daß die Tat – wenn es auch dem Haus gegenüber unrecht gewesen ist – dem Haus Döcker gegenüber, die im Krieg geschehen ist, nämlich daß dieses Haus verschwand, städtebaulich eine Korrektur darstellt, die von Gutem war. Ich versuchte, diese Korrektur auszunützen, indem ich die gegebenen topographischen Verhältnisse zu unterschiedlichen Gegebenheiten und zu unterschiedlichen freiräumlichen Bildern hin zu entwickeln versuchte. Der Leitgedanke dabei war, der Zukunft ihre Offenheit zu bewahren, nichts jetzt in die Zukunft hinein zu behaupten, was aus der gegenwärtigen Szene heraus untunlich wäre, wie ich meine. Ich hoffe, daß das so begriffen wird; und daß man auch versteht, was als Zutat mit dem Kasten gemeint ist und was es damit auf sich hat. Ich wollte darauf hinweisen, daß unsere Zeit Probleme hat, die mit der architektonischen Hinterfragung alleine nicht zu lösen sind. Ich bin anderer Meinung als unser Kollege Pininski, der versucht, alles innerhalb der Architektur zu bewältigen und damit die Architektur in einem Maße belastet, wie es ihr nicht zukommt. Ich meine, daß man derartige Dinge eben dann in anderer Weise veranschaulichen muß. Man sollte sie nicht verschweigen. Ich habe versucht, sie zu veranschaulichen, darum dieser Kasten. Er ist mit der Überschrift betitelt „Mahnung 1980“.

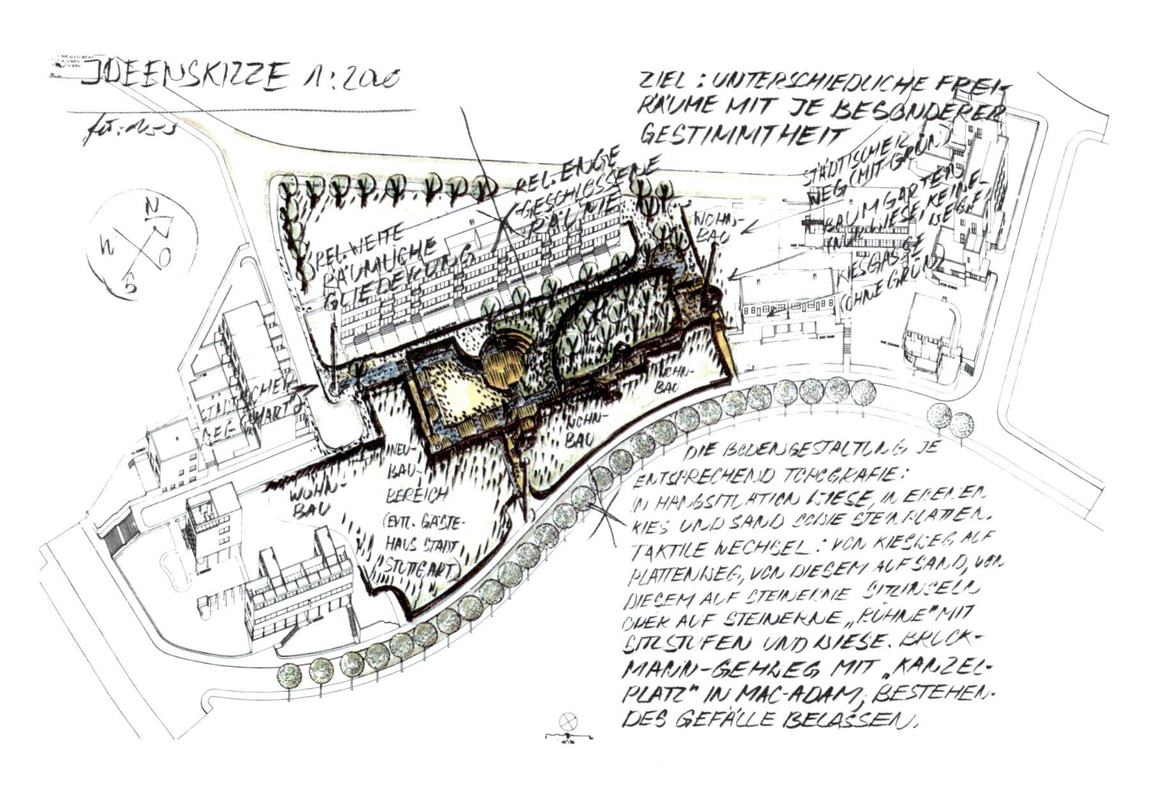
IDEENSKIZZE 1:200
ZIEL: UNTERSCHIEDLICHE FREIRÄUME MIT JE BESONDERER GESTIMMTHEIT
REL. ENGE GESCHLOSSENE RÄUME
REL. WEITE RÄUMLICHE GLIEDERUNG
STÄDTISCHER WEG (MIT GRÜN)
BAUMGARTEN
WOHNBAU
NEUBAUBEREICH (EVTL. GÄSTEHAUS STADT STUTTGART)
DIE BODENGESTALTUNG JE ENTSPRECHEND TOPOGRAFIE: IN HANGSITUATION WIESE, IN EBENEN KIES UND SAND SOWIE STEINPLATTEN. TAKTILE WECHSEL: VON KIESWEG AUF PLATTENWEG, VON DIESEM AUF SAND, VON DIESEM AUF STEINERNE SITZINSELN ODER AUF STEINERNE „BÜHNE“ MIT SITZSTUFEN UND WIESE. BRUCKMANN-GEHWEG MIT „KANZELPLATZ“ IN MAC-ADAM; BESTEHENDES GEFÄLLE BELASSEN.

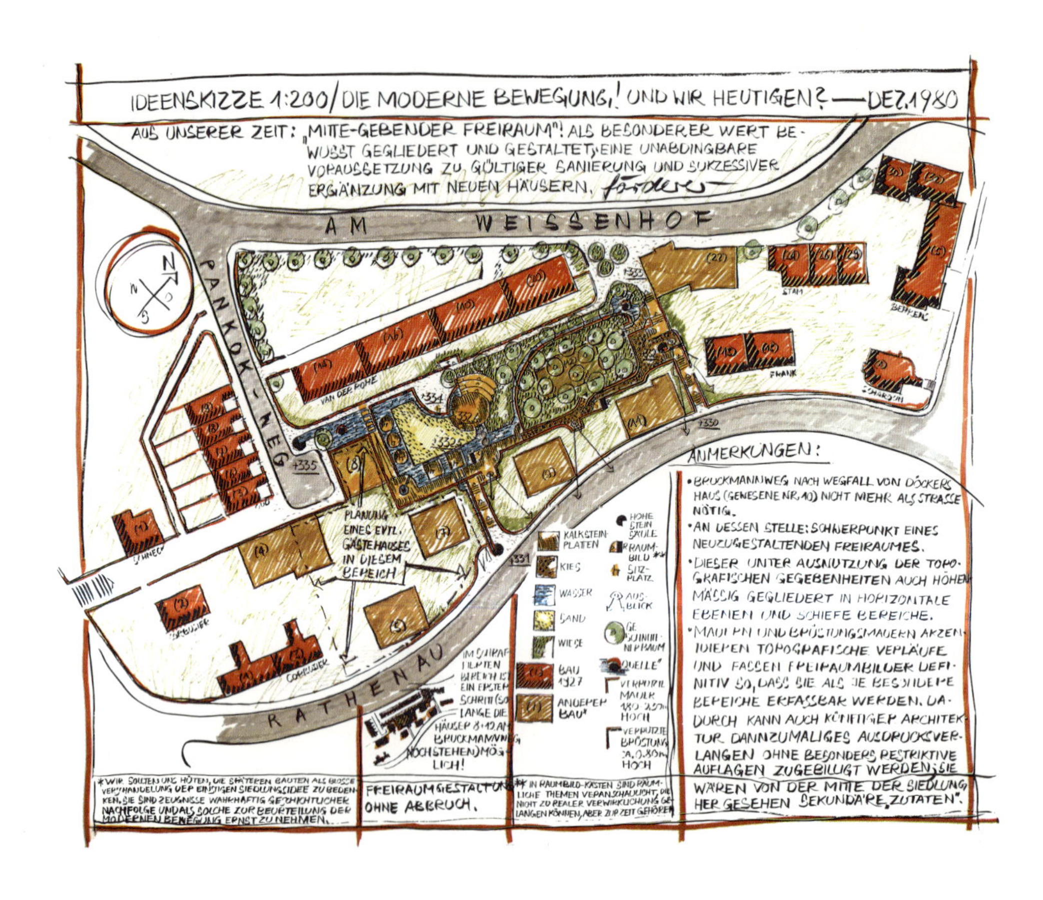

Abb. rechte Seite:
Mahnung 1980: Der letzte Fisch über versiegter Quelle

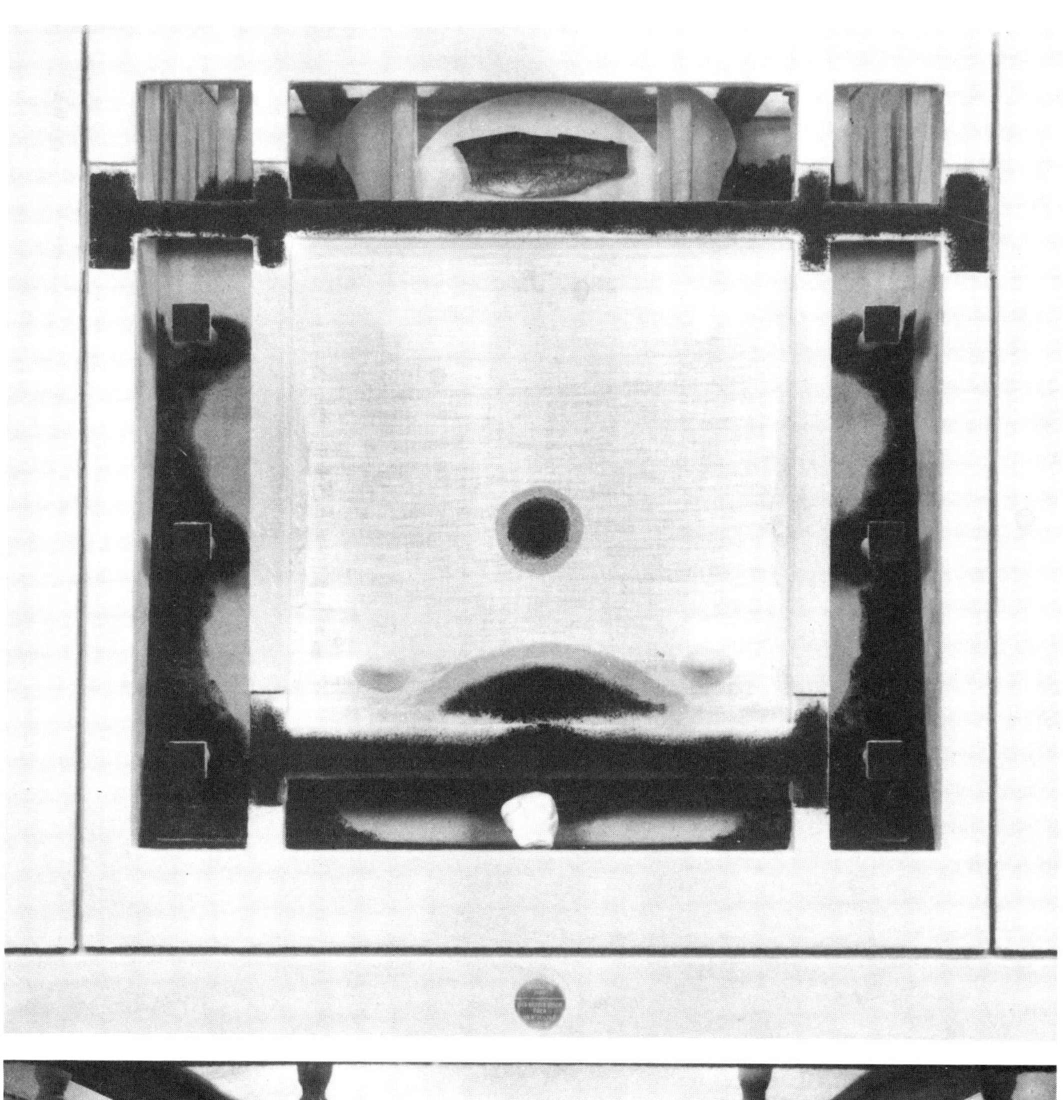

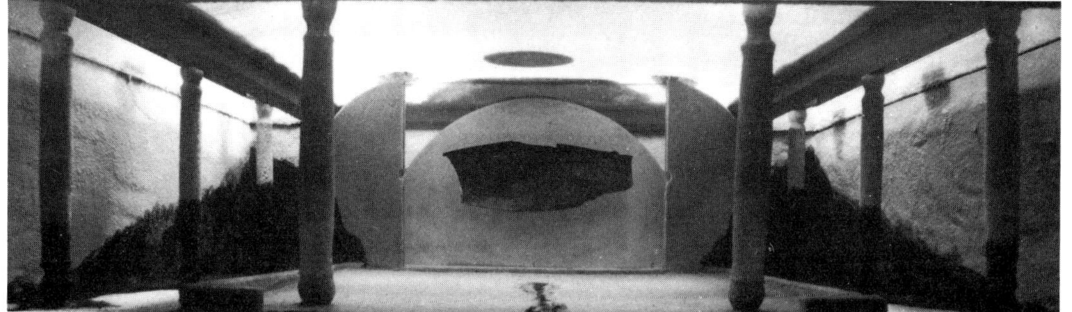

Gustav Peichl

Als Post-Post-Skriptum mein Kurzbeitrag zum Thema dieser Veranstaltung: „Architektur der Zukunft der Architektur" am Beispiel Weißenhofsiedlung: Als mich Jürgen Joedicke zur Teilnahme einlud und mir seine Idee zur zeitbezogenen Metamorphose Weißenhofsiedlung erläuterte, fiel mir ein Ausspruch des markigen, in Wien gebürtigen Theatermenschen Fritz Kortner ein, der zu mir einmal sagte: „In Hamburg gibt es keinen Gamsbart, und in der Weißenhofsiedlung gibt es keinen Rundbogen." Das hat mich damals zutiefst betroffen; ich hab' mich wieder erinnert und habe mir vorgenommen: Wenn ich hierher komme, eine Hommage an den Rundbogen zu erarbeiten.
Das Gebäude – der Rundbogen.
Nachdem ich aber nicht wußte, wie ich den Rundbogen konstruktiv, mathematisch und statisch anwenden soll, habe ich mir die Freiheit erlaubt, den Rundbogen umzulegen.
Die Fläche.
Es ist mir die Weißenhofsiedlung immer schon, während der Studienzeit, nachher bis heute so bedeutend gewesen – und das meine ich einmal nicht ironisch – die große Ehrfurcht, die ich hatte. Man kann meines Dafürhaltens nichts davor- oder dahinbauen, wenn es noch so niedrig ist, außer es geht hinunter. Das habe ich mich getraut.

Zur Erklärung:

Die Räume drinnen könnten ein Kommunikationszentrum, ein Denkmal, ein Treffzentrum – wie immer – sein. Man kann, wie ich's versucht habe, eine deutsche Eiche hineinstellen. Man könnte aber auch statt des Baumes ein Denkmal aufstellen, ein Denkmal eines zeitgenössischen Architekten oder eines Architekten post mortem.

Dann kann man das Ganze, kurze Zeit allerdings nur, verwenden für eine Ausstellung der Überreste aus Venedig. Das hat den großen Vorteil, diese Ausstellung, diese zeitlich begrenzte Ausstellung, daß man die Dekorations- und Versatzstücke leicht wieder wegnehmen kann. Und dann kann man eigentlich gar nichts machen, und das ist dann die Post-Para-Moderne.

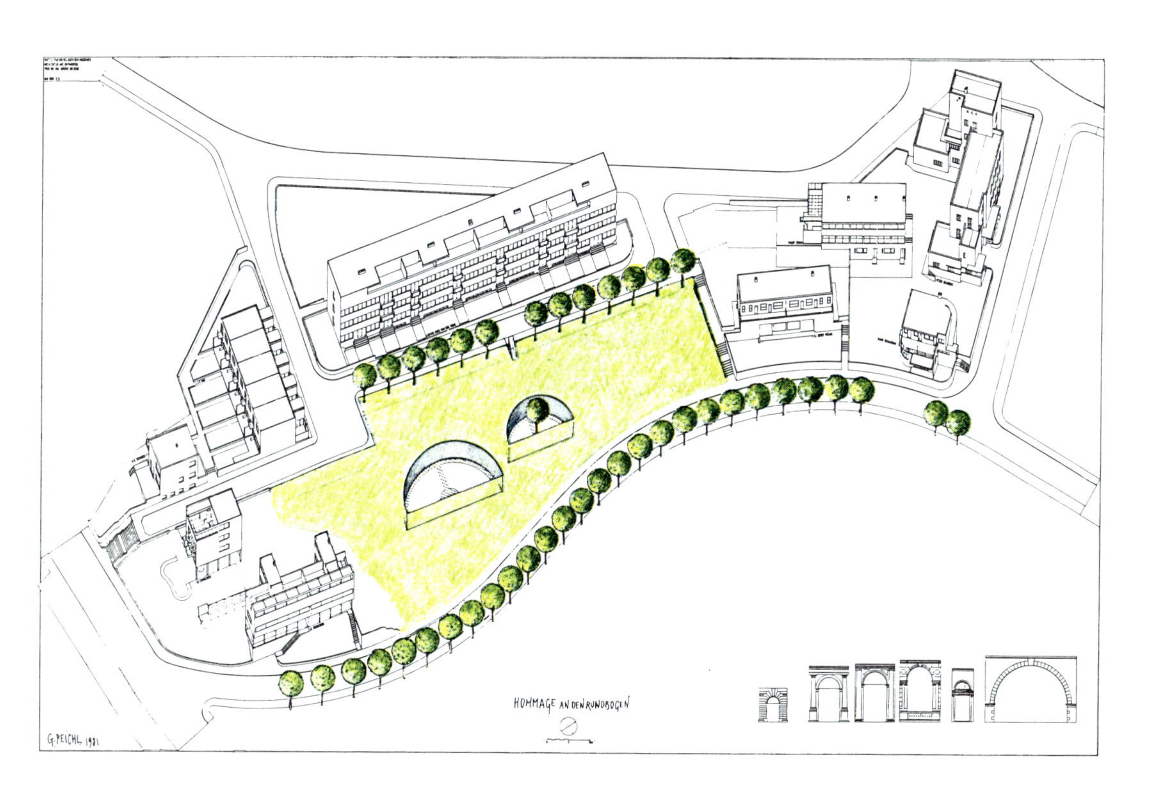
HOMMAGE AN DEN RUNDBOGEN
G. PEICHL 1981

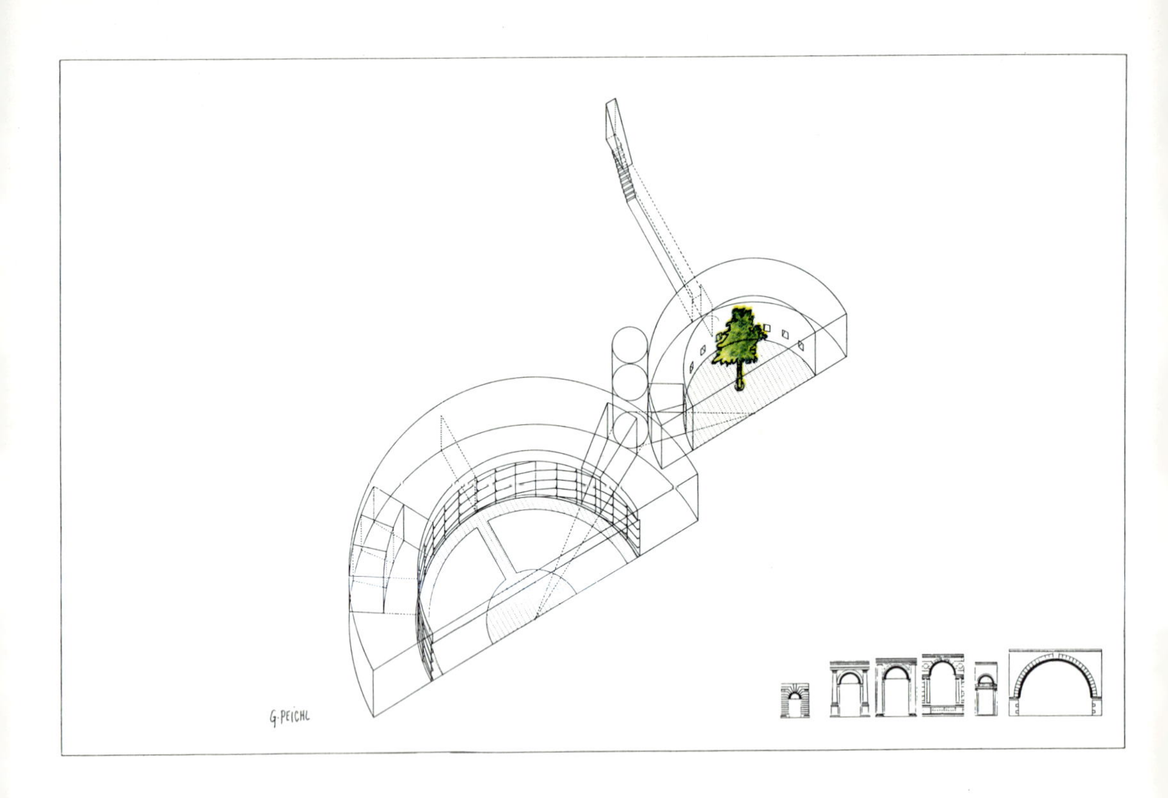
G. PEICHL

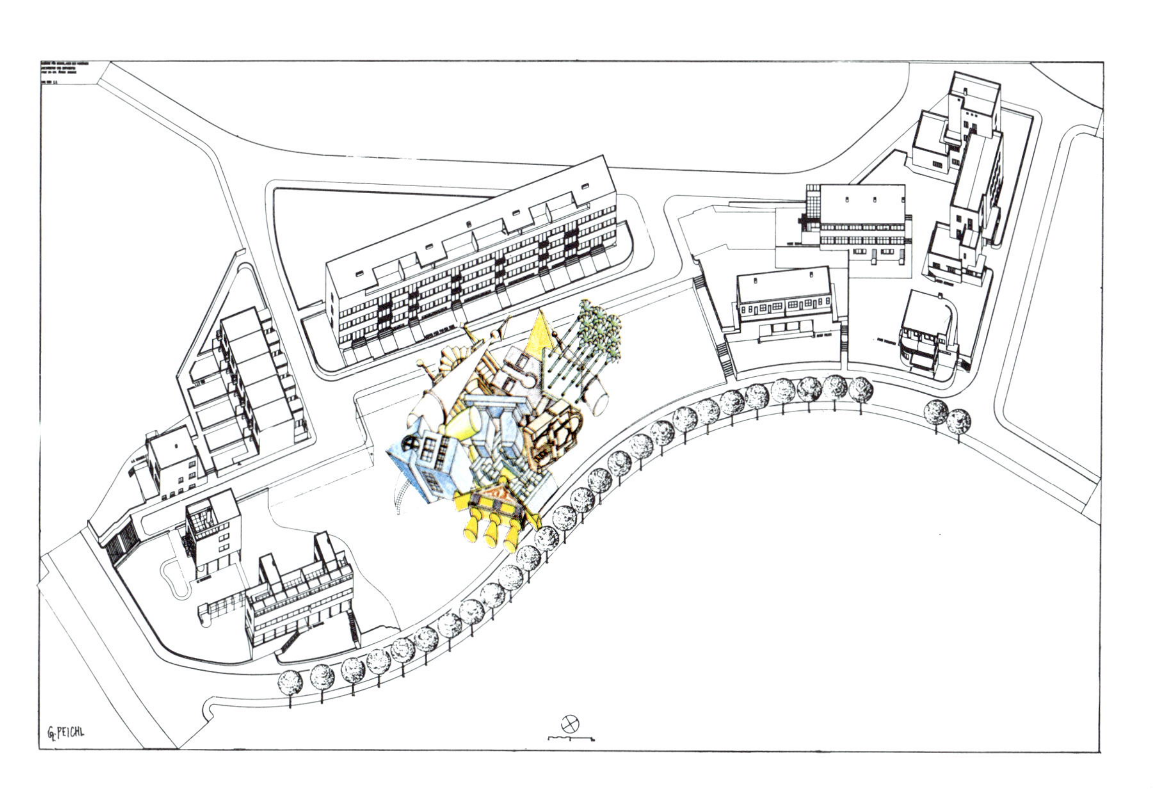
G. PEICHL

Hans Hollein

Einige fragmentarische Anmerkungen zu meinen „Weißenhof-Skizzen"

HANS HOLLEIN, 1934 geboren. Die Ansätze des Werkes von Hans Hollein liegen in der kritischen Auseinandersetzung mit der Architektur und der menschlichen Umwelt. Seine frühen Projekte sind als Protesthaltung gegen eine „Allerweltsarchitektur" zu verstehen. Seine ersten Objekte als Architekt sind verhältnismäßig klein, waren aber von weitreichender Wirkung, wie das Juweliergeschäft Schullin in Wien. Hans Hollein ist Architekt, Formgestalter und Künstler.

Das vorgeschlagene Programm – ein Gästehaus oder eine Villa – hat mich nicht inspiriert, es erschien mir nicht adäquat, mit einer vorgegebenen (und perpetuierten) Thematik ein Statement zur heutigen (und zukünftigen?) Architektur abzugeben.

Hier hätte mich schon eher gereizt, „nachzuvollziehen", was die drei wichtigsten Nichteingeladenen der 1927er Ausstellung gemacht hätten: Frank Lloyd Wright, Adolf Loos, Alvar Aalto, alle drei Architektenpersönlichkeiten, die für die Zukunft viel zu sagen hatten und heute fundamentaler für die weitere – und jetzige – Entwicklung dastehen als viele Beteiligte –, mit einigen Ausnahmen natürlich, wie etwa Mies oder Gropius, wobei es eigentlich nur Le Corbusier mit seinem Weißenhofbeitrag gelungen ist, *exemplarisch* zu wirken. Es ist dies wohl auch der Grund, warum die Weißenhofsiedlung für mich nie etwas Herausforderndes, Provozierendes – im weitesten Sinne des Wortes – gehabt hat, ganz im Gegenteil zu anderen Werken der gleichen Zeit (und vielfach der gleichen Architekten), obzwar ihre Wirkung in ihrer Zeit sicher eine andere war. Die Polemik der Weißenhofsiedlung mündete, wie schon Philip Johnson in seinem Buch über Mies feststellte, in der Etablierung eines „Stils" – es war evident, daß auf einer eindrucksvollen Breite gewisse gemeinsame Anliegen sich in einer kohärenten Sprache mitteilten. Ähnliches behauptet ja heute Jencks von bestimmten kontemporären Entwicklungen einer internationalen stilbildenden „Postmoderne".

Hier, in einer vergleichenden Analyse, ausgehend von der konkreten Manifestation der Weißenhofsiedlung, hätte ein weiterer Ansatz zu einer gegenwartsbezogenen Auseinandersetzung gelegen. Dies hätte jedoch eine andere Form der Durchführung eines solchen Symposiums bedingt – mehr im Sinne eines Arbeitsseminars.

Ich habe für mein Weißenhof-Projekt eine Reihe „polemischer" Skizzen angefertigt, von denen ich vier hier vor-

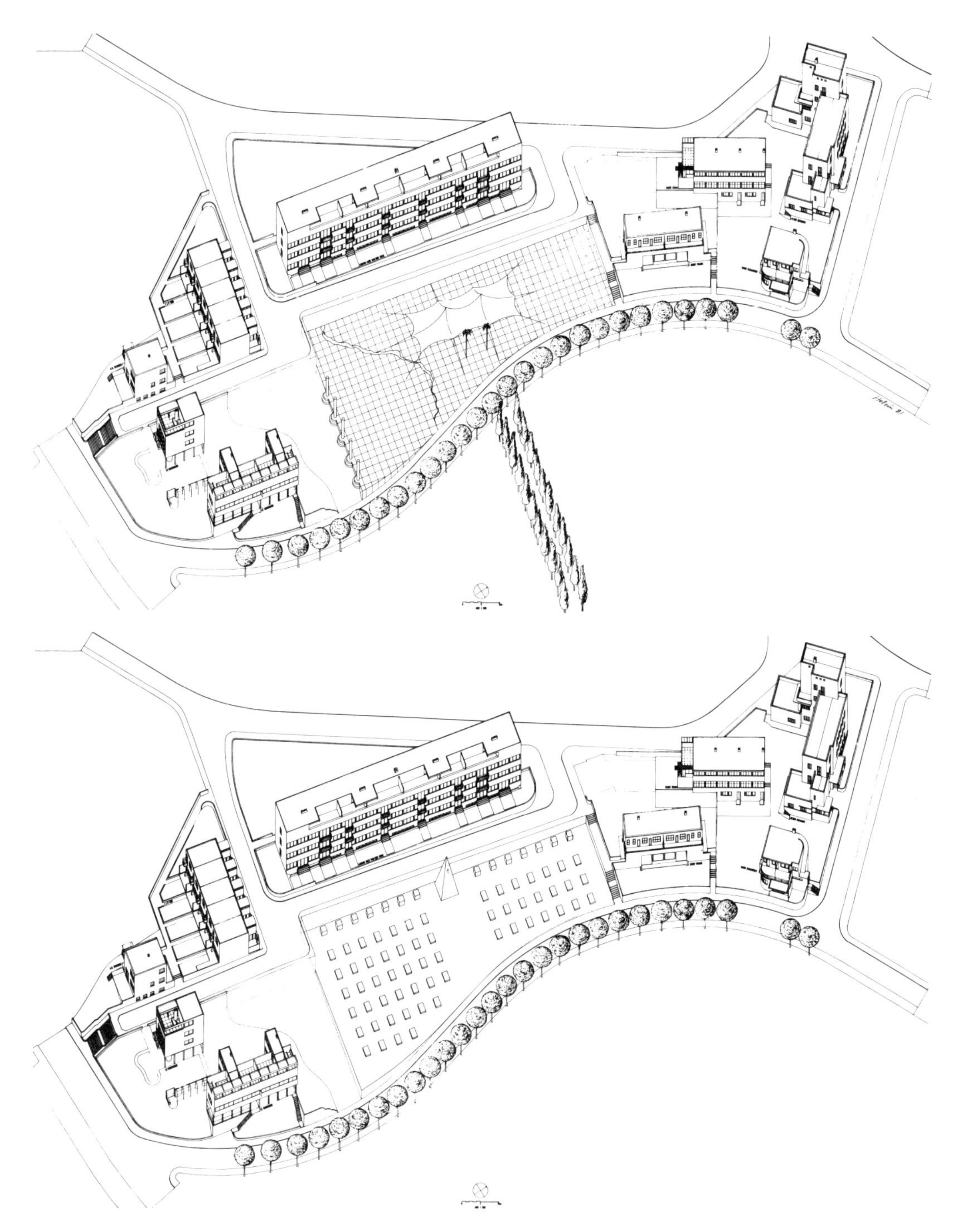

stelle und die im wesentlichen für sich selbst sprechen. Ich bin bewußt von Aspekten einer gerade in Stuttgart in letzter Zeit virulent gewordenen Debatte ausgegangen, einer Debatte, die erstaunlicherweise erst jetzt in der Bundesrepublik ausbricht, man ist aus allen Wolken gefallen. Während man etwa im österreichischen und italienischen Raum oder aber, andersartig, im angelsächsischen Bereich schon einiges an Worten und Taten hinter sich hat, werden hier undifferenzierte Schlagworte der ersten Stunde mit Vehemenz als Argumente ins Treffen geführt. Begriffe, die besonders im tragischen Schicksal der deutschen Nation eine wesentliche Bedeutung haben – eine politische –, deren Bedeutungsgehalt aber Vehikel einer vordergründigen, unreflektierten (Ab-) Qualifizierung zu werden droht.

Ein Zelt – ist es demokratischer als eine Pyramide? Oder ist Sandstein autoritär, eine simple Holzbaracke aber Ausdruck von Freiheit?

Sind repetitive Einheiten und ordnende Strukturen zulässig – ist Monotonie ein ewig langweiliger neuer Sonnenaufgang? Ist Symmetrie abzulehnen, was bewirkt sie?

(Das dargestellte Zelt der arabischen Beduinen – Jahrtausende gleich in Form, Struktur und Material, seit den Stämmen Israels – ist symmetrisch, die dargestellte Allee ist eine Symmetrieachse.) Ist es die Erscheinung an sich oder ist es der Kontext?

Ich habe auch eine andere – schwer mit Moral durchtränkte – Thematik kurz angeschlagen, die der autonomen Fassade, und habe dies mit einer Auswahl aus meinem Werk illustriert. Wie geht der große ‚show-down' aus? ‚High-noon' ist es, und der Rächer aus dem Weißen Hof ist gerade eingeritten, um endlich einmal für Ordnung zu sorgen. (Das – unsymmetrische – Klavier spielt dazu, aber eigentlich müßte es – stilecht – ein symmetrisches Pianino sein.)
Vielleicht ist die Weißenhofsiedlung eine ‚ghost-town', eine Geisterstadt.

P.S.
Das „Araberdorf" ist – um alle Mißverständnisse auszuschließen – ein unernster, aber wohlgemeinter Beitrag und nicht Bestandteil des „Projekts".
Die Thematik ist jedoch ernst.
Sind wir dabei, die Araberdörfer unserer Zeit zu diffamieren oder zu diskutieren?

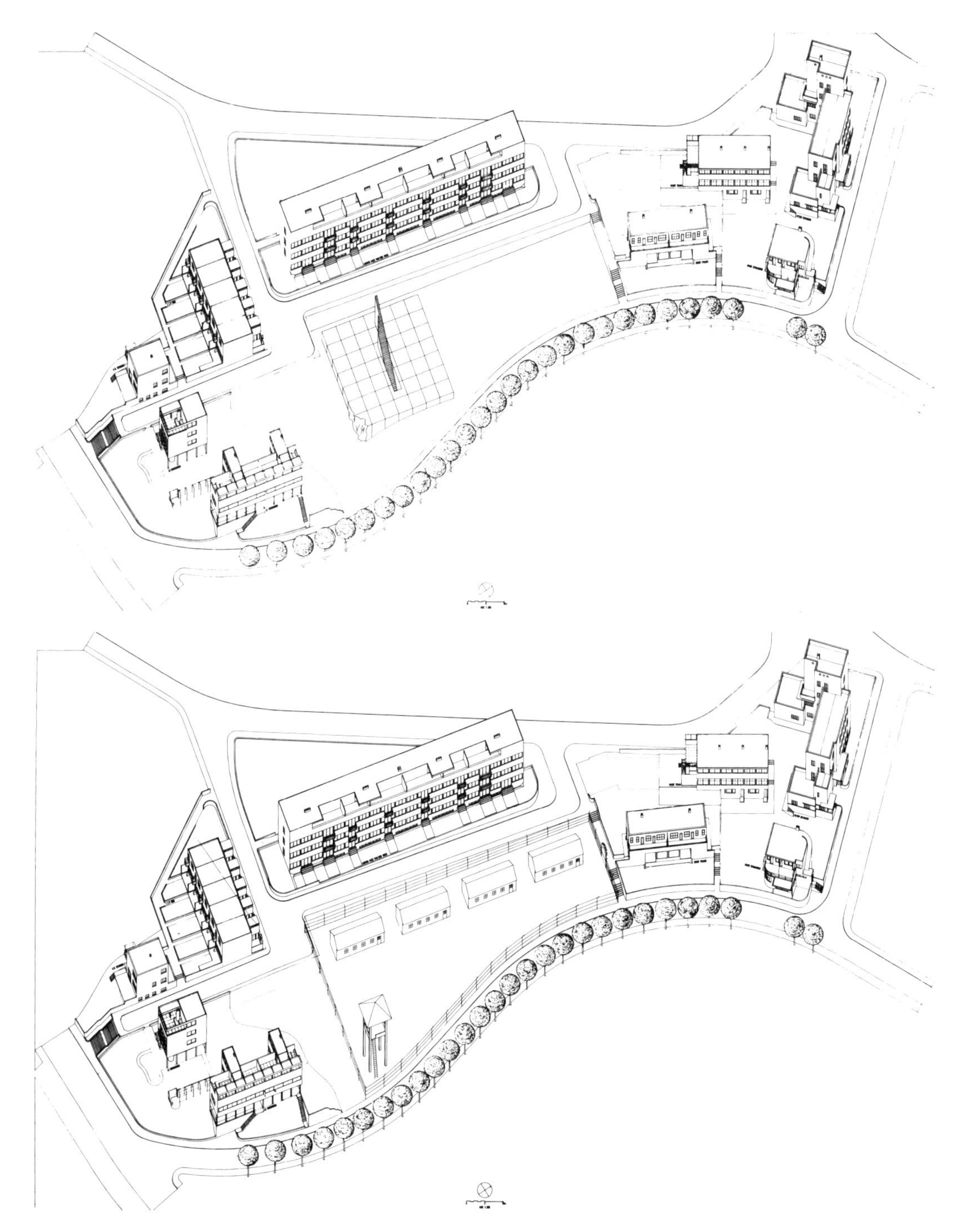

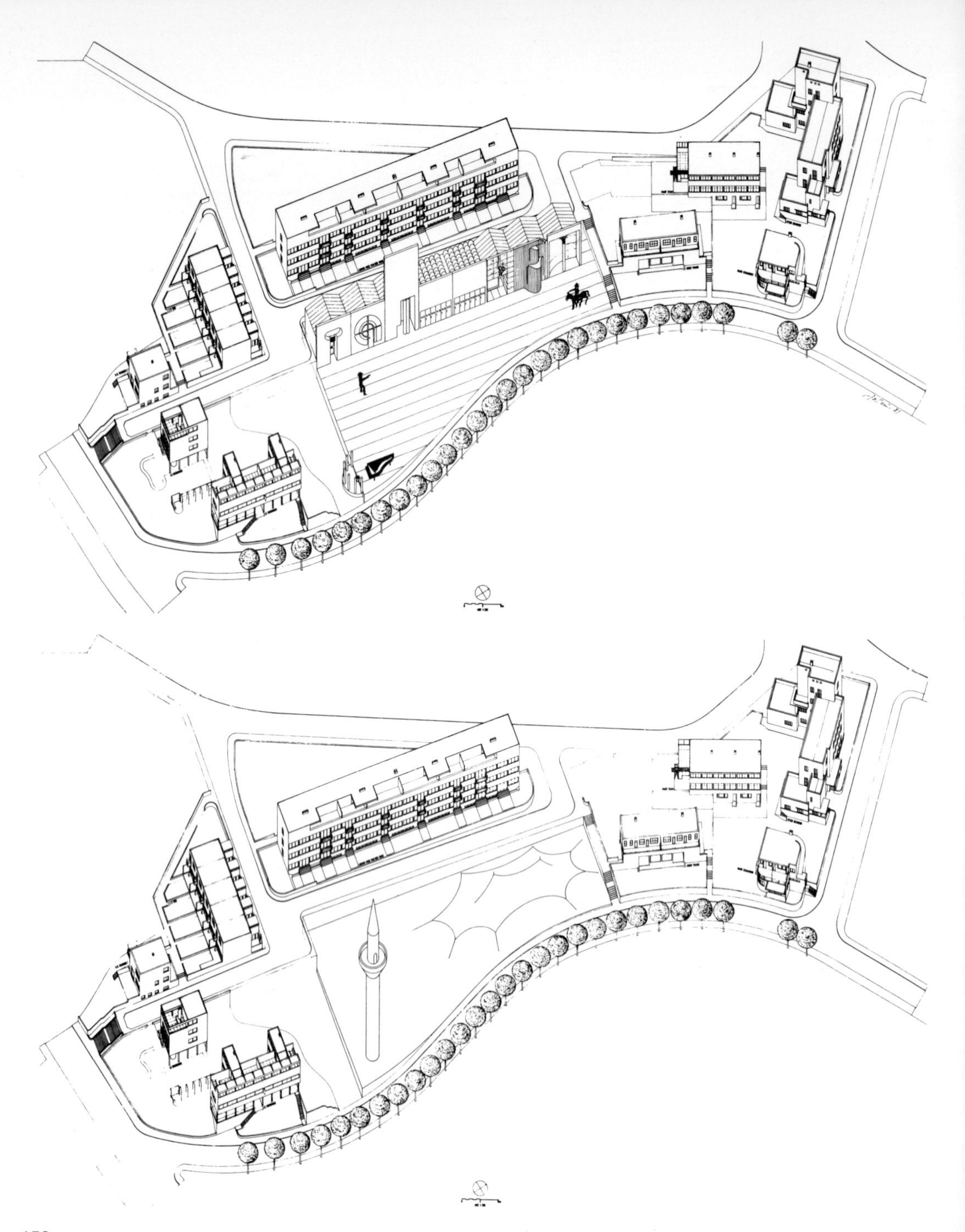

Anmerkung:
Die Projekt-Studie
von Zbigniew Pininski
ist auf den Seiten 41–53
erläutert und abgebildet

Abbildungsnachweis
Fotos auf den Seiten 8, 14, 24, 29, 36, 41, 54, 71, 90, 101 und 114 von Klaus Rieger, Abb. 38 auf Seite 110 von Ian Samson.
Alle übrigen Abbildungen wurden uns von den Referenten zur Publikation zur Verfügung gestellt.

Teilnehmer

JAKOB B. BAKEMA,	Prof., Rotterdam und Technische Hochschule Delft
MAX BILL,	Prof. Dr. h.c., Zürich
GOTTFRIED BÖHM,	Prof., Köln, Rheinisch-Westfälische – Technische – Hochschule Aachen (RWTH)
WALTER FÖRDERER,	Prof., Thayngen (CH), Staatliche Akademie der bildenden Künste, Karlsruhe
HANS HOLLEIN,	Prof., Wien, Staatliche Kunstakademie, Düsseldorf, Hochschule für bildende Künste, Hochschule für angewandte Kunst, Wien
CHARLES MOORE,	Prof., Los Angeles, University of California (UCLA), Yale University, New Haven
GUSTAV PEICHL,	Prof., Wien, Akademie der Bildenden Künste, Wien
ZBIGNIEW PININSKI,	Prof., Dr.-Ing. habil., Technische Universität Warschau
JULIUS POSENER,	Prof. emer., Dr. phil., Hochschule für bildende Künste, Berlin
ALFRED ROTH,	Prof., Dr. h.c., Eidgenössische Technische Hochschule (ETH), Zürich
O. M. UNGERS,	Prof., Köln, Cornell University, Ithaca (USA)
EBERHARD ZEIDLER,	Dipl.-Ing., Toronto